周易全书

竭宝峰 / 主编

一部古老的筮占之书，先秦儒家的重要经典

辽海出版社

图书在版编目（CIP）数据

周易全书 / 竭宝峰主编 . —沈阳：辽海出版社，
2014.12（文化百科）
ISBN 978-7-5451-3264-9

Ⅰ . ①周… Ⅱ . ①竭… Ⅲ . ①《周易》
Ⅳ . ① B221.1

中国版本图书馆 CIP 数据核字（2014）第 262963 号

周易全书

责任编辑：柳海松
责任校对：丁　雁
装帧设计：马寄萍
出　版　者：辽海出版社
地　　　址：沈阳市和平区十一纬路 25 号
邮政编码：110003
电　　　话：024-23284473
E－mail：dszbs@mail.lnpgc.com.cn
　　　　　http://www.lhph.com.cn
印　刷　者：北京一鑫印务有限责任公司
发　行　者：辽海出版社
开　　　本：787mm×1092mm　　1/16
印　　　张：80
字　　　数：1280 千字
出版时间：2015 年 1 月第 1 版
印刷时间：2020 年 3 月第 3 次印刷
定　　　价：498.00 元（全四册）

版权所有　翻印必究

《周易全书》编委会

主　任	竭宝峰	刘峻杰	刘贤忠	耿献会	韩永国	胡存慧
副主任	夏宇波	李铁军	冯　林	曹小平	韩天骄	唐丽璿
编　委	蒋益华	刘利波	朱　健	江　涛	李玟静	汪　韧
	左　佳	彭亚军	郭珮瑶	陈晓辉	霍艳竹	王志强
	黄　欣	王子霖	安维军	刘金栋	徐忠坚	佐藤正
	刘　舫	大桥晶	王国成	孙元坝	王　伟	艾　彪
	刘俊杰	曾海霞	王　平	葛娟美	宫晓东	陈莉莉
	董　娥	王红岩	杨　冰	姜甲善	宋　涛	刘洪涛
	石　浩	张永洲	陈　枫	范巨灵	杨莉华	巴音都仁
	马攀成	邹　军	林玉增	韦建荣	张　稳	张家瑞
	付　丽	刘耀红	饶　辉	芦　斌	刘　畅	刘贤忠
	徐　强	孙　敏	徐婉如	韩军征	张　铧	夏宇波
	崔幼成	汤祚飞	王　婵	周　翔	焦念军	程国明
	马云展	王诗宁	陈　喜	李金璐	黄思尧	黄诗宇
总编辑	姜忠喆	李成栋				

编写说明

《周易》是最古老的中国文化典籍之一，是一部以占筮书形式出现的含有深遂而奇特的哲学思想的著作。早在战国时期，《周易》就看作经典，汉代跃居群经之首。长期以来《易》学著作层出不穷。

当前对新一轮"易学热"我们所应持的态度是"继承"和"创新"。继承《周易》丰富的文化遗产，必须把它与新的东西相融合，赋予它原来所没有的新的内容。

正如许多专家学者所共识的那样，"创新"是对传统的更新。而更新不仅用当代人习惯用语解释《周易》，更重要的是以现代科学思维，说明传统哲思的特点，参照最新的西方思维模式作镜鉴，发掘中国传统哲学思想的真知灼见，创建适应社会要求的、中国特色的易学体系，为现代社会服务。

本书共分三部分：一、周易译析；二、周易研究；三、周易智慧。《周易译析》对《周易》运用辩证思维方法论述阴阳变化规律作了深入地解析，通过对卦例分析，探索卦爻义理，取其精华，剥去迷信外衣，意在使初接触《周易》的人们对易学获得一个整体概念。而《周易研究》，对周易内容做了全方位的象数探索和义理发挥，以现代人的全新视角回答了如下问题：为什么《周易》能够以其强大永恒的魅力，吸引着历代帝王将相、平民百姓、鸿儒学者、江湖术士？为什么奇人智者，凡夫俗子能够从中找出国家治乱振兴，个人生死得失的合理解释？又为什么能令现代人追寻到对"天、地、人"的本质认识，决定"当为"抑或"不当为"，以便趋吉避凶，才能得到事业的成功？凡此种种，都无不在为医治我们的"现代病"提供了丰富的启示，《周易智慧》通过大量的事例生动地阐释

《周易》的深遂的哲学思想，让我们从中悟出经世致用的哲理，它是我们学习和研究周易的重要参考典籍。

本书由林之满主编，徐敬人、张林副主编，参加编写的还有李民、汪玢玲、李丽丽、吴志樵、邹德金等人。

由于本书规模较大，编写时间仓促，编者水平有限，书中难免存在疏虞之处，恳请广大读者不吝指正。

目 录

第一卷

周易译析

上　经 ················· 1

乾卦第一 ················· 1
坤卦第二 ················· 3
屯卦第三 ················· 5
蒙卦第四 ················· 7
需卦第五 ················· 8
讼卦第六 ················· 10
师卦第七 ················· 12
比卦第八 ················· 13
小畜卦第九 ··············· 14
履卦第十 ················· 16
泰卦第十一 ··············· 17
否卦第十二 ··············· 19
同人卦第十三 ············· 20
大有卦第十四 ············· 22
谦卦第十五 ··············· 23
豫卦第十六 ··············· 24
随卦第十七 ··············· 25
蛊卦第十八 ··············· 27
临卦第十九 ··············· 28
观卦第二十 ··············· 29
噬嗑卦第二十一 ··········· 31
贲卦第二十二 ············· 32
剥卦第二十三 ············· 33

复卦第二十四 ············· 34
无妄卦第二十五 ··········· 36
大畜卦第二十六 ··········· 37
颐卦第二十七 ············· 38
大过卦第二十八 ··········· 40
坎卦第二十九 ············· 41
离卦第三十 ··············· 43

下　经 ················· 44

咸卦第三十一 ············· 44
恒卦第三十二 ············· 46
遁卦第三十三 ············· 47
大壮卦第三十四 ··········· 48
晋卦第三十五 ············· 50
明夷卦第三十六 ··········· 51
家人卦第三十七 ··········· 53
睽卦第三十八 ············· 54
蹇卦第三十九 ············· 56
解卦第四十 ··············· 57
损卦第四十一 ············· 58
益卦第四十二 ············· 59
夬卦第四十三 ············· 61
姤卦第四十四 ············· 62
萃卦第四十五 ············· 63
升卦第四十六 ············· 65
困卦第四十七 ············· 66
井卦第四十八 ············· 67
革卦第四十九 ············· 68
鼎卦第五十 ··············· 70
震卦第五十一 ············· 71

艮卦第五十二	73
渐卦第五十三	74
归妹卦第五十四	76
丰卦第五十五	77
旅卦第五十六	79
巽卦第五十七	81
兑卦第五十八	82
涣卦第五十九	83
节卦第六十	84
中孚卦第六十一	86
小过卦第六十二	87
既济卦第六十三	89
未济卦第六十四	90

周易研究

第一篇 《易》名辨 …… 92
简易 …… 93
变易 …… 95
不易 …… 97
交易及其他 …… 98
结语 …… 100

第二篇 三与四和不三不四 …… 101
三才是上古思想的高峰 …… 101
三四爻属于人位 …… 103
做人难，难做人 …… 105
不三不四的人物 …… 106

第三篇 先阴后阳 …… 107
说"阴阳"，不说"阳阴" …… 107
循环逻辑 …… 108
《易》逆数也 …… 109
一阳一阴非道也 …… 111
佛家主张先阳后阴 …… 112
答案未必在周易 …… 112

第四篇 "一君二民"与"二君一民"辩释 …… 113
治域广狭说 …… 113
道家阴阳说 …… 114
语焉不详说 …… 115
政权分合说 …… 115
君主民主说 …… 115
得一得二说 …… 116
厚下安宅说 …… 118

第五篇 卦，是什么 …… 119
卦者挂也 …… 119
卦者象也 …… 120
卦象不是形式 …… 123
卦画是形式与内涵的统一体 …… 123
义理宝库的巨大功能 …… 124
卦者时也 …… 127
卦者情境也 …… 134

第六篇 何谓"天地之心" …… 135
群阴剥阳 …… 136
一阳来复 …… 137
生动是天地之心 …… 139
天地之心为无与静 …… 143
动静结合始见天地之心 …… 144
人者天地之心也 …… 145
天地之心是阴阳消长的规律 …… 148
玄是否为天地之心 …… 149
天人合一与扶阳抑阴 …… 151
情义双关的命题 …… 155
天地之心的美学意义 …… 157
天地之心的实践意义 …… 160

第七篇 "制器尚象"与"居则观象" …… 161
此象非彼象 …… 161

《易》者象也 …………………… 164
占以象为本 …………………… 170
《易》生于象 …………………… 171
是耶非耶　奇谈怪论 …………… 178
合理调改 ……………………… 183

第八篇　囫囵吞《易》 …… 185

难解的"利见大人" …………… 185
是谁"利见大人" ……………… 186
谁是九五爻中的大人 ………… 190
八面玲珑的观点 ……………… 192
孔传及以孔传为本的观点 …… 195
高氏的说法 …………………… 200
李氏的说法 …………………… 202
《临》具《乾》德之说 ………… 205
闻氏的说法 …………………… 206
结　　语 ……………………… 208
解《易》难于上青天 …………… 208
《蒙》卦初六爻辞怎么讲 ……… 209
《蒙》卦初六《象》辞的涵义 … 214

第九篇　大《易》是否不言有无 …………………… 216

孔老二子的有无 ……………… 216
无和无有何区别 ……………… 218
《易》有太极是什么 …………… 220
孔传的第二个"有" …………… 226
太极图 ………………………… 229

第十篇　象乎　辞乎 ……… 232

汉《易》与宋《易》 …………… 233
孔子的体会 …………………… 234
象辞之辩 ……………………… 234
观象玩辞 ……………………… 236
难解的"以"字 ………………… 241

第十一篇　《易》苑漫步 …… 243

难过的文辞关 ………………… 243

难解是周易的本性 …………… 246
象的优缺点 …………………… 248
《易》象的表意功能 …………… 248
语言表意的局限性 …………… 254
世上没有"纯粹"的事物 ……… 257
存在和无的统一 ……………… 259
所谓纯阳者，即非纯
阳，是名纯阳 ………………… 261
《乾》与《坤》是一物两体 …… 264
人谋、鬼谋，先人后鬼 ……… 267
周易无鬼神 …………………… 271
周易不迷信鬼神 ……………… 277
周易焉能成为宗教 …………… 278
周易不是魔术和木乃伊 ……… 282
什么是鬼神 …………………… 284
易传中的鬼神 ………………… 288
人在前，鬼神在后 …………… 291
鬼神源于生死 ………………… 293
神字的奥义 …………………… 297

第一卷

何谓神明 ……………………… 307
何谓神武而不杀 ……………… 310

第十二篇　《易》立于交 …… 313

《易》生于交 …………………… 314
占成于交 ……………………… 316
经文中的交字 ………………… 319
传文中的交字 ………………… 324
《易》体首尾的交义 …………… 330
互体见交义 …………………… 330
文明的交义 …………………… 331

第十三篇　"大人"屑谈 …… 332

孔子对周易的活学活用 ……… 332
大人是何等人物 ……………… 335
何谓天地之德　如何与天地合德 … 339
孔《易》与周《易》的合德 …… 344

天地合德与《乾》《坤》合德⋯⋯⋯	351
何谓"与日月合其明"⋯⋯⋯⋯⋯	355
《坎》《离》与日月⋯⋯⋯⋯⋯⋯	358
"与四时合其序"的涵义⋯⋯⋯⋯	362
何谓鬼神 如何与鬼神合其吉凶⋯	364
先天后天，运用自如⋯⋯⋯⋯⋯	370
结束语⋯⋯⋯⋯⋯⋯⋯⋯⋯⋯⋯	373

第十四篇 《易》卦的功能及《易》与蓍的关系⋯375

吉凶者得失之谓也⋯⋯⋯⋯⋯⋯	375
定吉凶与见吉凶⋯⋯⋯⋯⋯⋯⋯	376
蓍生《易》，还是《易》生蓍⋯⋯	378
占非《易》的本质功能⋯⋯⋯⋯⋯	382

第十五篇 周易的本性⋯⋯386

前言⋯⋯⋯⋯⋯⋯⋯⋯⋯⋯⋯⋯	386
孔子的《易》占观⋯⋯⋯⋯⋯⋯	387
孔子的周易观⋯⋯⋯⋯⋯⋯⋯⋯	391
周易的教化作用⋯⋯⋯⋯⋯⋯⋯	399
周易的道德占筮观⋯⋯⋯⋯⋯⋯	402
朱熹的周易观⋯⋯⋯⋯⋯⋯⋯⋯	404
只有周易是《易》⋯⋯⋯⋯⋯⋯	404
"易"者变也⋯⋯⋯⋯⋯⋯⋯⋯	406
生生之谓《易》⋯⋯⋯⋯⋯⋯⋯	407
《易》象的本质是什么⋯⋯⋯⋯⋯	410
《易》象的功能性⋯⋯⋯⋯⋯⋯	412
象征作用⋯⋯⋯⋯⋯⋯⋯⋯⋯⋯	412
喻理作用⋯⋯⋯⋯⋯⋯⋯⋯⋯⋯	412
能行作用⋯⋯⋯⋯⋯⋯⋯⋯⋯⋯	414
亲合作用⋯⋯⋯⋯⋯⋯⋯⋯⋯⋯	416
相斥作用⋯⋯⋯⋯⋯⋯⋯⋯⋯⋯	419
变易作用⋯⋯⋯⋯⋯⋯⋯⋯⋯⋯	422
《易》象的来源⋯⋯⋯⋯⋯⋯⋯	427
《易》象的根由⋯⋯⋯⋯⋯⋯⋯	429
《易》象种种⋯⋯⋯⋯⋯⋯⋯⋯	431
辞生于象⋯⋯⋯⋯⋯⋯⋯⋯⋯⋯	436
精义入神的观象系辞⋯⋯⋯⋯⋯	437

辞象的基本功能⋯⋯⋯⋯⋯⋯⋯	441
诗象与诗歌性质不同⋯⋯⋯⋯⋯	442
辞象的表意功能超过文辞⋯⋯⋯	447
与卜辞及其他占书的比较⋯⋯⋯	449
广义性⋯⋯⋯⋯⋯⋯⋯⋯⋯⋯⋯	450
隐晦性⋯⋯⋯⋯⋯⋯⋯⋯⋯⋯⋯	454
涵蓄性⋯⋯⋯⋯⋯⋯⋯⋯⋯⋯⋯	461
喻理性⋯⋯⋯⋯⋯⋯⋯⋯⋯⋯⋯	464
倾向性⋯⋯⋯⋯⋯⋯⋯⋯⋯⋯⋯	478
占基性⋯⋯⋯⋯⋯⋯⋯⋯⋯⋯⋯	481
结语⋯⋯⋯⋯⋯⋯⋯⋯⋯⋯⋯⋯	484
《易》象从何处来⋯⋯⋯⋯⋯⋯	485
来源的几种学说⋯⋯⋯⋯⋯⋯⋯	489
来源的合理探索⋯⋯⋯⋯⋯⋯⋯	496
"变"是周易的灵魂⋯⋯⋯⋯⋯	505
《易》的变性源于天地的变性⋯	506
《易》的体系是在变化中形成的⋯	507
序变、数变、卦变、爻变及其他⋯	510
推天道以明人事⋯⋯⋯⋯⋯⋯⋯	515
天地之前是什么⋯⋯⋯⋯⋯⋯⋯	517
六十四卦的占卜性序列（不入经传的八宫卦序）⋯⋯⋯⋯	519
帛书《易》序的占卜性⋯⋯⋯⋯	522
周易出自圣人之手⋯⋯⋯⋯⋯⋯	523
周易不是占辞大杂烩⋯⋯⋯⋯⋯	525
周易的两重性⋯⋯⋯⋯⋯⋯⋯⋯	527
《易》占的两重性⋯⋯⋯⋯⋯⋯	533
《易》占的独特性⋯⋯⋯⋯⋯⋯	543
非理勿占⋯⋯⋯⋯⋯⋯⋯⋯⋯⋯	549
《乾》道论⋯⋯⋯⋯⋯⋯⋯⋯⋯	559
非德勿占⋯⋯⋯⋯⋯⋯⋯⋯⋯⋯	561
未占有孚⋯⋯⋯⋯⋯⋯⋯⋯⋯⋯	572
占术粗疏⋯⋯⋯⋯⋯⋯⋯⋯⋯⋯	578
观事绎卦⋯⋯⋯⋯⋯⋯⋯⋯⋯⋯	580
占法大略⋯⋯⋯⋯⋯⋯⋯⋯⋯⋯	583
穿凿而汗漫⋯⋯⋯⋯⋯⋯⋯⋯⋯	587
拟古占法⋯⋯⋯⋯⋯⋯⋯⋯⋯⋯	590

爻象之占……………………………	593
与《火珠林》占法的对比…………	597
占验的概率………………………	599
综述语及儒家占筮观………………	600
比重轻微…………………………	600
人文主义…………………………	602
人鬼并用…………………………	604
来自《易》蕴………………………	606
李氏悖论…………………………	609
结论………………………………	611

第十六篇 周易思维论概……… 612

《易》之失，鬼乎 卦乎…………	612
辩证思维的滥用…………………	612
狡猾的辩证法……………………	614
王昭素的阿谀诡辩………………	615
《左传》的玩弄概念………………	618
佛家《易》学也如是说……………	620
《易》象非符号……………………	621

第三卷

《易》象的性能……………………	625
《易》象是寓理之器………………	628
辩证思维的鼻祖…………………	630
两点论……………………………	633
六十四卦是三十二个阴阳对立统一体	
…………………………………	638
阴阳互交互变……………………	642
物极必反…………………………	645
知"几"、知"度"、知"中"………	646
知"时"……………………………	650
时中………………………………	659
关于量变与质变…………………	661
"知几，其神乎"…………………	666
天人合一…………………………	670
寓理于占…………………………	675
寓理于象…………………………	682

有褒有贬…………………………	683
四面八方…………………………	690
模糊不清…………………………	696
尾声………………………………	701

周易智慧

第一篇 周易智慧与释例……… 703

生命在于运动……………………	704
千里始于足下……………………	705
春雷一声震天响…………………	707
野火烧不尽，春风吹又生…………	710
万物生长靠太阳…………………	712
大江东去浪淘尽…………………	714
无限风光在险峰…………………	715
气蒸云梦泽，波撼岳阳城…………	717

第二篇 做人智慧……………… 719

胸怀有多大成就就有多大………	720
无论何时都要站得正，行得正……	725
懂得谨慎反省与改正错误………	729
自助者天助………………………	731
不贪图享受的人会赢得大享受…	733
该进则进，该退则退………………	738
苦难使人奋发向上………………	741
没有恒心会很快失败……………	745
乐天知命者无忧…………………	748
人在得意时，就怕忘形……………	754
人到无求品自高…………………	759
经常保持心身的均衡……………	762
事情一开始，就应想到后果……	766
天地鬼神都说谦逊好……………	767
善恶到头终有报…………………	772
雁过留声，人过留名………………	776
不结交小人………………………	779
上天欲使你兴旺，先让你艰辛遍尝	
…………………………………	784

做事千万不可众叛亲离……787	知道机会到了，要把握机会……857
诚信合作才会成功……791	耐得寂寞，成就功名……861
记住"进退存亡得失"六字箴言……797	决不能盲目大干……863
宁可过之于严，不可纵之以宽……800	诚信与诚实善良人……865
做人要慎重保晚节……802	最高的道理，也是最平凡的道理……866
但行好事莫问前程……804	怎样的眼光，怎样的世界……867
德容万物，风水流转……808	察见渊鱼者不祥……868
怀才不彰显，中正处世……809	安心静处，戒骄戒躁……871
谨慎开口，免生烦恼心……810	任何时候尊重别人都没有害处……874
吉祥黄衣，谦逊之德……811	千里之堤，溃于蚁穴……876
有的放矢，善待失败者……812	人生没有笔直的路……879
放下偏见，亲疏不二……812	仗义执言，还是"好好先生"……880
期之以事，而观其信……813	该出手时才出手……882
老虎虽凶险，仍然要效劳……814	用温柔弥合分歧……885
是勉励不是贬损……815	莫到琼楼最上层……886
支付谎言的代价……816	一樽酒，两簋饭……890
以德近人，功成身退……817	穷寇勿追　见机而作……894
洞察端倪，慎重修复……818	成人之美，亲近有加……897
甜言蜜语，心存忧惧……819	走好，不要踩着老虎尾巴……898
新部落——沉默的群体……820	刚柔相济，密切合作……902
以人为镜，可以正身……820	真正成功，没有不经过困难来的……905
三人同行必损一人……821	憧憧往来，事倍功半……907
清醒是一种自觉……823	人生的贵人可遇不可求……908
	足够热忱，足够动力……912
第三篇　处世智慧……825	面对突变要从容镇定……915
人生要尽力争取到好位置……828	懂得自己应该做什么……919
不饶舌，言行必果……832	惹不起，难道还躲不起吗……921
人生而平等，结果则迥异……833	目光跳出亲眷的圈圈……924
给奉承者坐"冷板凳"……836	凡事从小事做起……927
未雨绸缪是良策……837	循循善诱，慧眼识人……929
志向坚定，踏上青云路……840	做事抓重点才不乱……930
在静时运用第三只眼……841	爱憎分明，亲疏无别……933
急躁妄动，无处容身……843	打天下要有朋友相帮……935
在行动时要把握形势……847	刚强辅佐，沿袭政体……938
冷静处理突然的羞辱……851	成功贵在坚持自我优势……939
一动不如一静……854	
赞同就意味着软弱吗……856	**第四卷**
	同人与门，坦荡包容……943

有好的开始有助于成功⋯⋯⋯⋯⋯⋯ 946
身居优位,历练通达⋯⋯⋯⋯⋯⋯⋯ 948
有思想更要有行动⋯⋯⋯⋯⋯⋯⋯⋯ 949
随丈夫行事,势在必得⋯⋯⋯⋯⋯⋯ 953
"随时"者昌,"随人"者亡⋯⋯⋯⋯ 954
窥视内心,以身作则⋯⋯⋯⋯⋯⋯⋯ 958
君子三思后立即行⋯⋯⋯⋯⋯⋯⋯⋯ 961
温暖互换好人缘⋯⋯⋯⋯⋯⋯⋯⋯⋯ 965
语言常是惹祸的根苗⋯⋯⋯⋯⋯⋯⋯ 967
越出名,就越要小心⋯⋯⋯⋯⋯⋯⋯ 970
见好就收是高手⋯⋯⋯⋯⋯⋯⋯⋯⋯ 971
恩威并用,宽猛相济⋯⋯⋯⋯⋯⋯⋯ 973
居安思危的忧患意识⋯⋯⋯⋯⋯⋯⋯ 974
要做不张扬的潜龙⋯⋯⋯⋯⋯⋯⋯⋯ 977
亮出身手,显露优势⋯⋯⋯⋯⋯⋯⋯ 978
柔顺刚烈,随机而施⋯⋯⋯⋯⋯⋯⋯ 979
终日乾乾,勤勉成功⋯⋯⋯⋯⋯⋯⋯ 981
审时度势,待机而发⋯⋯⋯⋯⋯⋯⋯ 983
飞龙在天,时机成熟⋯⋯⋯⋯⋯⋯⋯ 984
防微杜渐,知错而返⋯⋯⋯⋯⋯⋯⋯ 985
"处世"多少事,都付笑谈中⋯⋯⋯ 987
友善接触,魅力再现⋯⋯⋯⋯⋯⋯⋯ 988
小事之中大禅机⋯⋯⋯⋯⋯⋯⋯⋯⋯ 989
动之以情,晓之以理⋯⋯⋯⋯⋯⋯⋯ 990
先扬后抑的"击蒙"⋯⋯⋯⋯⋯⋯⋯ 990
彼此妥协,才会共享胜利⋯⋯⋯⋯⋯ 992
原子式的合作状态⋯⋯⋯⋯⋯⋯⋯⋯ 993
纷争使事理更明晰⋯⋯⋯⋯⋯⋯⋯⋯ 994
山高水险,行路难,不畏难⋯⋯⋯⋯ 995
坦言消解芥蒂⋯⋯⋯⋯⋯⋯⋯⋯⋯⋯ 1001
强强联合竞争中的合作⋯⋯⋯⋯⋯⋯ 1001
凭着上帝之爱心啊⋯⋯⋯⋯⋯⋯⋯⋯ 1002
做事有始有终的人才有成就⋯⋯⋯⋯ 1004
低调的"社会新鲜人"⋯⋯⋯⋯⋯⋯ 1007
用真诚给友情打补丁⋯⋯⋯⋯⋯⋯⋯ 1008
大事有原则,小事要灵活⋯⋯⋯⋯⋯ 1009
张弛有度,本色待人⋯⋯⋯⋯⋯⋯⋯ 1012

骄傲,行动的资本⋯⋯⋯⋯⋯⋯⋯⋯ 1012
谋事在人成事在天⋯⋯⋯⋯⋯⋯⋯⋯ 1013
墨守成规还是标新立异⋯⋯⋯⋯⋯⋯ 1016
珍惜时间,就是抓住当前⋯⋯⋯⋯⋯ 1021
借题发挥,机不可失⋯⋯⋯⋯⋯⋯⋯ 1024
君子自强不息⋯⋯⋯⋯⋯⋯⋯⋯⋯⋯ 1025
支持、染饰达成共荣⋯⋯⋯⋯⋯⋯⋯ 1027
欲得天下,人心不可不得⋯⋯⋯⋯⋯ 1028
装饰光润,心悦诚服⋯⋯⋯⋯⋯⋯⋯ 1031
富贵功名到了极点要谦虚⋯⋯⋯⋯⋯ 1032
规避是非,消除祸事⋯⋯⋯⋯⋯⋯⋯ 1035
随遇而安顺其自然⋯⋯⋯⋯⋯⋯⋯⋯ 1036

第四篇 经商智慧⋯⋯⋯⋯ 1040

急功近利,亢龙有悔⋯⋯⋯⋯⋯⋯⋯ 1075
轻信纵容,反受其辱⋯⋯⋯⋯⋯⋯⋯ 1075
伺机而动,平稳过渡⋯⋯⋯⋯⋯⋯⋯ 1076
坚守正道,以不变应万变⋯⋯⋯⋯⋯ 1077
是不是唯有自己最可靠⋯⋯⋯⋯⋯⋯ 1078
摧枯拉朽,扭转败势⋯⋯⋯⋯⋯⋯⋯ 1079
零距离直面缺陷⋯⋯⋯⋯⋯⋯⋯⋯⋯ 1080
独当一面论功行赏⋯⋯⋯⋯⋯⋯⋯⋯ 1081
合作诚信,团队出击⋯⋯⋯⋯⋯⋯⋯ 1082
行为中和,凝聚合力⋯⋯⋯⋯⋯⋯⋯ 1083
知人善用,赢得信任⋯⋯⋯⋯⋯⋯⋯ 1084
突破制衡,缔造成功⋯⋯⋯⋯⋯⋯⋯ 1086
合作法则是生存的法则⋯⋯⋯⋯⋯⋯ 1086
抡起板斧,斫掉赘肉⋯⋯⋯⋯⋯⋯⋯ 1087
刚毅果断,至刚至柔⋯⋯⋯⋯⋯⋯⋯ 1088
情感投资增强亲和力⋯⋯⋯⋯⋯⋯⋯ 1089
热情实现你已久的夙愿⋯⋯⋯⋯⋯⋯ 1090
Sunny 的蛰伏意识⋯⋯⋯⋯⋯⋯⋯⋯ 1091
自裁罚,正人先正己⋯⋯⋯⋯⋯⋯⋯ 1092
把握分寸,明辨事理⋯⋯⋯⋯⋯⋯⋯ 1093
诚信相交,用其所长⋯⋯⋯⋯⋯⋯⋯ 1093
天变道亦变⋯⋯⋯⋯⋯⋯⋯⋯⋯⋯⋯ 1094
谦谦君子,授之大用⋯⋯⋯⋯⋯⋯⋯ 1095

固守中正，谦美扬名……1096	给予俸禄还是授之高官……1127
谦和之美，君子永持……1097	开诚布公，合理界定……1128
虚怀若谷，坚持中正……1098	心灵感应与情感的沟通……1129
得意不忘形，免遭凶险……1099	中正不偏狭……1130
身先士卒，热情投注……1100	守住本土，海外拓展……1131
执迷不悟招悔恨……1100	把财富命运掌握在自己手上……1131
看主流，无视闲言碎语……1102	大商道是一种涵养功夫……1134
变中不变，不变有变……1102	不惧怕艰难的开端……1136
也有奇效的"立即惩戒"……1104	市场第一线是人才的比拼……1141
慎重决策，基业长青……1105	时刻操作成功的商机……1144
寅吃卯粮，危机暗藏……1105	胜者不战而屈人之兵……1149
摩根信条，感应尊贵……1106	爆发才智是大师的强项……1153
亲善督导，不近祸害……1106	诚信是品质也是品牌……1157
敦厚淳朴，吉祥无碍……1107	给财富的火车设个停靠站……1161
一针见血不容情……1108	称霸天下的动力之源……1164
痛定思痛求其好……1109	明亮的眼睛看前途……1168
自正方可正人……1110	赢局是一场信心较量……1173
信赏必罚……1111	共同制造一块大蛋糕……1179
校正身心，行为有向……1113	运筹管理决定效率……1184
亲贤臣，远小人……1113	做大自己先是做好自己……1188
树人树己，不独享成果……1114	跟随市场的战略头脑……1194
及时转向，复归正道……1115	与规律保持最亲密的关系……1199
异类空间，独具潜力……1115	跌倒了不等于被淘汰……1203
刚愎自用，违背君道……1116	上下同欲是不败的真理……1208
不妄动妄求，行事吉祥……1117	真情是成功之梦的依托……1212
竞争激励改进……1118	打一张人性化管理的妙牌……1216
停下你贸然行动的步伐……1119	重视文化的积极效应……1220
度身而造，规避冒进……1120	优胜劣汰是竞争的必然……1223
薄技在身，利于行事……1120	不断强化自己的市场优势……1227
广开言路，引招贤士……1121	赢得支持是成功的保证……1231
想全局，抓大事……1122	绝不被美丽风景滞留自己……1237
常变常新，行不失类……1123	蓄积力量谋天下……1240
聚敛财富，用之与民……1123	创新是长盛不衰的常规……1246
事必躬亲，栋桡之凶……1125	充分发挥过人的胆识……1250
合理规划，逐步突破……1126	一流决策与人心等高……1254
中肯批评，维系自尊……1126	与人沟通可确保胜局……1258

周易译析

上 经

乾卦第一 ☰

乾下乾上　乾①元亨，利贞。②

初九　潜龙，勿用。③

九二　见龙在田，利见大人。④

九三　君子终日乾乾，夕惕若厉，无咎。⑤

九四　或跃在渊，无咎。⑥

九五　飞龙在天，利见大人。⑦

上九　亢龙，有悔。⑧

用九　见群龙无首，吉。⑨

乾，象征天，纯阳至健之美德。"乾"即健，即天，指日影移动的法则；"坤"是地，"有天地万物生焉"。②元亨：顺利大吉。"元"表示天地万

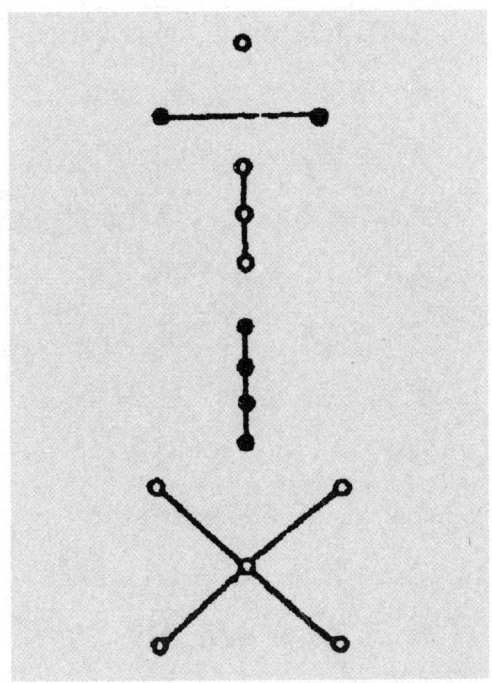

乾画三位图，出自宋·刘牧《易数钩隐图》

【注释】

①乾卦：上卦下卦均为

物之本始，元气、太初，都由此而来；"亨"指古代祭祀的供品，包括六畜、稻菽和酒；"利"即收获、有利的意思；贞：卜问、预测，"贞"在此有"纯正"的含意。乾卦中的"元、亨、利、贞"是古代大型祭典中太宰的赞辞（祝词），以示天地接同。③潜龙：龙是古代人崇信的代表神祇的动物，它是三栖动物：能遨游太空，潜藏海底，又可行动如飞，云游西方。龙也意味着一种阳刚之气，是正的化身。④见：现，发现，通现。田：指垄亩大田之间。大人：有大才大德之人。⑤君子：指德高之人。乾乾：努力不懈。即健行不息。惕：警惕，小心谨慎。厉：危险。咎：灾祸。⑥或：有似的意思，或者有人或有时；这里是有时的意思。⑦见：发现。⑧亢：极，高。悔：困厄。⑨用九：无首，即无终结，势在必变中也。

【译文】

乾卦　乾象征天。乾的卦象是六条阳爻，表示宇宙的广阔和层出不穷。乾卦以龙为代表，以"君子"代表人类。筮得此卦大吉大利，祥和坚实。

初九　在初始阶段，像一条潜龙处在相对静止之中伏在深渊，循世无闻，不轻举妄动，意指暂时不宜施展才能，不会有明显的发展。

九二　随着时间的推移，像一条潜龙出现在田野，又如种子胚芽破土而出，崭露头角，有利于大才大德之人出世。

九三　君子刚得过重，以致劳作不息，却终日戒惕忧惧，这样，遇到了危险，虽可以免遭灾祸，但也未免太艰苦卓绝。

九四　此时潜龙已跃出了低渊，伺机而动，有时腾跃而起，有时潜退渊谷。

九五　潜龙刚健得中，飞上天空受到大德大才之人的拥戴。

上九　潜龙飞得过高，必然遭到困厄，说明事物的转化，满招损。

用九　意指新旧事物的转化。天空出现一群巨龙，首尾不见，变化没有穷尽，吉。

【解析】

　　此卦六爻爻辞，揭示具有开创气质的阳刚元素的发展变化规律，龙由潜而见，由跃而飞，喻示事物的发展是按照由酝酿到发展、由低级到高级的变化过程进行的，并将向它主导方向发展——吉。

　　九三爻辞，谓朝乾夕惕，虽厉无咎，喻示经过奋发努力，可化险为夷，转危为安。

　　但亢龙有悔，一旦轻举妄动就终将有所悔恨喻"物极必反"、祸福相倚的深刻哲理。

坤卦第二

　　坤下坤上　坤①元亨。利牝马之贞。君子有攸往，先迷后得主，利。西南得朋，东北丧朋。安贞吉。②

　　初六　履霜，坚冰至。③
　　六二　直、方、大，不习，无不利。④
　　六三　含章，可贞。或从王事，无成有终。⑤
　　六四　括囊，无咎无誉。⑥
　　六五　黄裳，元吉。⑦
　　上六　龙战于野，其血玄黄。⑧
　　用六　利永贞。⑨

【注释】

　　①坤卦：上卦下卦均为坤，为地，象征宇宙纯阴至顺的灵德；坤也有伸的意思，乾是日光普照；坤，地气充溢。
　　②元亨，利牝马之贞：元亨，前途非常亨通、顺利。牝马，母马。"乾为马"，而马代表天，为阳性；坤卦言"牝马"则属阴性，故称地。攸：所。因此说坤在"东北丧朋。"③履：踏。霜：这里是用薄霜象征阴气初起，预示严寒将至。
　　④直、方、大：天圆地方，博大无边，这里表示坤之德性。直：正直；方：端方；大：弘大。⑤章，文采绚丽，美德

王：指乾，指君王。⑥括囊：束紧口袋，缄口不言。⑦黄裳：黄色服饰。黄色在"五色"之中，象征中道、中色。裳，下服。古时服装上称衣，下称裳，裳居下，象征谦下。所以说"黄裳，元吉"。⑧龙战：指阴阳交合。阴极阳来而阴气未消。所以有阴阳二气交合的"龙战"之象。玄黄：玄为天色，黄为地色。所谓玄黄是天地：色混杂不明阴阳互渗难别。⑨永贞：占问长久之吉凶。

【译文】

坤　像大地一样柔顺和包容。坤卦上可承乾天，下可容天物，表现了坤地的广博。筮得此卦大吉大利，尤其有利于占问牝马之德性。君子出行，筮得此卦，不宜先行。始则迷失方向，继而可寻得所在追求的目标。宜往西南方向，坤与西南合，西南为乾，不要往东北方向，东北为艮，为山。往西南能够遇到朋友，往东北则遇不到志同道合的人。如果占问是否平安，筮得此卦可获吉祥。坤是配合乾为天地，但其中又有对当时的策略性比喻。

初六　走在薄霜的上面，已知坚硬的冰块就要到来了，预示严寒将至，这是见微知著，说明乾阳已转化，开始了坤阴的时间运转。

六二　"直"指纵横上下，"方"是指面积的前后左右，故有"天圆地方"之说。"大"指无穷无尽。"习"为演化，运动。意思是，柔顺之德，纵向无边，横向无涯，宽厚而博大，具备了这样的美德，不需要再耍小聪明了，否则聪明反被聪明误。

六三　具备着美好品德，无成而有终。辅佐君王大业，起初可能无所建树，最后总能克尽臣职，得到好的结果，说明大度有包容之心的人能成就大器。

六四　韬光养晦，守口如瓶，可以免遭灾祸，但是只能求无过，却不能获得美誉。

六五　穿着黄色裙裳，保持恭顺的德性，结果大利。

上六　龙战于原野，血流遍地，两败俱伤。

用六 通观此卦可得知天地初开，天离不开地，地离不开天。这是天地运行之道。依此行动，则吉。

【解析】

坤卦的卦爻辞性属阴柔，以象征大地母亲那艰苦奋斗，滋育子孙的胸襟与德能。强调坤的柔弱、顺从、居下的特性，主张柔顺地辅助君主。

"履霜，坚冰至"，是对自然气候变化规律的总结，含有事物发展由量变到质变的哲理。

屯卦第三

震下坎上 屯①元亨利贞。勿用有攸往，利建侯。②

初九 磐桓，利居贞。利建侯。③

六二 屯如邅如，乘马班如，匪寇婚媾；女子贞不字，十年乃字。④

六三 即鹿无虞，惟入于林中；君子几，不如舍，往吝。⑤

六四 乘马班如，求婚媾，往吉，无不利。

九五 屯其膏，小贞吉，大贞凶⑥。

上六 乘马班如，泣血涟如。⑦

【注释】

①屯卦：震下坎上，幼苗破土的初生状态。"屯者，物之始生也。"②勿用：勿，不宜。用，宜。建侯：授爵封侯。③

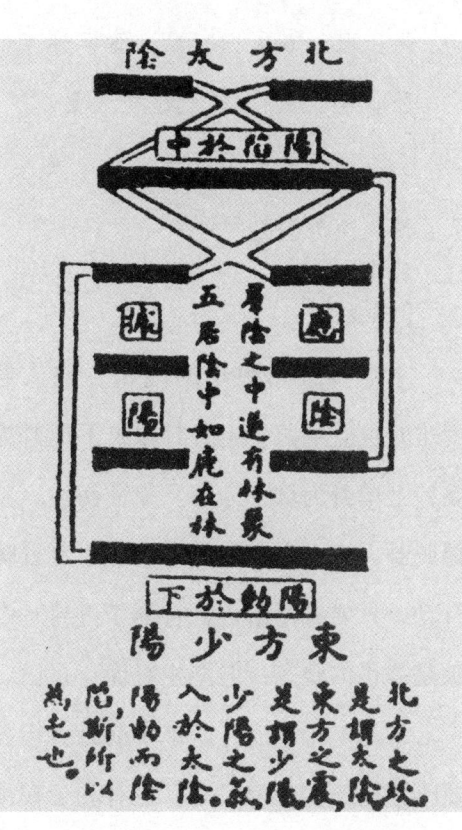

屯象图，出自宋·佚名《周易图》

磐桓：磐：大石；桓是树名，大石压住树头，比喻前进踌躇难行。居：居处，住所。④屯如，邅如：乘马欲进，又班师而回。表示行进艰难。匪：通"非"。不字：不嫁人。字，古时礼仪，女子订婚后即用簪子插住发髻；这里引申为许嫁。⑤即鹿无虞：追鹿而无虞人做向导。虞人，古时管理山林之官名。几：求。舍：放弃。吝：恨、耻。⑥屯：积聚。膏：油脂。小、大：指少量和大量。⑦泣血：痛哭至眼睛出血。涟如：泪水不断的样子。

【译文】

屯　一般指粮草的囤积，或人遇困难时也会屯留。屯卦卦象是下单卦为震，上单卦为坎，为水。象征初生。筮得此卦大吉大利，和谐坚实。不宜冒昧行动，只要锲而不舍，有利于进封。屯象是静止的状态，但能相对保存自己。

初九　徘徊流连，难于前行。但只要刚强居正，获得民心，也有利于授爵封侯。应持以退为进的策略，要像磐石一要稳定、沉着，以谋将来之发展。

六二　开始时想赶路，但继之原地打转，徘徊不前。因为他们杂路不前，还以为他们是贼寇呢。这时他就想找个带路人，能找到吗？如同女子也只有到了可以谈婚论嫁的年龄，才可以嫁给他。何况小伙子自己也要有点功名呀。

六三　打猎中没有向导，会误入山林迷途中。如果出兵征战，没有同盟相助，则会孤掌难鸣。在这种情况下，与其继续追逐，不如舍弃而回返；一意前往，必遭艰难。

六四　乘马的人可以找到向导了，人家愿意帮助，就像答应求婚一样，无往而不利。

九五　雨是由云层中降下的水，适量雨水能滋润禾苗，多了，就成灾了。

上六　物极必反。乘马的人过于大张旗鼓，兴师动众，这就会好景不长，而引来血的教训。

【解析】

"屯"，下震上坎，象征雷雨并作，险象环生。万物初生步履维艰，在艰险困苦里边，有着美好的前途，故曰

"屯，元、亨、利、贞"。全卦正是扣住这一旨意，启迪人们要注意化险为夷。当险难出现的时候，要有依靠力量，如"磐桓"（坚强的石柱）之类。居家的就可以安居，有国的就可以封侯。新生事物艰难成长，对某些似是而非的事物，要取分析态度，做出恰当的判断，千万不能把为"婚媾"而来的人群当做盗寇。在关键时刻要善于做出正确的选择，做到"君子几不如舍"，不能因小失大。

蒙卦第四 ䷃

坎下艮上　蒙①亨，匪我求童蒙，童蒙求我。初筮告，再三渎，渎则不告。利贞。②

初六　发蒙，利用刑人，用说桎梏，以往吝。③

九二　包蒙，吉。纳妇，吉。子克家。④

六三　勿用取女，见金夫，不有躬，无攸利。⑤

六四　困蒙，吝。⑥

六五　童蒙，吉。

上九　击蒙，不利为寇，利御寇。⑦

【注释】

①蒙蒙：卦名。坎下艮上，意：覆，被。蒙昧蛮荒之象。②童蒙：无知之人。蒙，蒙昧，指需要教育的人。再三：这里承前省略了一个"筮"字，所以"再三"即"再三筮"，意为接二连三地占筮。渎：亵渎。③发蒙：开启蒙昧人之智慧。刑人：体罚或刑罚人，带有强制性。说：通"脱"。桎梏：古代刑具名。铐在足上称桎，铐在手上称梏。以：而。④包蒙：强调教育的广泛。纳妇：迎娶媳妇。子克家：家不指一个小家。这里有修身治国的意思。⑤取：通"娶"。金夫：美称，指貌美郎君。不有躬：不顾体统，自失其身。⑥困蒙：

陷于蒙昧之中的人。⑦击蒙：用严厉的办法管教，但不能过头。

【译文】

蒙卦　蒙：愚昧。蒙卦卦象是下单卦为坎，为水；上单卦为艮，艮为山。蒙昧无知的人，是否能改进，不取决于我们，而是蒙昧无知的人要有诚意改革自新。初次前来占筮，告诉他吉凶；接二连三地占筮，便是对占筮的亵渎了，这样，便不再告诉其吉凶，因为求学与施教都要持严肃的态度。

初六　改造初始，即要法规严明，甚至强制对被改造人的惩戒。如果放任自流，就是管理不善，将困难重重。

九二　受教育者很多，教育者要以"有教无类"的原则一视同仁，这未必不是好事，正如娶妻纳妾一样天经地义。人们接受教育后才能修身、治家。

六三　不宜娶这个女子为妻，因为她见到美貌郎君就动心了，甚至以身相许，这个女人不接受教育，故不可教也。

六四　陷于蒙昧无知的人，深深被愚昧所困扰，远离了接受教育的条件，故处境艰难。

六五　没有敌意，无邪念的蒙昧无知的人可以启发教育，必获吉祥。

上九　要惊醒愚昧无知的人促其转化，但不宜采用过激的行动使矛盾激化，而如果你的方法对头，被教育者的坏习气便可以改掉。这样才是吉利的。

【解析】

蒙卦重在开导统治阶层要妥善处理各阶层的关系。反映出古人对教育，启蒙的重视。启蒙可以培养人的美好品德，使其走正道，这是神圣的功劳。蒙昧之人并非一成不变，只要引导得法，蒙就可以转化为不蒙。刑人脱去枷锁，亦可为我所用。

需卦第五

乾下坎上　需①有孚，光亨，贞吉。利涉大川。②

初九　需于郊，利用恒，无咎。③

九二　需于沙，小有言，终吉。④

九三　需于泥，致寇至。⑤

六四　需于血，出自穴。⑥

九五　需于酒食，贞吉。⑦

上六　入于穴，有不速之客三人来，敬之，终吉。⑧

【注释】

①需卦：乾下坎上，象征等待。"物种不可不养，故受之以需。"需也作饮食解。②孚：诚信。光亨：大为通顺。③郊：城邑之外。恒：此指恒心。④沙：沙滩。小：少。言：议论。⑤致：招来。⑥血：血泊，此指危险。出：离开。穴：陷阱。这里比喻险恶。⑦酒食：此指酒宴。⑧入：不速之客：未经邀请而来的客人。

【译文】

需卦　需：需要。需卦卦象是下单卦为乾，为发展中的政权。上单卦为坎是坎水、坎险。象征等待，即使前面有险阻，但能有正当的等待方法心怀诚信，自然光明亨通。有利于涉越大江大川，有利于前程。

初九　有阳刚之勇，但极易犯难而行，故要在郊野中等待，宜持之以恒，才无灾祸。

九二　沙与郊野又靠近了一步，应为水边了，在水边上等待。有回旋的余地，但也引起争议，此时如能耐心等待，并一致行动，最后还是吉祥的。

九三　由沙滩进而到达河边泥泞之中等待，此时已有险境，并已短兵相接，且勿冒险而行。

六四　此卦不仅有水，有泥，还有血，在浴血奋战，但能脱离险境。

九五　从险境中出来，竟然受到热情的接待，此卦在酒食宴中等待，占之必获吉祥。

上六　陷入险境，不速之客"三人"（三阳）来访，但只要有乾阳接替，可催促转化，最终必获吉祥。

【解析】

《易》对"需"予以赞美，认为"需"包含着诚信，抱有信念，耐心等待，结果广大而亨通。"需"反映的是某一件事或一项事业，在最初阶段必须耐心等待时机。等待必须合乎规律，才可能遇险化险而达光明亨通的境地。

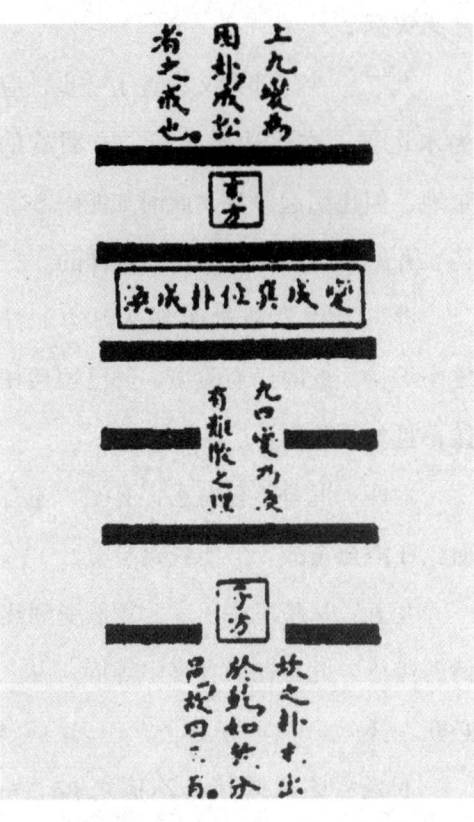

讼象图，出自宋·佚名《周易图》

讼卦第六

坎下乾上　讼①有孚，窒惕，中吉，终凶。利见大人，不利涉大川。②

初六　不永所事，小有言，终吉。③

九二　不克讼，归而逋；其邑人三百户，无眚。④

六三　食旧德，贞厉，终吉。或从王事，无成。⑤

九四　不克讼，复即命，渝。安贞，吉。⑥

九五　讼，元吉。⑦

上九　或锡之鞶带，终朝三褫之。⑧

【注释】

①讼卦：下坎上乾，象征争讼、争论。有孚：指诚信。②窒惕：阻塞。③永，久长。不永所事：不长久困于争讼之事。④不克讼：争讼失败。归而逋：逃亡，逃避。邑：封地，古代三百户为一邑是小国。眚：过失；灾祸。⑤食旧德：吃昔日俸禄。贞厉：正确但危险。⑥复即命：回归正理。渝：改变习性，改变初衷。⑦讼：这里指"决讼"，即审断讼案。⑧锡：通"赐"。鞶：大带。古代根据官阶颁赐的腰带，上或有金玉

之饰。终朝：终日，整天。

褫：剥夺。

【译文】

讼卦　讼：象征争讼。讼卦卦象是下单卦为坎，险陷；上单卦为乾，代表刚健。只要心怀诚信，加以警觉，申辩中，持中和之道不偏不倚，可获吉祥；如果始终强争不息，不见好就收，则有凶险。利见大德大才之人，不宜涉越大江大川。

初六　不利于长久困于争辩不休中，应减少口舌，平息是非，最终可获吉祥。

九二　食邑：古代作官之人世袭为生，食先祖领地的俸禄。明智地退出是非之地，暂避到有利于自己的地方，意指逃到只有三百户的小邑，便可息事宁人躲过灾难。

六三　安享昔日俸禄，守住纯正的美德，虽然此地仍会有不中不正之事，但最终可获吉祥。或许还有辅佐君王的可能，但居功不足。

九四　争讼失利，回归正理，改变争讼的初衷，安贞守正，则可以平安无事。过去的功败、得失皆可不计。

九五　审断争讼，应判明是非曲直，并从事情开端就将争讼平息下来。中正无讼则吉。

上九　也可能由于决讼清明而荣获颁赐或加封，但由于君王反复无常，一天中又三次下令收回，这是要警觉的。莫忘荣辱。

【解析】

讼卦的思想，在今天仍给人以启示。强调"有孚"。"孚"是"信"的意思，这首先是指"诚信"、"信实"，也就是事实确凿，实事求是，这是打官司有信心的可靠依据。但即便这样，打官司也仍要强调一个"惕"字，即有戒惧之心，谨慎从事。讼卦强调"不永所事"与"复即命"。前者是说不要陷入拖延不决的困境；后者在今天来看就是接受调解。倘若一意孤行，纠缠不休；或不知进退，不接受较为公平的调解而改变行动，这最终也是会自受其害的。所以讼卦说"不永所事……终吉"，又说"复即命，渝。

安贞，吉"，包含着有益的经验，可结合实际情况加以运用。

师卦第七 ䷆

坎下坤上　师①贞，丈人吉，无咎。②

初六　师出以律，否臧，凶。③

九二　在师中吉，无咎；王三锡命。④

六三　师或舆尸，凶。⑤

六四　师左次，无咎。⑥

六五　田有禽，利执言，无咎。长子帅师，弟子舆尸，贞凶。⑦

上六　大君有命，开国承家，小人勿用。⑧

【注释】

①师卦：坎下坤上，讲战争理论。②丈人：老成持重者，此指军事统帅。③律：军乐，有行进退丛的功能。号令作用。否臧：不善，不好。④在：统率。中：中正。王三锡命：君王多次颁赐奖赏其功。锡命：发布奖赏的命令。⑤舆尸：用车载运尸体，比喻兵败如山。⑥左次：驻扎在左方。如驻扎在左低右高的地势上，利于防御和攻击。⑦禽：动物。执言：责难，声讨。弟子：次子。⑧大君有命：君王降下诏命，论功封爵。开国：封诸侯，开创千乘之国。承家：授大夫，承袭百乘之家。家，大夫封地。小人勿用：意在用君子，不要用小人。

【译文】

师卦卦象是上单卦为坤，坤为地，为母；下单卦为坎，为水，是险与水。师卦：指军旅而言。军事上以刚直中正，听从天命，众望所归的统帅率师出征才能非常吉利，必无灾祸。

初六　军队出征，必须号令如山，军纪严明，对敌战斗才有震慑力；如果治军不严，军纪败坏，必有凶险。

九二　统率军队出征打仗，只要持守严明中道又有英明将军，此将军又能得到君王的赏识，并三度给以褒奖，则可获吉祥。

六三　卒缺乏将军之才，却刚愎自

用，盲目行事，擅自用权，最后兵败如山，大败而归，主凶。

六四　布阵得当，能守能攻，并严阵以待，可免灾祸。

六五　打仗和打猎一样，王者之师，用将必须刚断，如命长不出师，即指有才能的统帅指挥作战，复又让小人，无能之辈参与争功，势必大军败北，即使声势浩大，也大而无功。

上六　班师回朝，天子颁布诏命，论功封爵，大功封侯，赐土地；功次之的封卿，但要重用君子，不要重用德才都差的小人。

【解析】

　　师卦经文有两点值得注意：首先，"师出以律"，是古人实践经验的总结，对我们今天仍有指导意义。其次，反映"任人唯贤"。大人"开国承家"，"小人勿用"，正是统治阶层用人之道。

比卦第八 ䷇

坤下坎上　比①吉。原筮，元永贞，无咎。不宁方来，后夫凶。②

初六　有孚比之，无咎。有孚盈缶，终来有它吉。③

六二　比之自内，贞吉。④

六三　比之匪人。⑤

六四　外比之，贞吉。⑥

九五　显比。王用三驱，失前禽，邑人不诫，吉。⑦

上六　比之无首，凶。⑧

【注释】

　　①比卦：坤下坎上，象征亲近、亲辅；协和邦国之意。②原筮：旧筮，指再三占筮。原，追寻之辞。元：下脱一"亨"字，所以"元"即"元亨"，意为大吉大利。永贞：占问长期之吉凶。不宁方来：不安宁的事可并行而至。方国：商周时代对少数部落的称呼。后夫：后来者。③有孚比之：有诚信之心者前来亲辅。盈缶：美酒装满酒坛。缶：大肚小口，用来盛酒的瓦罐。终来有它：最终会发生意外情况。④内：内在要求。⑤匪人：非其人。⑥外比：向外亲辅。⑦显比：明显地亲辅。三

驱：不合围，开一面之网。
诚：诚告。⑧无首：没有首领，即没用对象。

【译文】

比卦　象征亲辅。比卦卦象是下单卦为坤，为地；上单卦为坎，为水。比卦卦象是众星捧月之象。此卦吉祥。当年古人筮遇此卦，必有吉利，占问长久之事，没有灾祸。辅指古代的车子是用木做的，但车轮两旁的木楔与车子是一体的，车轮的木楔必须依从车子而转动。正如，不愿臣服的邦国看到势头不对也都来朝，迟缓而来者必成独夫民贼，必有凶险。

初六　诚信归顺的人前来辅佐，必无灾祸。诚信之意就如装满美酒的酒坛，最终会有人前来依附，肯定会有意外的吉祥。

六二　臣以人事君，忠贞之笃，必将吉祥。

六三　所亲辅的人不是忠贞的人，既以伤世，还可自伤，其害惨重。

六四　向外依附，也不能什么人都投靠，要选择贤明之君，才可获吉祥。

九五　招贤纳士应当宽宏无驻，竭诚欢迎所有前来投靠的人。正如君王狩猎，三方驱围，网开一面，舍逆而取顺。使邑人都不惧怕之，这样才会吉祥。

上六　开始时没想去亲辅去投靠，现在事过境迁，为时晚矣。凶。

【解析】

比卦讲的是人与人之间的相交之道，强调亲比的重要性。亲比的范围比较广泛，或自内亲于外，或自外亲于内，或自下亲于上，或自上亲于下。亲比的原则在于诚信、忠贞。与没有诚信、缺乏忠贞的人亲比，是"比之匪人"，结果必遭凶祸。

小畜卦第九

乾下巽上　小畜①亨。密云不雨，自我西郊。②

初九　复自道，何其咎？吉。③

九二　牵复，吉。④

九三　舆说辐，夫妻反目。⑤

六四　有孚，血去，惕出，

无咎。⑥

　　九五　有孚挛如，富以其邻。⑦

　　上九　既雨既处，尚德载，妇贞厉。月几望，君子征凶。⑧

【注释】

　　①小畜卦：乾下巽上，象征阴柔力量的聚集，有"止"的意思。小，少。畜，通"蓄"。②自我西郊：浓云从我邑西郊而起。③复自道：回归自身的道行。④牵复：牵连而复回。⑤舆：大车。说：通脱。辐：古代车子上固定车轮于轮轴上的掣栓。反目：失和。⑥孚，诚信。血去：排除惊恐。血，同"恤"，忧虑。⑦挛：拘系，捆绑。如：样子。富以其邻：与邻人同富。以与。⑧既雨既处：天已降雨，雨已停息。尚德载：还可以运载。德，同"得"。几望：即既望，古代历法，每月十六日为"既望"。征：出征。

【译文】

　　小畜卦　象征小有积聚。小畜卦卦象是下单卦为乾，为天，为健；上单卦为巽，巽为风。风行于天上。筮得此卦亨通。浓云密布虽不降雨，云气从我邑西郊升起，终归会下大雨。意旨文章才艺与道德君子尚未到大有作为的时刻。

　　初九　不要太过刚阳，要回归自身的道行，才不会有什么灾祸。过于猛烈了，就要回头，这才吉祥。

　　九二　与志同道合的人携手而进，处于中庸而得正，也能获得吉祥。

　　九三　阳刚前行，阴柔挡道，正如车轮脱了轴，夫妻反目为仇。

　　六四　如能谦容大度，并得到有力的相助，就可以避免伤害和恐惧，远离惕血之灾，有惊无险。

　　九五　只要以诚信之德与人相处，并真诚配合，便可刚柔相济，共同致富。

　　上九　天上已然降下大雨，风已经停息。积集的德行与富贵都可用车轮来载运了。这时就要想到福、灾所依之事，未雨绸缪，以盈满告诫自己。家道也是如此，悍妻持家，必有祸秧。

【解析】

小畜卦爻辞讲的是小有积聚，多反映古代游牧民族的生活图景。放牧。要选择好的天气，还要防范强者的抢劫。"密云不雨，自我西郊"，反映天气变化的自然规律。

履卦第十 ䷉

兑下乾上　履虎尾，不咥人，亨。①

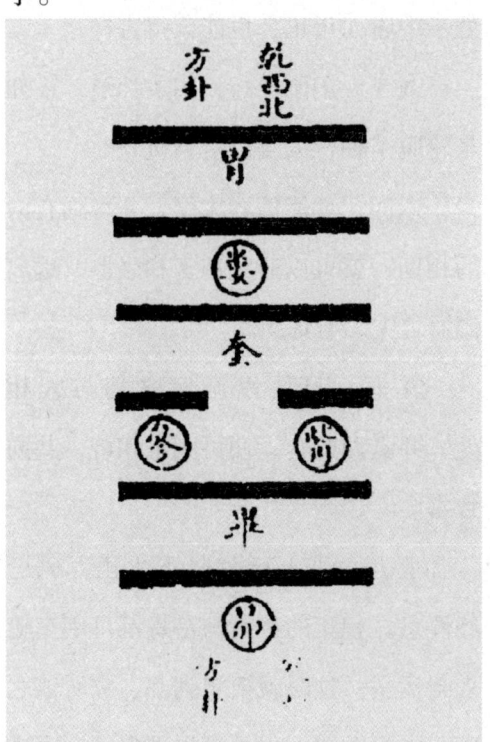

履虎尾图，出自宋·佚名《周易》

初九　素履往，无咎。②

九二　履道坦坦，幽人贞吉。③

六三　眇能视，跛能履，履虎尾，咥人，凶。武人为于大君。④

九四　履虎尾，愬愬，终吉。⑤

九五　夬履，贞厉。⑥

上九　视履考祥，其旋元吉。⑦

【注释】

①履卦：兑下乾上，象征谨慎行走。履又为足，践也。咥，咬。②素：质朴无华。履：此为谨慎行走的意思。③幽人：安适恬淡之人。④眇：目盲即眼不能视。武人：勇武之人。为：作为，引申为效命。大君：君王，天子。⑤愬愬：谨慎申诉的样子。⑥夬：果决。⑦视：回顾。考：考察。祥：此指吉凶祸福的征兆。旋，返。

【译文】

履卦　象征谨慎行走。履本意是"踩"。履卦卦象是下单卦为兑，为泽，为柔；上单卦为乾，为刚健。态度谦和，中正无私，即使行走时不慎踩了老虎尾巴，老虎也不会咬他。亨通顺利。

初九 衣着质朴，行走谨慎，做什么事都没有灾祸。这是指能唯守中道以自安，故吉。

九二 正志以居，与天下凶危相忘，抑志而养德，安适恬淡，当吉。占问此爻可获吉祥。

六三 目盲偏要观察，足跛偏要行走，志怀叵测，无忌惮而鼓乱，必有凶险。正如勇武之人为君王效命，却拥兵自重，好大喜功，必然伤及王朝。

九四 即使走在老虎的后面，但只要我们戒慎戒躁，谦谦而警觉，总可以避开灾祸，施展报复。

九五 即使位居尊位，也不可贸然行事，避免独断专行。否则有危险。上九 回顾自己的行事处方，肖弭化灾，善以长人，实是大吉。

【解析】

履卦讲的是人在社会如何实践、如何处世的问题。认为履道险恶，贵在慎、谦。同是"履虎尾"，由于态度不同，结果相反。以戒慎心情对待，结果"终吉"；自以为"眇能视，跛能履"，趾高气扬，结果凶险。可见，谦柔能自保，刚强则丧生，柔弱胜刚强。

泰卦第十一 ☷☰

坤上乾下　泰①，小往大来，吉亨。②

初九　拔茅茹，以其汇，征吉。③

九二　包荒，用冯河，不遐遗；朋亡，得尚于中行。④

九三　无平不陂，无往不复，艰贞无咎。勿恤其孚，于食有福。⑤

六四　翩翩，不富以其邻，不戒以孚。⑥

六五　帝乙归妹，以祉，元吉。⑦

上六　城复于隍，勿用师。自邑告命，贞吝。⑧

【注释】

①泰卦：通也。坤上乾下。象征自然与社会的祥和美好。②小往大来：小的往外，大的来内。③汇：同类会信。

茹：草根。茹以其汇：草根的根相连，以致牵连其同类。④包荒：荒是污秽，包是包容。冯河：即遇到虎，徒于搏斗；遇到河，毅然泅渡。不遐遗：不因偏远而遗弃。遐，远。朋亡：不要结党营私。朋，同道，同党。亡，通"无"，音义同。得尚于中行：能辅佐德行持中的君王。尚，辅佐。中行，德行持中不偏。此指六五爻。⑤陂：山边、水旁倾斜之处。艰贞：占问患难之事。勿恤其孚：不必忧虑返还。恤，忧。孚，返回。于食有福：有口福之吉。⑥翩翩：鸟疾飞样，比喻人举止轻浮。戒：戒备。孚：诚信。⑦帝乙归妹：帝乙嫁女。帝乙，纣王之父。归妹：嫁女。以祉：以之祉。意为因此而得福。以，因。之，代"帝乙归妹"。祉，福。⑧隍：干涸的护城河。勿用师：不可出兵征战。师，军队。告命：祷告天命。

【译文】

泰卦　象征通泰。泰卦卦象是下单卦为乾，为天，为健；上单卦为坤，为地。乾下坤上是地在泰的卦象。筮得此卦必获吉祥。

初九　拔除茅草，从其根部萌发的情况，就可知道是否春回大地，该开始播耕了。连根拔除茅草，也象征干事要以团结志同道合的人一起去汇征。

九二　如果有包容大川的胸怀，对外能容忍他人之不足，对已有临危不惧，果断处之的作风，于公对私光明磊落，持中正之道，必吉。

九三　没有只平直而不倾险之地，也没有只出行而不再返还的人；平之必陂，往之必复，这是自然之理。故要坚守中正之道，并相信该来的一定会来。该有饭吃，该有酒喝，自然会来，这就是福。复有福吉。

六四　用鸟的轻盈飞翔，比拟人之轻狂冒进，不能保住财富，人没诚信就成为阳实阴虚的状态，因而，丧失了实力。

六五　帝已位居尊位，却能将自己的妹妹下嫁给自己的属臣，以柔居中，合于帝已大吉，也体现了满朝的福祉。

上六　城墙倾倒在城壕之中，不可以动用很多人去修复，因为此时已盛极已衰。也不宜在城邑中乞求援兵，难免有羞辱。在城邑中祷告天命，占问必有艰难之兆。

【解析】

本卦从不同角度强调："小往大来，吉。"认为阴阳之间相交感能够获吉，有着对立统一的因素；"无平不陂，无往不复"，承认事物是相对的，有着一切事物向相反方向发展变化的辩证法因素；"尚于中行"，崇尚中正不偏、提倡诚实守信。

否卦第十二

坤下乾上　否之匪人，不利君子贞，大往小来。①

初六　拔茅，茹以其汇，贞吉亨。②

六二　包承，小人吉；大人否亨。③

六三　包羞。④

九四　有命无咎，畴离祉。⑤

九五　休否，大人吉。其亡其亡，系于苞桑。⑥

上九　倾否，先否后喜。⑦

【注释】

①否：不通泰，事不然也。否卦：坤下乾上，象征天地闭塞，阴阳隔绝。匪人：非其人，即不当其人。②茹以其汇：草根牵连其同类。③包承：被包容并承包尊者。④包羞：被包容而为非，故可耻。⑤命：君命。畴：同类人。离祉：受福，依附福德。⑥休否：闭塞止息。其亡：行将灭亡。系于苞桑：系在桑树丫子上。⑦倾否：开通闭塞。倾，倾覆；引申为"转化"。

【译文】

否卦　阴阳阻隔，万物不生，否卦卦象是下单卦为坤，为地；上单卦为乾，乾为天，看似吉象，但在否卦中却是天地背离的卦象。筮得此卦对君子坚守中正之道不利，因为此时是阳气极敛，阴气上升的时候，君子应俭德避之。

初六　秋风劲，枯草黄，小人得势之力已衰，但君子尚需成之，此卦吉。

六二　阴气得势，做非小人表现的谦卑、可笑，而正道君子却超然世外，行动迟缓而消沉。但大人终不可被小人之势所干扰。

六三　其位不当，小人整日寻欢作乐，珍馐美食。君子却贱恶之。

九四　君子想拯救天下，须依天命而行。君子须排除阻力，行收揽人才体国用人之道。

九五　否极泰来，坤阴当道，有其亡象。但君子力求复兴泰平，仍任重而道远。桑根入土深固，必须惴惴不安。

上九　小人之伎俩已毕尽，天下皆恶之，乘时而倾之，当刚断。吉也。

【解析】

否与泰相反，阴阳相背而不交，呈闭塞状态。闭塞不通，于君子不利。反映崇尚阴阳对应、相互交渗的辩证法思想，认为在不利环境下，时刻防范，小心谨慎，可趋吉避凶。

同人卦第十三

离下乾上　同人于野，亨。利涉大川，利君子贞。①

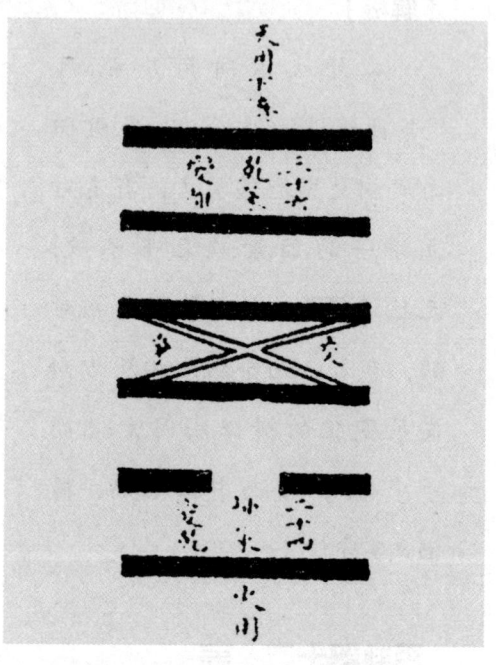

同人图，出自宋·佚名《周易图》

初九　同人于门，无咎。②

六二　同人于宗，吝。③

九三　伏戎于莽，升其高陵，三岁不兴。④

九四　乘其墉，弗克攻，吉。⑤

九五　同人，先号咷而后笑，大师克相遇。⑥

上九　同人于郊，无悔。⑦

【注释】

①同人卦：离下乾上，象征人事和同，集众之意。野：在古代，以国为中心，国外为郊，郊外为野，此指国之外域。②于门：指王门、官门。③宗：宗族之人。④伏戎于莽：预设伏兵于草莽、树丛之中。伏，埋伏。戎：军队。莽：树丛。升：登上。岁：年。兴：指兴兵征战。⑤乘其墉：登上城墙，乘，登上即攻占。墉，城墙。弗克攻：不用进攻。克，能。⑥号咷：嚎啕大哭。大师：强大的军队。克：取胜。⑦悔：困厄。

【译文】

同人卦　象征人事和同。同人卦卦象是下单卦为离，离为火；上单卦为乾，乾为天。两单卦结合为天火，同人的卦象。在旷野上族众聚集在一起，光与火聚，人与人同。亨顺利。利于涉越大川巨流，有利君子。

初九　必无灾祸，会聚臣僚及民众于王门，打破门户之见，共谋国家大事，必无灾祸。

六二　君子要结交天下善人志士，不可搞宗族，否则不利于君子之风阐扬天下。

九三　刚健居中，必遭显露，难有胜草。必须在草丛中设下伏兵，登高而远眺。结果强敌不敢近前，三年也没有战争。

九四　虽君子已占优势，但尚不能为此而强用兵，这是识时务的。

九五　和同之中有哭，有笑，有苦有甘。先悲苦，是因为中正不得伸张，当大家归于一统，又不免破涕为笑。当大军出征告捷，各路兵马相遇会合，同庆胜利时，天下一同。

上九　但愿天下同人。但是这个目的尚未达到。有些桀骜不驯的人还在离群索居。像这种无求同之志的人，虽非他甘心情愿，但他并不后悔。

【解析】

同人卦强调团结的重要性。和同的范围越广越好。阴柔属于适当而中正的地位，又与阳刚相呼应，反映人与人之间志同道合的和谐关系。

大有卦第十四 ䷍

乾下离上　大有①元亨。

初九　无交害，匪咎；艰则无咎。②

九二　大车以载，有攸往，无咎。

九三　公用亨于天子，小人弗克。③

九四　匪其彭，无咎。④

六五　厥孚交如，威如，吉。⑤

上九　自天佑之，吉无不利。⑥

【注释】

①大有卦：乾下离上，象征盛大富有。②无交害：没有相交的侵害。③公用亨于天子：君天子，曰天子。君临天下者便为天子。公侯都得向天子进献贡品。亨：进贡的果品珍玉等。指向天子进献的贡品。弗克：做不到。④彭：盛大。⑤厥孚交加：用其诚信智谋结交上下。厥：他的。威如：威严自显。⑥佑：佑助，保佑。

【译文】

大有卦　象征富有。大有卦卦象是下单卦为乾，为天；上单卦为离，为火。两单卦结合为乾指刚健，离指光明，象征应天命，得人心之卦象。年丰人富，百废待兴，亨通顺利。

初九　与人相处中只求中定而不利害相加，自然不会招致灾祸；须知只有在艰辛中审戒疑惧才能免遭灾祸。

九二　委以重任、重托，其寄托之期望如用大车运载财货。满负希望前行，再无疑恙了。

九三　公侯向君王进献贡品，以报知遇之恩。君王也赐给饮食。给以礼遇。而小人是不可能仿效的。

九四　鼓声集众，但君位之人能以柔济刚，尚不会有犯上的事端，但身居君位的人要明辨是非。

六五　胸怀坦荡，诚信施德，恩威并举，天下臣服，威严自显，当可获吉祥。

上九　"自天佑之，吉无不利"，佑助从天上降下来，吉祥便无所不至。

【解析】

本卦与《同人》联系紧密。《同人》强调与人和同，《大有》强调与人相交。反映刚健而文明，能顺应天道，按规律办事，使自然和社会呈现和谐景象。

谦卦第十五

艮下坤上　谦①亨，君子有终。

初六　谦谦君子，用涉大川，吉。②

六二　鸣谦，贞吉。③

九三　劳谦，君子有终，吉。④

六四　无不利，㧑谦。⑤

六五　不富，以其邻，利用侵伐，无不利。⑥

上六　鸣谦，利用行师，征邑国。⑦

【注释】

①谦卦：艮下坤上，象征敬恭谦虚。亨：指谦虚地待人接物，君子谦而有终，必致亨通。②谦谦君子：指在逆境中不畏缩，不沮丧，在顺境中保持谦和，荣辱不惊的人。③鸣谦：谦虚之名传扬在外。④劳谦：天道酬勤，有功而能谦虚。⑤㧑谦：发挥谦虚之美德。⑥利用侵伐：宜用讨伐。⑦行师：兴兵征伐。

【译文】

谦卦　象征谦谨。谦卦的卦象下单卦是艮，艮为山，为止；上单卦为坤，坤为地，为顺。内止知道抑止，乃谦也。只要谦虚地待人接物，做事必然亨通；然而只有君子才能无始也有终，虚心而识时务。

初六　凡君子都是谦而又谦，君子凭着这种谦虚的美德陶冶自己的修养，才可以涉越大江大川，并获吉祥。

六二　柔顺中正是谦虚的美德，真正做到坦诚而光明磊落，不形之于外，就能深得众人的共识、共鸣，必获吉祥。

九三　能够始终辛劳而不夸耀，功而不骄，并匡济众人。君子能保持美德，必获吉祥。

六四　只要持守发挥谦虚的美德，

处人行事便无往不利。

六五　本身虽不富有，但能以德服人，从而得到友邻的拥戴。即使为了征讨侵伐之敌，不得已使用了武力，也让人折服。

上六　传扬谦虚的美名，兴兵征伐，抵御来犯之敌，都是为了显示其德，力量和德分不开。而没有功劳，又如何能显谦。就是这个道理。

【解析】

本卦主要赞颂"谦"德。认为"谦"是人类生活中的高尚品德，人的德行很高，但能自觉不张扬，这就是谦虚的美德。有了它，处世无所不利。

豫卦第十六

坤下震上　豫①利建侯行师。②
初六　鸣豫，凶。③
六二　介于石，不终日，贞吉。④
六三　盱豫，悔。迟，有悔。⑤
九四　由豫，大有得。勿疑，朋盍簪。⑥

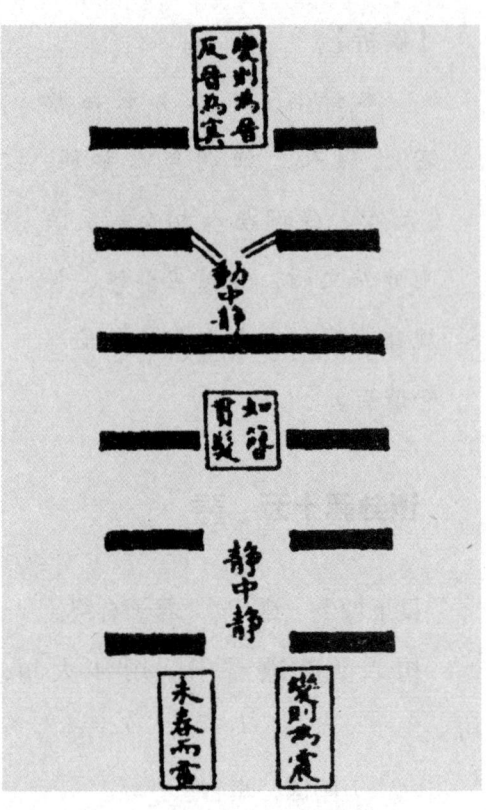

豫象图·出自宋·佚名《周易图》

六五　贞疾，恒不死。⑦
上六　冥豫，成有渝，无咎。⑧

【注释】

①豫卦：坤下震上，象征预虑、和悦。②建侯：授爵封侯。行师：兴兵征伐。③鸣豫：喜逸豫好欢乐而扬名于外。④介于石：比磐石还坚贞。介，中正坚定。于，比。不终日：不待终日。⑤盱：张

目，形容媚上之相。迟：迟疑缓慢。⑥由：从，借助，依赖。盍簪：合拢，合聚簪子。簪：古代系绾头发的首饰。盍簪有会集朋友的意思。⑦恒：长久。⑧冥：日暮。这里引申为昏乱、盲目。渝：改变。

【译文】

　　豫卦　象征欢悦。豫卦的卦象是下单卦为坤，坤为地，为顺；上单卦为震，震为动，为雷。二单卦结合，说明雷发于地。以人事比拟，乐于追随则行动。从而建立授爵封侯的基业、利于兴兵讨伐有罪之师。

　　初六　凡事不可自鸣得意，夸夸其谈。骄矜而狂妄，将有凶险。

　　六二　持守正固，像磐石一样坚，而稳妥，该早晨干的，绝不晚上再去做。你这样一丝不苟，自然吉祥。占问定获吉祥。

　　六三　一味阿谀奉承，自然得到青睐，但必须悔改。如果一再迟疑，终会陷入困境。

　　九四　众人凭依他而得到欢乐，将大有作为；君子坦诚不疑，贤者不期而至，不会忧虑没有好友。

　　六五　占问疫病的吉凶，筮得此爻幽忧致疾，人气已微，困穷一生。故必须坚守中正，才能化凶为吉。

　　上六　沉迷作乐，其势已危，自苦终身，如果能及早改正，没有灾祸。

【解析】

　　豫卦对"豫"持有谨慎态度。反映在安逸和欢乐的环境中，人们所要避免的是"鸣豫""盱豫""冥豫"，做到既享受安乐，又头脑清醒，利用好的环境，更好地有所作为。否则，将会带来祸害。

随卦第十七 ䷐

　　震下兑上　随①元亨，利贞，无咎。

　　初九　官有渝，贞吉。出门交有功。②

　　六二　系小子，失丈夫。③

　　六三　系丈夫，失小子。随有求得，利居贞。④

　　九四　随有获，贞凶。有孚在道，

以明，何咎⑤？

九五　孚于嘉，吉。⑥

上六　拘系之，乃从维之。王用亨于西山。⑦

【注释】

①随卦：震下兑上，象征追随。②官：通"馆"，馆舍，做官人的居所。渝，改变。交：与人交往。③系小子：倾心依从小人。系，系属，引申为倾心依从。④随有求：追随别人而有所求。居：居处。⑤有孚在道：有诚信之心而持守正道。以明：以光明正大立身。⑥孚于嘉：施诚信给美善者。嘉，指嘉会。祭祀的时候，献上玉佩玉器以示恭敬、诚信。⑦拘系：囚禁。从维：释放。从，即"纵"。亨：祭享。亨，通"享"。

【译文】

随卦　象征随从。随卦卦象是下单卦为震，震为动；上单卦为兑，兑为泽，为悦。两单卦结合，受之以随，随心而动。亨通，利卦，没有灾难。

初九　当出任的官位有了变动，自己应做到恪守中正，荣辱不惊，这才能保住吉祥。出门广交朋友定能成功。

六二　一心依附留恋小人，就会失掉刚直的正人，不要贪小而失大。

六三　依附刚直的正人，摆脱柔顺的小人，可以得利，有利必有得，但动机必须纯正。

九四　你所获得的不是你该获得的，也有凶险，一个人要走道义之门，持守正道，光明正大，才不会有灾难。

九五　将诚信献给美善之人，可获吉祥。

上六　不以精诚感化，只以拘禁，强求其跟随，岂能教人感悦？此非正道，要以王之风范巩固江山。

【解析】

易卦把"随"看作"元、亨、利、贞"的体现：视为最高美德。"随"，是有原则的。要随上而不随下。六二随初九是随下，被看作"系小子，失丈夫"，表明随下不可取。六三随九四，是随上，被看作"系丈夫，失小子"，故曰"随有求得"，表明随上可取。"易"虽推崇"随"，但不主张盲从。若随到极点，则必盲从，结果必然会被人拘系，而成为牺牲品。

蛊卦第十八 ䷑

巽下艮上　蛊①元亨，利涉大川。先甲三日，后甲三日。②

初六　干父之蛊，有子，考无咎，厉，终吉。③

九二　干母之蛊，不可贞。④

九三　干父之蛊，小有悔，无大咎。

六四　裕父之蛊，往见吝。⑤

六五　干父之蛊，用誉。⑥

上九　不事王侯，高尚其事。⑦

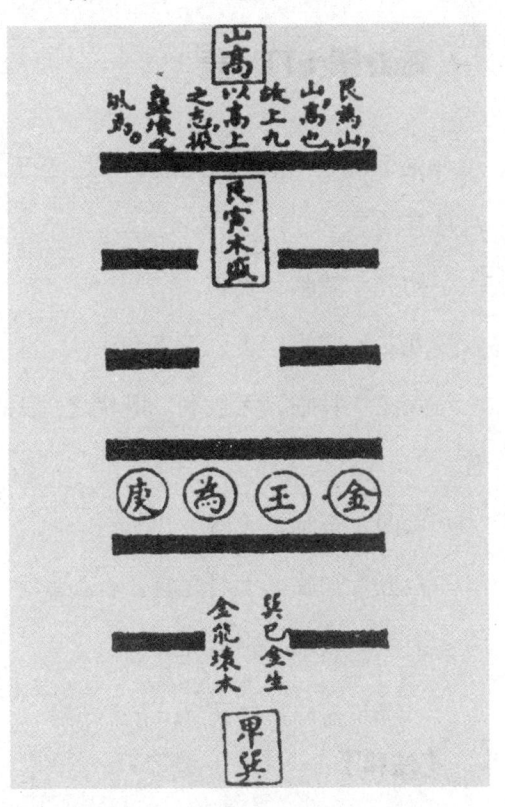

蛊象图，出自宋·佚名《周易图》

【注释】

①蛊卦：巽下艮上，象征积弊日久，必须救弊治乱。"蛊"字本义为腹中之虫，这里引申为蛊惑。②先甲三日，后甲三日：甲子从十天开始。十天干是甲、乙、丙、丁、戊、己、庚、辛、壬、癸，一个月三个十天，一旬正好十天。如果将十天排列成一圆，那么甲的前面就是癸、壬、辛，即先甲三日。后甲三日就是乙、丙、丁。③干父之蛊：儿子匡正父亲之弊乱。④贞：正，引申为干涉。儿子不能干涉母亲的闺房之事。所以说："不可贞"。⑤裕：这里是纵容、宽缓的意思。⑥用：以，因。

誉：称誉。⑦高尚其事：其事，指专心治家，与"事王侯"相对。高尚，以专心治家为高尚之事。

【译文】

蛊卦 象征积弊日久，拯弊治乱，蛊卦卦象是下单卦为巽，为风；上单卦为艮，为山。两单卦结合风行山止，打旋而邪。盛极而衰，凡事必须防患于未然，才有利于涉越大江大川，用甲前三日甲后三日比喻天时之运转，时事之变化，最后天下大治，长治而久安。

初六 力挽父辈或前任的过失；儿子重整父亲或前任的事业，不指责他们的过错，不抹杀他们的功劳，即使有些艰难，终可避开灾祸，最终会获得吉祥。

九二 匡正母辈的过失，治理家事，只可用柔承的办法，否则必无裁。

九三 改正父辈的过失，儿子尽管过于刚强，为父辈的败绩而焦躁，但仍不失顺承之道，便没有巨大灾难。

六四 姑息宽容父辈的过错，长此以往，定遭谴辱。

六五 匡正父辈的败绩，重整家业，再建雄风，当受誉。

上九 逸民不乐在为朝廷效命，而专心治家，可以效尤。

【解析】

蛊卦既讲事物积弊不通，更强调对事物积弊不通的治理。"易"赞颂"干父之蛊"，即儿子匡正父辈的弊端。干父之蛊者，或"终吉"，或"无大咎"，或"用誉"，均无不祥。认为"不事王侯"，乃"高尚"之事。

临卦第十九 ䷒

兑下坤上 临①，元亨利贞，至于八月有凶。

初九 咸临，贞吉。②

九二 咸临，吉，无不利。

六三 甘临，无攸利。既忧之，无咎。③

六四 至临，无咎。④

六五 知临，大君之宜，吉。⑤

上六 敦临，吉，无咎。⑥

【注释】

①临：象征莅临、临察。

②咸临：胸怀感化之心临于百姓。咸，通"感"。③甘：借为钳，钳制。既：已经。④至：下。⑤知：通"智"。⑥敦：温柔笃厚。

【译文】

临卦　最为亨通。临卦卦象是下单卦为兑，兑为泽，为喜悦；上单卦为坤，坤为地，两单卦结合，地临泽，有一种伟岸的感观。元、亨、利、贞四德俱备，只要持正固本，便有利吉。到了八月时间转凉，阴盛阳退，意指有凶险。

初九　心怀感召之德，莅临百姓，可获吉祥。

九二　以刚毅之德治理百姓，使其折服必获吉祥。

六三　用宽悦甜言的政策治民，并没有什么好处。如果已经足感自己的过分并加以戒慎，没有灾祸。

六四　体察民情造福四海，任用贤能，则无灾祸。

六五　君临百姓，以委任贤能之才，体察民意，并智慧监临，是为天子之道。必获吉祥。

上六　以敦厚宽仁之心治民，授治于刚，辅之以柔，定获吉祥，没有灾祸。

【解析】

临卦强调统治者应当临民视事，深入下层，以便密切君民关系。但"临"是有原则的，对"知临""敦临""至临""咸临"是肯定的，但对"甘临"持否定态度。所谓"甘临"，是指用甜言蜜语或给人小恩小惠来进行治理，这是带有欺骗性的。

观卦第二十 ䷓

坤下巽上　观①盥而不荐，有孚颙若。②

初六　童观，小人无咎，君子吝。③

六二　闚观，利女贞。④

六三　观我生，进退。⑤

六四　观国之光，利用宾于王。⑥

九五　观我生，君子无咎。

上九　观其生，君子无咎。

【注释】

①观卦：坤下巽上，象征观仰、瞻仰。②盥而不荐：盥，古代举行祭祀大典时祭前洗手称为盥，并沿用至今。荐：献祭，指进献酒食以祭先祖和神灵。盥而不荐是指洗手时的虔诚心还没有退减，还持守在虔诚的礼拜之中。孚，诚信。颙：大。若，语助词，无义。③童观：这里指初涉世的人显得幼稚，浅薄。意为像幼童一样。④闚观：同"窥"，从门缝或小洞中偷看，意即偷偷窥测。⑤生：通"姓"。进退：指如何施政。⑥用宾于王：在君王那里做客或以宾客之礼朝拜君王。

仰臣服。

初六　庶民无知，不能高瞻远瞩，无可指责，而对于立命君子而言，却是不可理喻之事。

六二　古代女人足不出户，难免有头发长，见识短之嫌，而堂堂七尺男子还从门内窥视之，甚至吹毛求疵，只能坏事。

六三　能观察自己的主张，进不趋类，退不沮丧，便不会盲从了。

六四　观察一国的风土人情，就能观察到这个国家君主的治国之政，君王德政好，尚仕之，有贤的大夫还会前来投靠。

九五　君子能经常自醒自己所作所为，做到内省外察便不致有远虑。

上九　君子外能观国之民俗民情，内能省醒自身，便可尽其道，以图发展。

【译文】

观卦　象征瞻仰。观卦卦象是下单卦为坤，为地；上单卦为巽，为风。两单卦结合为：风行地上。有顺的意思。祭祀之前洗手自洁时便要像进献酒食举行祭典礼拜那样虔诚自躬，方能以自己的仪象、道义展示于人，从而使人民信

【解析】

观卦提倡把施政方针建立在"观"的基础上，在观本族的同时，也要观他族。"观我生"，考察本族意向，决定施政良策，表明对血族关系的重视。还要"观其生"，考察异

族动向，以资借鉴。

噬嗑卦第二十一

震下离上　噬嗑①亨，利用狱。②

初九　屦校灭趾，无咎。③

六二　噬肤灭鼻，无咎。④

六三　噬腊肉，遇毒。小吝，无咎。⑤

九四　噬乾肺，得金矢；利艰贞，吉。⑥

六五　噬乾肉，得黄金，贞厉，无咎。

上九　何校灭耳，凶。⑦

【注释】

①噬嗑卦：震下离上，象征治狱、刑罚。噬是咀嚼，嗑是合嘴。②狱：刑狱。③屦校灭趾：指用麻或藤编成的鞋套刑具遮没犯人的脚趾，不伤皮肉，故刑罚很轻。④噬肤灭鼻：将耳朵割下一些肉，鼻子割下一部分来，虽非重刑，但却是按罪量刑，从达处惩罚而无咎。⑤噬腊肉：意即咀嚼又干又硬且味香的腊肉。⑥乾肺：又干又硬的带骨腊肉。得金矢：金箭横亘其间。下文"黄金"同此。⑦何：通"荷"，意为负荷承受。灭：意为伤亡。

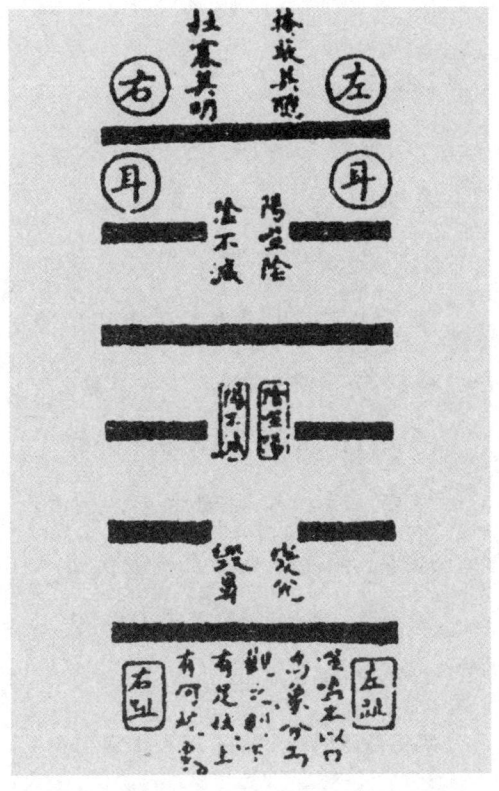

噬嗑身口象图，出自宋·佚名《周易图》

【注释】

噬嗑卦　象征治狱。噬是咀嚼，嗑是合嘴。噬嗑卦是指刑罚。阳阴对抗。其卦象，下单卦是震，震为动，为雷；上单卦是离，离为火，为明。两单卦结合指雷霆施令。施用刑罚，宜于刚政。

初九　量刑不重的刑罚，使人戒惧，不致犯大恶，这对制约犯罪，无疑是好事。

六二　加重判罪，使之鼻肉受苦，刑必当罪，量刑得当，也不失惩治之本。

六三　施用刑罚惩戒犯人，遭遇顽固者，必遇挫折，但只要噬法得当，小有不适，并没有大的灾祸。

九四　遇到棘手的案件，刚而明但不能过分果断和偏激；冷静处理又必须像金箭一样正直无私，避免操作之嫌。所以，棘手的案件处理起来要增加透明度。

六五　居尊位之人，以中正之德，严格执法，虽立威很严，只要谨慎量刑，则无妨。

上九　肩负木枷堵住了耳朵，定有凶险。

【解析】

噬嗑卦是针对触犯刑律的服刑服法强调按罪量刑，恰当严格治狱，处在严重的矛盾对抗之中，刑罚不重则民无所措手足。

贲卦第二十二

离下艮上　贲①亨，小利有攸往。

初九　贲其趾，舍车而徒。②

六二　贲其须。③

九三　贲如濡如，永贞吉。④

六四　贲如皤如，白马翰如。匪寇，婚媾。⑤

六五　贲于丘园，束帛戋戋，吝，终吉。⑥

上九　白贲，无咎。⑦

【注释】

①贲：卦名。下离上艮，象征文饰。"贲"的本义为饰。②徒：徒步。③须：胡须。④濡：本浸湿，润色。⑤皤：白。翰：天鸡，赤羽也。⑥丘园：丘和园是指在城外的地方。丘：平坦的地方；园：园林。束帛戋戋：束一般指五匹为一束；帛指绸缎、丝织品、棉织品；戋戋是少的意思。⑦白贲：用白色来装饰。

【译文】

贲卦　象征文饰。贲卦的卦象是下单卦为离，为火；上单卦为艮，为山。两单卦结合象征美丽、文采。行为符合礼仪，以文明教化举止，吉。

初九　以刚居下的君子，淡泊明志，虽授以华车而不受，却安于徒步。

六二　胡须随着面腮而动，所以只修饰胡须，又有何用？

九三　以修饰悦人，甚至沉溺其中，有何用？不如持之中道，更有节风。

六四　将白马装扮得灿若锦鸡，使人疑为贼寇其实不是贼寇，是谁来求婚了，相求合德相好的人。

六五　不要拘泥于礼节，徒于装饰、点缀，还是自然一点好，到丘园陶冶心情，找一份纯真，虽然显得小，倒也安吉。

上九　身处事外，得行其志，不藉外物之修表，定无伤。

【解析】

贲卦反映古人的审美观。人格美，提倡高尚的人格，不慕虚荣，洁身自爱，宁可徒步走路，也不乘车招摇；装饰美，或贲其趾，或贲其须，婚嫁装饰丘园。同时，还介绍了古代婚嫁的习俗和气派，是宝贵的民俗学资料。

剥卦第二十三

坤下艮上　剥①不利有攸往。

初六　剥床以足，蔑贞凶。②

六二　剥床以辨，蔑贞凶。③

六三　剥之，无咎。

六四　剥床以肤，凶。④

六五　贯鱼，以宫人宠，无不利。⑤

上九　硕果不食，君子得舆，小人剥庐。⑥

【注释】

①剥卦：坤下艮上，象征剥落剥蚀。②剥床以足：床是人安身的住所。古代床是坐、卧的地方。把床拆了，象征是对人的轻蔑与侮辱。③剥床以辨：辨即指辨，床垫。已侵蚀到床板、床垫了。④肤：床

身。⑤贯鱼，以宫人宠：受宠爱的宫人鱼贯而来。宫人，宫中妃嫔。以：引。⑥舆：大车。庐：房舍。

【译文】

剥卦　象征剥落。剥的过程就是阴邪侵蚀的过程。剥卦卦象是下单卦为坤，坤为地；上单卦为艮，艮为山。两单卦结合正如山体被风云剥蚀。阴邪的侵蚀是对阳正的剥损，不利于有所行动。

初六　床已剥落到床脚，足见阴邪之嚣张，故凶险。

六二　剥蚀已然损及床板、床垫，已十分张狂，必有凶险。

六三　虽然处于剥蚀之中，君子却不肯与之同流合污，小人自知理短心虚，尚无妨。

六四　子茫昧软弱，小人穷困极恶，其祸惨重。

六五　引导宫中妃嫔自上而下，依名次承接君主的宠幸，无不利。

上九　硕果仅存不被蚕食，君子定会受到拥戴，如坐车一样轻快前行。小人阴险，则摘食果必损落。

【解析】

本卦爻辞多借梦占预示吉凶。剥卦属于不利之卦。初六至六四通过梦见床足、床板到床上草席的逐渐腐烂，说明事物遭腐蚀是逐渐发展的，是指远期效果而言，是一种预示性的劝诫。六五言宫女鱼贯依次得宠，说明事物循序渐进可以获利。上九说明同一现象对于君子和小人的意义不同。

复卦第二十四

震下坤上　复，①亨。出入无疾。朋来无咎。反复其道，七日来复，利有攸往。②

初九　不远复，无祗悔，元吉。③

六二　休复，吉。④

六三　频复，厉，无咎。⑤

六四　中行独复。⑥

六五　敦复，无悔。⑦

上六　迷复，凶，有灾眚；用行师，终有大败，以其国君凶，至于十年不克征。⑧

复七日图，出自宋·佚名《周易图》

【注释】

①复卦：震下坤上，象征复归、返还。②反复其道：指冬去春来，月盈月亏，年年、月月、日日，朝起暮落，都有定规、法则。七日来复：以晷盘表测日影，按冬至到夏日，测出天行规律以七日为一期，每月四期。"七日"在此象征转化迅速。③不远复：行而不远即复。祇（qí）悔：悔恨。④休：喜。⑤频：频繁。⑥中行独复：居中行正，独自返还。⑦敦：敦促，迫促。⑧迷复：误入迷途而求返还。灾眚：灾祸。行师：兴兵征伐。以：及。克：能。

【译文】

复卦　象征归顺。复卦的卦象下单卦为震，震为动，为雷；上单卦为坤，为地。两单卦结合为地雷复。指阴阳二气循环往复。亨通顺利，出入没有阻隔，志同道合的朋友交往也无妨。每期七天，循环往复，天地万物运行不止，这是天理。没有灾祸。

初九　君子修身，知错必改，走了弯路，返回即好。君子理当自强不息。

六二　休养生机，至善至美，必获吉祥。

六三　把持不定，屡屡受挫，但能排除干扰，错了重来，必无灾祸。

六四　四阴环拱，不言期吉，应以仁德从道。

六五　刚居尊位，厚重自持，无后悔之言。

上六　柔居非天子之位，天灾人祸相继而来，众臣不服，累及国君，倘有战事，行师将不利，十年终极也不会荡平敌寇。将大凶。

【解析】

复卦所说的都是讲复，它通过对各种不同的复，即各种不同的返回的分析，来谈其利弊得失和吉凶。

无妄卦第二十五

震下乾上　无妄①，元亨利贞。其匪正有眚，不利有攸往。②

初九　无妄往吉。

六二　不耕获，不菑畬。则利有攸往。③

六三　无妄之灾，或系之牛，行人之得，邑人之灾。④

九四　可贞，无咎。

九五　无妄之疾，勿药有喜。⑤

上九　无妄，行有眚，无攸利。

【注释】

①无妄卦：震下乾上，象征不妄为。②其匪正有眚：指元、亨、利、贞即正，不持守正道就会有灾异。匪，非，不。正，指正道。眚，灾祸。③菑：开垦一年的瘠田。这里用作动词，意为开垦。畬：熟田。菑畬：耕耘。④无妄之灾：意想不到的灾祸。或：有人。系：拴。行人之得：路人顺手牵走据为己有。邑人之灾：邑中人家遭受缉捕的横祸。⑤勿药：不治疗。有喜：古人称病愈为有喜。

【译文】

无妄卦　象征不要妄为。无妄卦的卦象是下单卦为震，震为动，为雷；上单卦为乾，为天。两单卦结合天雷无妄。指天下万物与之相应，不妄行，不妄为也。利卦。持守元、亨、利、贞四德道行，若不持守正道就会有灾异，不宜妄动。

初九　不妄为，承天之命，行天子之道，定获吉祥。

六二　不期望不耕而获，不垦而熟，要静听自然以收其成。有利于所为。

六三　遭遇料想不到的灾祸：比如系在路边的一头耕牛，路人顺手把它牵走据为己有，邑中人家却遭受被缉捕的牵连。

九四　固守中正无妄之理，刚健无私，没有灾祸。

九五　中正得位，坦然任之，正如健康之人患无关生命的小疾，不需用药，即可自愈。

上九　无志妄行，将有灾祸，且自毙之。

【解析】

　　无妄卦的卦辞讲："无妄元亨利贞。其匪正有眚，不利有攸往。"意思是说一个人思想、行为不虚妄，就能通达顺利。思想行为不正，就有灾祸，不利于所行。而人的行动要不虚妄，就要顺着客观规律而动；如果逆规律而动，就是轻举妄动，就会有灾祸。

大畜卦第二十六 ䷙

乾下艮上　大畜①利贞。不家食，吉。利涉大川。②

初九　有厉，利已。③

九二　舆说輹。④

九三　良马逐，利艰贞。日闲舆卫，利有攸往。⑤

六四　童牛之牿，元吉。⑥

六五　豮豕之牙，吉。⑦

上九　何天之衢，亨。⑧

【注释】

　　①大畜卦：乾下艮上，象征积蓄。畜，蓄。②不家食：非求食于家，而食禄于朝。以天下为公。③已：停止。④舆说輹：舆指车子。輹是古代木车下的横木，车轴由它固定、转动。车子停下来，就将輹取下。走时再套上去。说：脱离。⑤逐：奔驰。闲：练习。卫：防止。⑥童牛：无角小牛。牿：牛角上束的横木。⑦豮豕之牙：豮与牿同义。指对猪牛的驯养，去掉它们的野性。⑧何天之衢：何其畅达的通天之路。衢，四通八达的道路。

【译文】

大畜卦　象征很有积蓄。大畜卦卦象是下单卦为乾，为天；上单卦为艮，为山。两单卦结合刚健无比的乾，被艮止住。阴刚之。气积聚之为之大畜。有利之卦。不囿于小家好，而利于食禄在朝，定获吉祥。宜于涉越大江大河。

初九　积蓄不可求成之心过切，要适可而止，不可冒行。

九二　马车与车輹脱离，车子停了下来。这说明君子应安居，只求无过。

九三　千里马善于奔驰，是驾车人技术娴熟，卫士抓紧练车，演兵，行则无所不利。

六四　在小牛的头上绑一根短木，以示驯养，养士则可收百年之利。吉

六五　野猪不易驯服，但制服它只能将它阉了，使其牙齿退化而圈居。当有吉。

上九　负云气，背青天，肩重任，荷阳刚之德，行天之大道。

【解析】

大畜卦讲的是蓄聚、蓄积的道理，透露了人的行为应当有所约止的思想。卦象下乾上艮，乾为健，艮为止，虽健亦有所止，乃能大畜。初九强调"利已"（宜于停止），九三强调"利艰贞"（宜于在艰难的条件下守正道），都是教人自觉地约制自己，以免咎灾。

颐卦第二十七

震下艮上　颐①贞吉。观颐，自求口实。②

初九　舍尔灵龟，观我朵颐，凶。③

六二　颠颐，拂经于丘颐，征凶。④

六三　拂颐，贞凶。十年勿用，无攸利。⑤

六四　颠颐，吉。虎视眈眈，其欲逐逐，无咎。⑥

六五　拂经，居贞吉。不可涉大川。

上九　由颐，厉吉，利涉大川。

【注释】

①颐　象征颐养。颐即下巴的通称，观颐：观其所养，

观察某一时间、某一特定环境中的吉或凶,以求养颐好自己。②口食:食物。③尔:你。灵龟:指卜得的龟兆。古人认为龟不死而能长寿,是神物,所以龟甲行卜,并且称之为灵龟。朵颐:朵:指下巴垂下,馋涎欲滴的样。观我朵颐:即指看我吃饭眼馋。④颐:指自己居中正之位,应不缺颐养的,却求之他人,求不着,又向下求,故曰颠颐。拂经:颠倒事理。拂,逆;经,常理。于丘颐:向高处上索取颐养,甚至不惜使用武力征伐。颐,颐养。征:兴兵出战。⑤拂颐:违背颐养之道,违逆了常理。⑥逐逐:迫切地追求。

【译文】

颐卦　象征颐养。颐卦卦象是下单卦为震,震为动,为雷;上单卦为艮,为山。观两单卦结合,似作咀嚼状。故为颐养也。

初九　丢弃你灵龟般的聪慧,却咂嘴咂舌,观看我蠕动的两腮,必有凶险。

六二　不是厚施于民,而是侈民之美。甚而违逆常规,以致上为君所恶,下为民不齿。故凶。

六三　违反颐养之道,终因不正而有余殃。天道十年一变,得失凶吉,自有天命。

六四　柔居尊位,求养于下,难免受到鄙夷。故须眈眈而视,威而不显,可无灾。

六五　尽管违逆常理,但他上求是

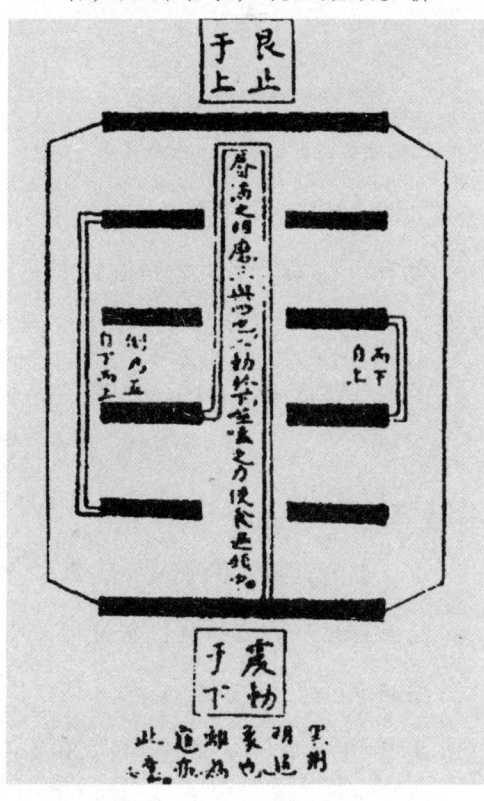

颐灵龟图,出自宋·佚名《周易图》

为了施教施养于下民，故天理顺，人性通达，必无险阻。

上九 养万民，养贤人，正己无私，能涉险渡过难关。君子宁静而致远。

【解析】

颐卦着重讲"颐养"，提倡"自求口实"，即依靠自己解决物质供应问题。开垦阡陌以广农产，是解决颐养问题的正道。反对"舍尔灵龟，观我朵颐"；更反对"颐征"，按现在的说法就是自己要通过劳动养活自己。又推崇食气自养的灵龟，这里有着注重气功延寿思想痕迹。

大过卦第二十八

巽下兑上 大过①栋桡，利有攸往，亨。②

初六 藉用白茅，无咎。③

九二 枯杨生稊，老夫得其女妻，无不利。④

九三 栋桡，凶。

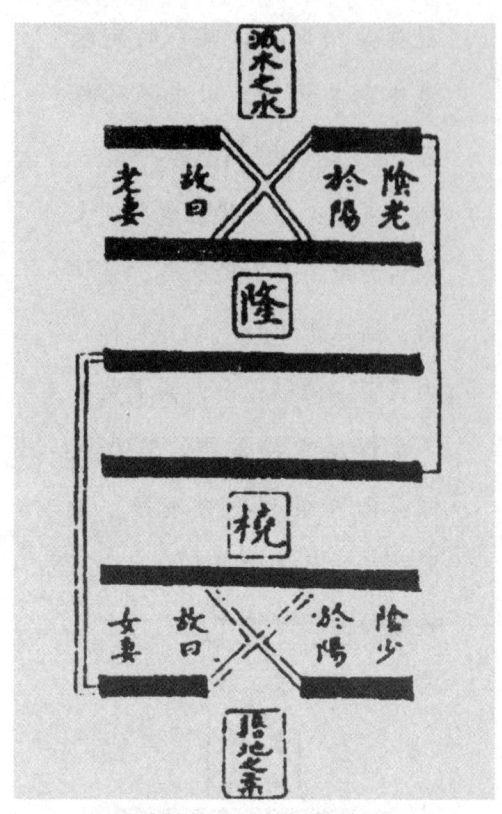

大过栋隆桡图，出自宋·佚名《周易图》

九四 栋隆，吉。有它，吝。⑤

九五 枯杨生华，老妇得其士夫，无咎无誉。⑥

上六 过涉灭顶，凶，无咎。

【注释】

①大过卦：巽下兑上，象征大有过越。②栋桡：栋是指栋梁之材，房子的梁木。桡是弯曲。是说梁弯曲了。③藉：铺垫。白茅：古代不用桌

椅，席地而坐。祭祀时将供品放在地上。地上铺一层洁白的茅草，以示虔诚。④稊：老树生新芽。女妻：年少的妻子。⑤栋隆：隆起。它：指意外情况。⑥华：花。士夫：幼夫。

【译文】

大过卦　象征大有过越。大过卦卦象是下单卦为巽，巽为风，为木，为喜；上单卦为兑，兑为泽，为悦。两单卦结合，喜与悦过于齐美，则"过"了，所谓"大过之时大矣"。脊木不可处之过刚，应上下顺遂，则利也。

初六　白茅草洁而朴素，不以华美而至尊，卑柔自谨，当无过。

九二　杨比喻阳木，阳亢则枯，根下生出新芽，新芽可以再荣。女妻可以育嗣。故刚柔应当调谐之。

九三　躁于进而不体恤属下，必怨声大作。做事不可过刚。

九四　刚柔相济，尚可以隆而不亢；如若上弱相辅，则不足以胜任，行事反受制带。

九五　枯萎的杨树开新花，年迈的老妪嫁个年轻的丈夫，正如阳过已极，下无相济之阴，终必至危。亢极而屈似失所之阴有，必自辱之。

上六　水盛涨而仍要徒涉，尽管有灭顶之患，但却是冒险者险行之道。

【解析】

大过卦涉及的事物，大多属于反常现象，如"栋桡""栋隆""有它""枯杨生稊""枯杨生华""过涉灭顶"等，对于这些反常现象，大过卦分析了人们处理问题可持的态度与方法。通过"栋桡"、年龄不对称的婚姻、过河被灭顶等爻象断其吉凶，供人们在类似状况下参考。这些爻象、爻辞所反映的社会生活离我们的生活已很遥远，但大过卦所强调的非常时期应有独立不惧的精神以及对非常事件采用非常方法的观点，对人却有所启示。

坎卦第二十九

坎下坎上　习坎①有孚，维心亨，

行有尚。②

初六　习坎，入于坎窞，凶。③

九二　坎有险，求小得。④

六三　来之坎，坎险且枕。入于坎窞，勿用。⑤

六四　樽酒簋贰，用缶，纳约自牖，终无咎。⑥

九五　坎不盈，祇既平，无咎。⑦

上六　系用徽纆，置于丛棘，三岁不得，凶。⑧

【注释】

①习坎：象征重重险难。坎字的意思是险、陷。习坎，即重坎。习，重复。②有孚：指诚信。维：维系。尚：通"赏"。③入于坎窞（dàn）：落入陷穴深处。窞：通陷，深坑。④坎有险：陷穴中有凶险。求小得：九二是阳居阴位，看来不正，但它居中，故求得小得。⑤来之坎：来往都处在坑穴之间，进退都有险。坎险且枕：坑穴既险又深。枕：通沈，深。⑥樽酒：一樽薄酒。簋贰：两簋淡食。簋，古代盛谷物的竹器。缶：瓦器。纳约自牖：通过窗口收得信约。牖，窗。⑦祇：安。⑧系：捆绑。徽纆：徽，三股绳子；纆，两股绳子。

【译文】

坎卦　象征重重艰险。坎卦方位北，属性水。坎卦是两坎相重，故坎险重坎险。虽然险阻重重，但惟有在重重险阻中，方显出诚信的意志。而惟有诚信才能涉险而通，并一一克服艰苦、磨难。

初六　不能忘记坎险当头时，已自陷其中。必凶。

九二　虽在陷穴中处境险恶，但若只求小安，仍可以脱险。

六三　既已处于险难之中，人于险地，进退两难，危难既险且深。暂时不宜再施展才能。

六四　臣子将一杯薄酒，两筐淡食，用瓦钵盛起来，由窗户献给君王，以表达险境中廉洁的真诚，君心胸洞开，君臣险渡难关。

九五　坎困尚未消除，但阳刚已居尊位，只要他不枉自尊大，且能匡扶天下，则险难自会平息，水流而不盈。险难自平。

上六　绳索捆绑，似置于丛棘之中，囚禁三年而不得解脱，必有大凶。

【解析】

此卦爻辞主要反映对待被征服的异邦人（俘虏），或采取各种笼络手段，使其臣服；或将其关入凶险的牢狱，使之难以解脱，酒饭只从窗口送入。但被俘者力图谋求脱险。纵观全卦，表明：尽管处于险境，但吉凶不同，这里的关键在有无诚信。有诚信且又刚健中正者，就能脱离险境。

离卦第三十 ☲

离下离上　离①利贞，亨，畜牝牛，吉。②

初九　履错然，敬之，无咎。③

六二　黄离，元吉。④

九三　日昃之离，不鼓缶而歌，则大耋之嗟，凶。⑤

九四　突如其来如，焚如，死如，弃如。⑥

六五　出涕沱若，戚嗟若，吉。⑦

上九　王用出征，有嘉折首。获匪其丑，无咎。⑧

【注释】

①离卦：离下离上。象征彩丽。②牝牛：母牛。③错然：走路的样子不整齐，步伐错乱的样子。④黄离：黄指土色，土是五行的中央所以为黄色。⑤日昃之离：向西倾的斜阳，夕阳西下，太阳偏西。大耋之嗟：耋是指七八十岁的老人。老暮穷衰之嗟叹。⑥突如其来如：突如其来的焦心如焚的样子。⑦沱若：滂沱的样子，形容泪流满面或泪如雨下。⑧折：折服。首：首领。匪：非。丑：同类，随从。

【译文】

离卦　有利之卦，亨通顺利。离卦，方位为南。《说卦传》中："离为火，为日，为电……"后书中又引申为："离亦为彩色羽毛，文彩之类。"总之离有光明之象。离卦卦象是两火，更是通明之象。畜：聚而养；牝牛：顺而柔之。持守固正，定获吉祥。

初九　步履忙乱，贸然行之，必陷险境，应审慎而不妄行，当无灾难。

六二　黄色依附，中道灿然，大吉大利。

九三　知己日暮残年，遂击钵而高歌。自艾年少不勤劳，老矣亦不能安享天年。如不击瓦罐而歌，将会有老暮穷衰的感叹，定遭凶险。

九四　君位之刚遽然受制，奸邪小人试图挟击而逞威，但小人之势无所依，无所容，亦就无所明。

六五　尽管六五忧悒于处境之维艰，但如能时刻警觉，可以化险为夷，这是因为六五地位显贵，奸恶小人不能不畏惧不安。

上九　位居尊位，阳刚果断，用兵可以立功平乱，小人仍不可滥杀无辜，宜击匪乱之首恶，胁从者不必问究，可以免是非。

【解析】

本卦爻辞告诫人们：灾难可能随时发生，应当时时防范，早作防备；已经发生的灾祸，要及时有效地处理。黄昏时出现的灾情，应当倍加重视，以防更大的凶险。突如其来不可抗拒的自然灾祸，损失更加巨大，大灾后应痛定思痛，积极积蓄力量，力争挽回损失。对于祸首要严加惩治，以保国泰民安。

下　经

咸卦第三十一 ䷞

艮下兑上　咸，①亨利贞，取女吉。②

初六　咸其拇。③

六二　咸其腓，凶，居吉。④

九三　咸其股，执其随，往吝。⑤

九四　贞吉，悔亡；憧憧往来，朋从尔思。⑥

九五　咸其脢，无悔。⑦

上六　咸其辅颊舌。⑧

【注释】

①咸卦：艮下兑上，象征"天人合一、天人感应"。咸即"感"。②取女：取，通"娶"，少男迎娶；少女出嫁。③拇：脚大趾。④腓：小腿肚。居：居家不出。⑤股：大腿。执：执身。追随他人。执其随：执着地盲从。⑥悔亡：从困境中解脱出来。悔，困窘危难，这里指困境。亡，通"无"，消失。憧憧：往来不绝的样子。从：顺依。思：意愿，想法。⑦脢：后背的肉。⑧辅：牙床，颚。颊：面颊。

【译文】

咸卦　象征感应。咸卦是下为艮，少男；上为兑，少女。艮又为群山；兑为水，山水好景色。亨通和顺，天地感而万物化生，有利之卦。男娶，女嫁，阴阳交感，可获吉祥。

初六　脚趾感应，力尚微弱，不足以牵动全身。但"咸其拇，志在外也"。这是一种心的感应。

六二　因感腓而易妄动，妄动则必有凶险。如能居正安分，则可吉。

九三　因感股而更躁动，如无止道，且执着随欲而往，则必然蒙羞。

九四　当心感应而生善念，并持守

咸朋从图，出自宋·佚名《周易图》

中正则无悔。如身之本体，不定其情，或循小人私情，则不够光明正大。

九五　刚中得立，如受脊肉之安，则不免有离群索居之感，虽不受感应，但也绝少沟通。从而志不能通达。故"咸其脢，志末也"。

上六　口耳俱动，摇唇鼓舌，足见其躁急。此举最不可受感。心的感应才是正固吉祥。

【解析】

本卦所记可以看作是青年男女的婚恋图。好像少男与少女相见甚欢，产生感情，一方表示追慕，进而发展成爱恋的曲折过程。这是"近取诸身"的又一例证。通过男女爱恋发展的曲折经历，说明阴阳交感形成对立面的统一，是一个曲折的过程。揭示了处理事物发展的矛盾过程，必须耐心细致，不可鲁莽从事。

恒卦第三十二

巽下震上　恒①亨，无咎；利贞，利有攸往。

初六　浚恒，贞凶，无攸利。②

九二　悔亡。

九三　不恒其德，或承之羞，贞吝。③

九四　田无禽。④

六五　恒其德贞，妇人吉，夫子凶。⑤

上六　振恒，凶。⑥

【注释】

①恒卦：巽下震上，象征恒久不变。②浚：指疏通的意思。渠道、井、坑、河道堵塞后的疏通。③承：承受，蒙受。羞：耻辱。④田无禽：打猎时没有禽兽。⑤夫子：男人。⑥振：振动不安，变化无常。此指不能持恒守德。

【译文】

恒卦　象征恒久相持。恒卦的卦象是下单卦为巽，为木，为风；上单卦为震，为雷。两单卦结合雷风相与，刚柔相应。是利卦。这是万物循环往复的自然法则。君子持中正之道，教化世人。没有灾祸；利于有所作为。

初六　已经疏通好了，还要持久疏通，就要适得其反了。定有凶险，没有什么益处。

九二　筮得此爻，有贞德之象，固守中庸，则可以永恒。危厄将会消失。

九三　能恃位而安，守其美德，是为悔亡。不能长久者，便会蒙受耻辱，行事艰难。

九四　隐伏相机处事，犹如守株待兔，真是："久非其位，安得禽也。"

六五　顺服之德是妻子的本分，坚守此道，可获吉祥。但男子匿于其妻下以求安，其刚不振，柔而相从乃妇人之贞，失丈夫之义，故凶。

上六　恃其居高得位，苟且柔和，不能以坚持为长久，终无自御之力。凶。

【解析】

本卦反映的是先民掘沟壑进行田猎的情况。当时社会很可能是多种生产方式并存。"浚恒，贞凶"，表示出人们意识到田猎不如农业劳动有效益。"不恒其德，或承之羞"，反映了古代的道德价值观。朝三暮四，翻云覆雨，表面做好人，暗中施毒计的人，是要遭人唾弃的。

遁卦第三十三

艮下乾上　遁①亨，小利贞。

初六　遁尾，厉，勿用有攸往。②

六二　执之用黄牛之革，莫之胜说。③

九三　系遁，有疾厉；畜臣妾，吉。④

九四　好遁，君子吉，小人否。⑤

九五　嘉遁，贞吉。⑥

上九　肥遁，无不利。⑦

【注释】

①遁卦：艮下乾上，遁象征逃遁退避。"遁"古字为"逐"。②遁尾：末尾，意为退避迟缓而落在后边。但"遁尾，厉"就有一定危害性了。"末大必折，尾大不掉"，比喻难以驾驭控制或自保。勿用：暂不施展才能。③执：缚。革：皮。说：通"脱"。

④系遁：心中有所顾恋，而迟迟不能退避。自己系住了自己的心。畜：畜养。臣：臣仆。妾：侍妾。⑤好：指心怀恋情而身已退避。⑥嘉遁：居阳位的人能不显示自己，也指相机而动，时机嘉美。⑦肥遁：宽松，富裕的意思。

【译文】

遁卦　象征避退。遁卦卦象是下单卦为艮，艮为山，为止；上单卦为乾，为天。两单卦结合：山近于内，而天远于外。亨通顺利，君子虽有匡扶天下之心，奈何小人得势，只得避而求其安，小人则势盛气扬。

初六　退避不及，落在后边，有凶险，但忍隐以待时机，则无咎。

六二　黄牛皮绳捆绑，没人能逃脱。这里意指捆住的是天的意志，人的意志。而天意不可违。一切要顺从天意。

九三　阳居阳位，本该隐遁，但却张狂不羁，如疾患上身；独夫当关，定有危险。不如回家蓄养妻妾，倒也相安。

九四　虽性情梗介，但君子能适时退避，并善于隐遁，君子能行君子之道，必吉。这是小人无法比拟的，故小人不利。

九五　九五虽位居尊位，但能审时度势，戒慎戒躁，从不显露自己。因而可以适时、适度地行事，无不利。

上九　超脱世俗，置身世外，无往不胜。

【解析】

此卦爻辞反映了古人对隐遁避世持肯定态度的多，这也许与当时的社会环境险恶有关。君子遁隐则吉，小人遁亡则凶，显示了人们身处乱世两种人的不同结果。

大壮卦第三十四 ䷡

乾下震上　大壮①利贞。

初九壮于趾，征凶；有孚。②

九二　贞吉。

九三　小人用壮，君子用罔；贞厉，羝羊触藩，羸其角。③

九四　贞吉，悔亡，藩决不羸，壮于大舆之輹。④

六五　丧羊于易，无悔。⑤上六　羝羊触藩，不能退，不能遂，无攸利，艰则吉。⑥

【注释】

①大壮卦：乾下震上，象征刚大、盛壮、健壮。②趾：脚趾也表示一种行动，有所为。③小人用壮，君子用罔：小人持壮逞强，感情用事；君子盛壮而不用，没有自己的私欲。罔：无，不。羝羊触藩，羸其角：公羊强顶藩篱想冲出去，羊角必然被篱笆上的绳藤缠绕。羝羊：很强壮的公羊。羸，缠缚，纠缠。④輹：辐。⑤易：应作移。易羊即放羊。古代渭河流域到黄河中游，居住过徼羊的民族，是一种游牧的生活方式。⑥遂：进。

【译文】

大壮卦　象征刚大气盛。大壮卦卦象是下单卦为乾，为天；上单卦为震，为雷。两单卦结合，雷天大壮，阳德刚健，为天地之大用。壮盛阴消，故隆盛者必操守纯正，则利。

初九　壮于趾，表示有所往，有所征，但出征必有凶险，应坚持"天人合一"的规律，不可妄动。即使有承诺，前进会有凶险。

九二　阳刚得中，阳以中为盛。吉。

九三　小人盛壮，逞强凌势，君子盛壮刚强得中；任性发威，就像公羊用角强顶藩篱，羊角定然被藩篱羁绊。

九四　吉卦，君子刚柔相济，无所阻悔，犹如藩篱决口，缠不住羊角，又如大车车辕坚实适用，奔走如飞。

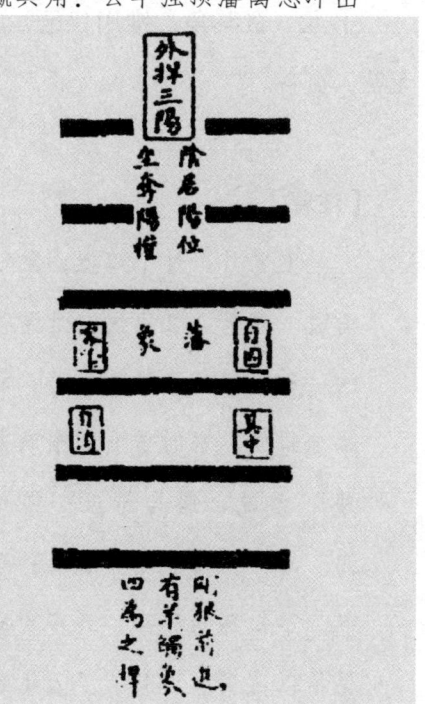

大壮羊潘图，出自宋·佚名《周易图》

六五　男儿敢做敢当，即使遇到"丧羊之象"又何惧之。

上六　公羊抵触藩篱，既不能前，也不能后。只有知艰难而能审时度势者，才不敢犯难。

【解析】

大壮卦借用各种喻象，揭示了一个千古不易的真理，即正才能大，才能壮，才能持久。人也好，事也好，如能以正为其立身行事的基点，将如雷行于天一样，势壮而无阻。

大壮卦六一爻说"丧羊于易，无悔"，其意思是指有人在易的地方丧失了羊，但没有悔恨。但也有人认为羊在大壮卦中表示刚性，丧羊，表示除去刚性，而代之以柔性。因六五爻处在尊位，地位较高，处于这样位置的人，如果只知道用刚的手法去处事，即今人所说的"硬碰硬"，不一定有好的效果。因此，六五爻强调去除刚性，改用柔和的方法，来达到治理的目的。

晋卦第三十五

坤下离上　晋①康侯用锡马蕃庶，昼日三接。②

初六　晋如摧如，贞吉。罔孚，裕无咎。③

六二　晋如愁如，贞吉，受兹介福，于其王母。④

六三　众允，悔亡。⑤

九四　晋如鼫鼠，贞厉。⑥

六五　悔亡，失得勿恤，往吉，无不利。⑦

上九　晋其角，维用伐邑，厉吉，无咎，贞吝。⑧

【注释】

①晋卦：坤下离上，象征前进，晋升。②康侯：是周朝的一种封侯。凡治理得好，便赐地封侯。当时曾有"康明安邦"之说。锡马蕃庶：锡是赐。马：指马和车。蕃庶：众多。不知赐马和车，还多次接见给以奖赏。这就有了晋（晋升）的含义。③晋如：前进，

晋升的样子；摧如：遇挫折而退却的样子。罔，不；孚：信。裕：宽容。④受兹介福：兹，这个或那个；介福：大福。全意是弘大的福祉，福泽。于其王母：王母的意思是祖母。六五位居尊位，故称王母。⑤允：信任。⑥鼫鼠：即硕鼠，俗名土狗。比喻五技不精者。飞不过房、游不过河、爬不上树、挖坑埋不了自己、一跑就让人追上。⑦恤：忧虑。⑧晋其角：赐予将军帽，意指派他去征讨。

【译文】

晋卦　象征进长晋升。晋卦的卦象是下单卦为坤，为地；上单卦为离，为火。火升起于大地，乃光明之象。将自己的封地治理得安康的封侯晋见天子，得到很多赏赐，一天中三次接见，给予极大的礼遇。

初六　进长一开始就遇到阻碍，故不能急于求成，要处之裕如。虽未受登位之命，却安然以等，才无过失。

六二　六二得正得中，但孤立无援，难免愁苦。幸好他能固守柔顺之节，以承上。因而可获大福。

六三　众人协心效顺，危厄将会消亡。

九四　硕鼠之行，缩首缩尾，技艺不高，贪而无能。定有危险。

六五　六五阴阳不合，不免忧之再三。辛好位居尊位，只要怀柔得道，不计得失，则无所不利。

上九　进长到顶，便不宜再征讨邑国。要施柔道为常，行法令刚而得明，则可厉、可吉。

【解析】

此卦爻辞从不同角度论述战略进攻的有关问题，好像是对战争经验的总结，是中国古代军事思想史上的重要资料。其中有着如何转败为胜、临危而"晋其角"等军事辩证法思想。

明夷卦第三十六

离下坤上　明夷①利艰贞。

初九　明夷于飞，垂其翼；君子于行。三日不食。有攸往，主人有言。②

六二　明夷，夷于左股，用拯马

壮，吉。③

九三　明夷，于南狩，得其大首，不可疾，贞。④

六四　入于左腹，获明夷之心，于出门庭。⑤

六五　箕子之明夷，利贞。⑥

上六　不明，晦。初登于天，后入于地。⑦

【注释】

①明夷卦：离下坤上，象征光明伤损。明，光明，此指太阳；夷：与"痍"同，伤痍、创伤。明夷：太阳已经西下，看不见了。②明夷于飞，垂其翼：这指的是飞鸟。飞鸟被打猎人追的，一个翅膀受了伤，还在拼命地飞。惊荒飞逃。主人有言：遭到主人责备。③用拯马壮：拯马是将马骟了，骑这种马向前壮行。④南：古代南方为光明的方向。狩：道，头顶。首：古人称四蹄皆白之马为"首"，俗称踏雪。疾：病。⑤入：

退。腹：腹地。获：获知。心：指内中情状。于：于是。⑥箕子：殷商纣王之叔父，贤臣，因进谏而遭纣王囚禁，遂佯装疯颠以自保。⑦晦：暗。

【译文】

明夷卦　象征光明受损。明夷卦的卦象是下单卦为离，离为火；上单卦为坤，坤为地。两单卦结合，就是指火在地下，太阳沉没地下，光明受损，所以黑暗。文明受损，贤者处境艰难，但要想突破逆境，就不能违背道德，唯有固正固本，刻苦忍耐，方能自保。

初九　光明遭到伤损时就像飞鸟低垂翅膀，仓皇逃离。又如君子弃无道而去，三日不食，虽穷极潦倒，但志在道行。

六二　光明遭到伤损，如伤及左边大腿，若能以强壮的骟马来代步，终可受命于天。

九三　"南狩"指周武王伐纣之志，必须隐忍以得大事，以明治暗，韬光养晦，时至乃功成。

六四　要心悉卑人之主谋，窥其心思之短长，留在家中，祸及自身，不如隐于市井之中，以利进退，谋其所行。

六五　如果能像殷纣贤臣箕子被囚却佯狂自保，则为利卦。

上六　明德被之，昏暗丧亡，以见周之革商乃阴阳理数之使然。天命人事昭然。

【解析】

此卦爻辞暗喻自由出行之人，遇到各种甘苦，虽一时挣脱羁绊，获得自由翱翔的机会，最终未能摆脱痛苦的现实。喻箕子一类君子，渴望济世而又只能自晦其明的悲剧命运。亦喻明夷之君丧失人心，贤人离去的孤立处境。

家人卦第三十七

离下巽上　家人①利女贞。

初九　闲有家，悔亡。②

六二　无攸遂，在中馈，贞吉。③

九三　家人嗃嗃，悔厉，吉；妇子嘻嘻，终吝。④

六四　富家，大吉。

九五　王假有家，勿恤，吉。⑤

上九　有孚威如，终吉。⑥

【注释】

①家人卦：离下巽上，象征家人团居。②闲：防备。③无攸遂：一个女人不应去想太多，家庭必须有人操持，有人做饭。馈：主持炊事。④嗃嗃：很严肃的样子，比喻斥责之声，指森严治家。⑤假：是至、达之意。另说与徦通用，指大的，到。恤：忧虑。⑥孚：诚信。威：威严。

家人象图，出自宋·佚名《周易图》

【译文】

家人卦 讲述持家之道。主妇正，则家庭正，家兴旺。家庭中男主外，女主内，父母、子女、兄弟、夫妻各司其责。

初九 持家要御其邪而护正，预防不妄之灾。对家中成员要养蒙于早，以定其志，以杜后患，则无悔。

六二 主妇在家固守正德，并在家中操持烹饪饮食，则可获吉祥。

九三 家长治家严谨，威严自立，家道中吉。家长治家失之谨严，妻儿子女无调，则必丧失家节。

六四 富非大吉之道。但柔顺静持而不贪进，不溢于非分，则可保其富而大吉。此为积善积福之家。

九五 王者乃君王之德，一家人如能以刚健之德至诚感动家人和邻里，则家自宜。

上九 家长治家诚信而不渎，身正而威自立，即秉于持家之道也，最后必获吉祥。

【解析】

此卦爻辞讲治家之道：防守家园，谨防内祸外患滋生的任务由男人承担。由女人担起持家重任；家教威严，家人不可嬉笑、哀怨，当安分守己，谨小慎微。

睽卦第三十八

兑下离上　睽①小事吉。

初九　悔亡。丧马勿逐，自复。见恶人，无咎。②

九二　遇主于巷，无咎。

六三　见舆曳，其牛掣，其人天且劓，无初有终。③

九四　睽孤，遇元夫，交孚，厉无咎。④

六五　悔亡。厥宗噬肤，往何咎⑤？

上九　睽孤。见豕负涂，载鬼一车。先张之弧，后说之弧，匪寇，婚媾。往遇雨则吉。⑥

【注释】

①睽卦：兑下离上，象征乖离、隔膜。②逐：追。③曳：往后。掣：牵制。其人天且劓：天，这里指跌跤。在古代罪人额头上刺字称天。劓，

古代刑名，割鼻。④睽孤：指孤傲自负。元夫：善人，元，善。⑤厥宗噬肤：他与宗人共同吃肉。厥，其，他；宗，宗人即同一宗族之人；噬：咬，此指吃；肤，肉。指作：唇齿相依。⑥豕：猪。涂：泥土。弧：弓。说：通"脱"，放下。

【译文】

睽卦　象征违逆隔离。睽卦卦象下单卦为兑，兑为泽，为水；上单卦为离，为火，为明。两单卦结合，火势向上，而泽水下浸，是为违逆。推理睽之卦理，若乖戾而不适于存同，则可善用之。因人与物之情理，皆可因异而得同。这是万物之事理。

初九　虽有"丧马"不能行之苦，以仁德相感，勿相逼，自可回返，人事难料，凡事化解在宽大包容之中。丢失了马自会返回；谦谦地对待与自己对立的恶人，不会招致灾祸。

九二　在小巷中不期而遇碰见主人，不管是恩主、债主，抑或仇主，只要秉承正直，都不为过。

六三　大车被拖住不动，驾车人急鞭其牛，牛奋力向前拉。致使驾车人额鼻都被摔伤。但有强者使牛驯服改过以服善，终可获吉。

九四　孤傲无主之时，处势虽危，但能与刚正之人交往，授之以诚信，虽严厉，但可得志而行。

六五　自相残杀，终将同归于尽。不如唇齿相依，同心同德，排除万难，共同前进，这样必有吉庆。

上九　一位孤傲躁突的人怀疑一头猪的身上满是污泥；又怀疑一辆车上坐着的都是恶鬼，本想张弓来射，又放下了，原来不是鬼，也不是贼，而是婚娶的车子。猜疑被澄清，有如雨过天晴，故为吉。

【解析】

此卦爻辞讲述一旅客途中见闻。反映了古代行旅的甘苦。举出两个故事：有一辆货车，一头牛吃力地拉着，一人在推车，走近一看，原来推车的是一个刺了额、割了鼻的奴隶；一辆大车上满载着鬼怪一样的人前去抢婚。这些为研究古代刑法制度和古代民俗提供了两条重要资料。

蹇卦第三十九

艮下坎上　蹇①利西南，不利东北。利见大人，贞吉。②

初六　往蹇来誉。③

六二　王臣蹇蹇，匪躬之故。④

九三　往蹇，来反。⑤

六四　往蹇，来连。⑥

九五　大蹇，朋来。

上六　往蹇，来硕，吉。利见大人。⑦

【注释】

①蹇卦：艮下坎上，象征行事艰难。"蹇"难也。②利西南，不利东北：西南象征平地，所以"利"；东北象征山丘，所以"不利"。③来：返回，归来。④匪：非。躬：自身。⑤反：通"返"。⑥连：联络、连合。⑦硕：大。

【译文】

蹇卦　因跛而行走不便，象征处事艰难。蹇卦的卦象是下单卦为艮，艮为东北，指山区地貌；上单卦为坎，坎为水。山水结合有奔涉千山万水之象利西南，不利东北。困境中必须有大才大德之人，固守正道，整饬家邦。宜于君子修德。

初六　知难而止，量力而行，耐心等待，才能获得美誉。

六二　君王的臣子历尽艰险，奔走赴难奋力营救。不为自己的私事，而是意在报国。

九三　外出行动遭逢艰难，不如相与慎守返回家园。

六四　风险赴难，为的是济世救人。因此必须同心同德，这样才能担此重任。

九五　九五难是大难。君王如能深体天下之危机，虽无为但善与人同。并操守中正，故能得臣民之拥护。

上六　努力拯救时艰，历尽艰难可建大功，十分吉祥。有利于施世大德人才之出现。

【解析】

本卦主要是指点人们在遇到困难时能做出明智的选择，以利于克服困难，走出困境。

解卦第四十 ䷧

坎下震上　解①利西南。无所往，其来复吉。有攸往，夙吉。②

初六　无咎。

九二　田获三狐，得黄矢，贞吉。③

六三　负且乘，致寇至，贞吝。④

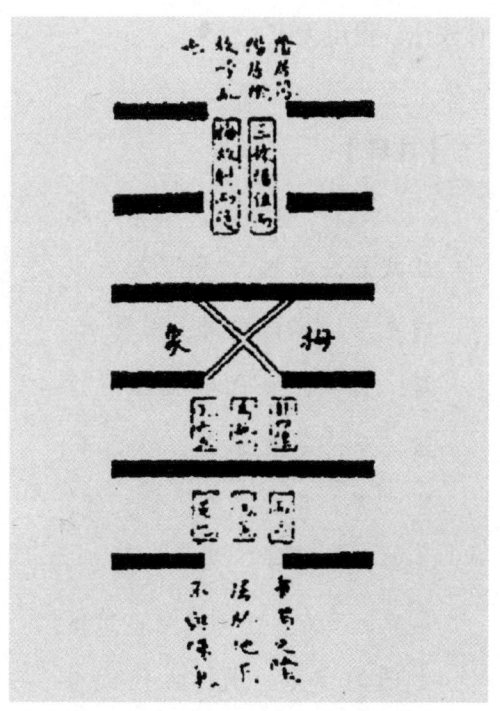

解出坎险图，出自宋·佚名《周易图》

九四　解而拇，朋至斯孚。⑤

六五　君子维有解，吉。有孚于小人。⑥

上六　公用射隼于高墉之上，获之，无不利。⑦

【注释】

①解卦：坎下震上，象征解脱、舒解。②夙：早。③田：田猎。④负且乘：背着东西坐车。⑤解而拇：解开大脚趾头。斯：乃。⑥君子维有解：君子被绑而又解脱，指消除祸患。维，语助词，无义。⑦隼：一种猛禽名，俗称鹞子。墉：城墙。

【译文】

解卦　象征化解、解脱。解卦卦象是下单卦为坎，坎素有坎坷、艰险之象；上单卦为震，指动，行动。两单卦结合指解散其纷乱。西南的坤是地，平而静，故有利。但艰险消除后，便应与民同息，以人情纲纪行于险坡之中，众人也会臣服。

初六　刚柔相济，排解蹇难，自省无过，则可相安。

九二　田中狩猎，不仅猎获了三只狐狸，还获得上等的（黄色的）箭的奖赏，所从贞吉。

六三　屈居卑贱，却躁进尤妄。本是背负之小人却偏要乘君子车而行，可谓"居非所得"。寇贼见之，必夺。这是自招其损。

九四　解开脚拇趾，才可以自由行走。但尚未当位，没有解脱小人的羁绊，力弱而情殊，君子只有懂得摆开小人的干扰，退小人之道，才可以招天下之朋友。

六五　位于君位的人必须以诚信感化小人，小人能退就足见君子之功夫，则吉也。

上六　在高墙上王公用利箭射大隼，一箭中的，消除祸患，无往而不利。

【解析】

解卦爻辞讲在"解"的过程中，一是要注意清理周围环境。二是要注意解决自身问题。反映了我国古代先民渴望外间自由、不满礼规束缚的心情。

损卦第四十一

兑下艮上　损①有孚，元吉，无咎，可贞，利有攸往。曷之用？二簋可用亨。②

初九　已事遄往，无咎；酌损之。③

九二　利贞。征凶，弗损益之。④

六三　三人行则损一人，一人行则得其友。

六四　损其疾，使遄有喜，无咎。

六五　或益之十朋之龟，弗克违，元吉。⑤

上九　弗损益之，无咎，贞吉，利有攸往。得臣无家。

【注释】

①损卦：兑下艮上，象征减省，减损。"损"是减少的意思。②曷之用：用什么。簋：食具，古代盛谷物的竹篮。亨：祭祀鬼神。③已事：即祀事、祭祀之事。遄：速。④益：与"损"相反，增加。⑤或：有人。十朋之龟：价值十朋的宝龟。朋，古代货币值，双贝为一朋。

【译文】

损卦　象征减损。损卦的卦象是下单卦为兑，为泽；上单卦为艮。两卦结合是好事中有人作梗。损未必凶，益未必吉。损刚而益柔，中道自得，根本自固，故为吉。何况一元之开阖，一岁之流转，一天之晨暮，一刻之推移，皆有损益存于其间。用什么体现减损之道？以两竹篮淡食祭祀神灵，贡献先者就足够了。

初九　刚健有余，阴柔不足，故应让损事迅速离去，多做善己为人的道行，并酌情而定，则无灾。

九二　固守其中而不妄动，乃吉。往损，则凶。故要劝其往，劝其征。

六三　三人行数已盈，疑乃生，故必损一人。无俱损之理，亦无俱合之道。而一人行，其行必得其友。

六四　小人阴阳相冲，如疾患染身，益及早治愈。君子喜于居而相安，静正而无所求，则可避小人之祸。

六五　货币两贝（贝壳）为一朋，十朋"大龟"，乃"守国之宝"。天下君王能安于尊位，是居正之宝。这是天理指数，即使用龟占卜亦如是。无所待而自吉也。

上九　忘家忧国之臣得到人民真心的拥护。能得到忘家之臣，乃得志而利于行。

【解析】

本卦爻辞强调祭祀要"心诚"，只要心诚祭品多或少，神都不怪。若出征，须多加祭品，越丰盛，得的福佑越大。

益卦第四十二

震下巽上　益①利有攸往，利涉大川。

初九　利用为大作，元吉，无咎。②

六二　或益之十朋之龟，弗克违，永贞吉；王用享于帝，吉。③

六三　益之用凶事，无咎。有孚中行，告公用圭。④

六四　中行，告公从，利用为依迁国。⑤

九五　有孚惠心，勿问元吉，有孚惠我德。⑥

上九　莫益之，或击之，立心勿恒，凶。⑦

【注释】

①益卦：震下巽上，象征增益。益，饶也。损而不已，

必益，故受之以益。②利用为大作：利于有大作为。③王用享于帝：君王享祭上天祈求福泽。帝，上天，先帝。④益之用凶事：将增益用于凶险困难之事。中行：执守中正之道行。告公用圭：手执玉圭向王公告急求助。圭，玉器的信物，大夫祭祀、朝聘时，执之以示"信"。⑤迁国：迁都。⑥惠：仁爱。⑦或击之：攻击。

【译文】

益卦　象征增益。益卦卦象是下单卦为震，为动；上单卦为巽，为风，为木。雷动则风行。益卦是上损益下之卦象。民众受益，利于有所行动，宜于涉越大江大川。

初九　施善才可以大有作为，吉。但如位在下，下为私，为我，则不足以为继，不宜行大事。

六二　君子为保其正，必须坚守正道，才会吉祥。即使用价值十朋之宝龟占卜也如此。古代君王祭祀天神时，也先祈天，虔诚而至尊，也必得助益。

六三　当危险发生时，君子恳求别人帮助，不是耻辱之事，不过要心怀诚意，向诸王报告时要手持玉圭，以示信诚。

六四　执持守中庸之道谨慎从事，可得到邻国的信任，从而对迁移国都及利民的大业都有益。

九五　胸怀诚信施仁爱之心，不用占卜就可以知道是吉祥的，而天下人也定将以诚爱之心来回报之。

上九　骄吝而无施惠之心，别人就会攻击他。再加上自己的意志摇摆不定，必有凶险。

【解析】

益卦六爻中，下面的三爻，即初九、六二、六三爻，都是受益者。初九爻第一个得益，得到上级的信任和重用去办大事，因而大有作为，大吉利。六二爻，受"十朋之龟"的大益，并用于祭祀上帝，吉利。六三爻在国中有难时，将收益用于百姓，实行损上益下，以示诚信。当然在实行中要报告国君。"告公用圭"，圭是古时官员所用的礼器。报告时"用圭"，表示诚敬与慎重。六四爻具体表现了损上益下之道。是讲古代迁国之事。迁国是一个国家最大的事，为的是让老百姓有更好的地理条件来休养生息，这是最大的益下、益民之举。

夬卦第四十三

乾下兑上　夬①扬于王庭，孚号，有厉。告自邑，不利即戎，利有攸往。②

初九　壮于前趾，往不胜，为咎。

九二　惕号，莫夜有戎，勿恤。③

九三　壮于頄，有凶，君子夬夬，独行遇雨，若濡，有愠，无咎。④

九四　臀无肤，其行次且。牵羊悔亡。闻言不信。⑤

九五　苋陆中央，中行，无咎。⑥

上六　无号，终有凶。⑦

【注释】

①夬卦：乾下兑上，象征决断。"夬"是拉弓时戴在拇指上的护套，弦由戴护套的手指弹出，故曰决除，决断的意思。②扬于王庭：在君王的朝廷之上宣扬自己的言论。扬，张扬。庭，通"廷"。自邑：指自己封邑的民众。即戎：指兴兵出战，立即征伐。③惕号：因惊恐而大叫。莫：通"暮"。恤：忧虑。④頄：颧骨。夬夬：决断的样子。濡：沾湿。愠：怒，怨。⑤次且：即趑趄不前，行走艰难。⑥苋陆：草名，一种像苋菜一样的草。⑦号：大声号哭。

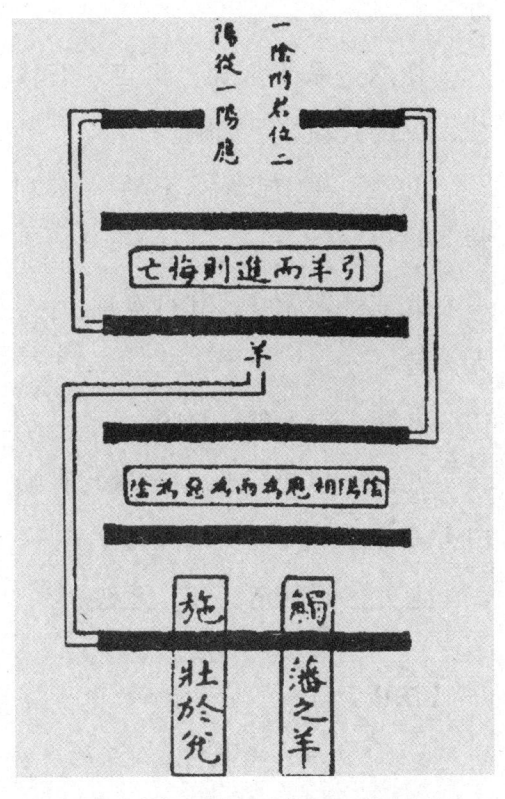

夬决之图，出自宋·佚名《周易图》

【译文】

夬卦 象征果断的决除。夬是对抗性矛盾的卦象。夬卦卦象下单卦为乾，为天；上单卦为兑，为叛逆的小人，两卦结合即铲除离经叛道的人。在君王的朝堂之上宣告叛离者的罪状。告之自己封邑的民众，合力排除异己。但不宜立即兴兵征伐，应有万全的准备。

初九 脚趾健壮，贸然前行不能决胜小人，反而招来灾祸。

九二 "惕"是心之忧虑；"号"呼号。只要提高警觉，即使深夜发生战事，也没有危险，不必担心了。

九三 君子刚强过之，遭小人怨恨，有凶。君子独行遇雨，淋湿衣裳，心中怨恼，但不形于色，无妨。

九四 心中迟疑，坐立不安，如臀部的皮肤伤损一样。要像赶羊一样，在羊后面行走，就可以自由自在了。无奈忠言逆耳。

九五 刚毅中正，决断小人之患，取中庸之道，可免灾祸。只要居中行正，一定没有灾祸。

上六 小人即使穷途末路，奔走呼号也无济于事。凶。

【解析】

此卦爻辞是讲王廷受到寇戎的威胁，应随时防范，必要时还得动用武力。反映出古代社会的矛盾和冲突。

在人生旅途中，既要随时防范，又要果敢前行，要像山羊那样敏捷而果断地在大路中间行走，如不走中正之道，一意孤行，必遭灾。

姤卦第四十四

巽下乾上 姤①女壮，勿用取女。②

初六 系于金柅，贞吉。有攸往，见凶，羸豕孚蹢躅。③

九二 包有鱼，无咎，不利宾。④

九三 臀无肤，其行次且，厉，无大咎。

九四 包无鱼，起凶。

九五 以杞包瓜，含章，有陨白天。⑤

上九 姤其角，吝，无咎。⑥

【注释】

①姤卦：巽下乾上，象征柔刚相遇。②取女：娶女。③

柅：铜制的车轮车闸。羸豕：瘦猪。孚：此为通浮的意思。蹢躅：此为踯躅的意思。④包：通"庖"，厨房。⑤以杞包瓜：用杞柳的柳叶蔽护树下之瓜。含章：涵藏彰美。陨：降落。⑥角：动物的角，指上方，角落。

【译文】

姤卦　象征通过，刚柔遇到。姤卦卦象是下单卦为巽，为风；上单卦为乾，为天。风生水起，万物萌生。姤卦为分离；姤卦为相遇。女子过分健壮必会有伤男子，不宜娶此种女子为妻。

初六　将小人紧紧缚在铜车闸上，定有吉祥。而急于让小人有所行动，则必然出现危险，如同把一头瘦猪捆绑起来，它仍会竭力挣脱。

九二　用草袋将厨房里的鱼（象征小人）包起来，不让他与宾客接触。可以免灾。

九三　臀部无皮，赵趄不前，坐立不安，但有险无灾。

九四　厨房无鱼，比喻不能包容小人，而且缺乏包容容让之心，会使人心背离，凶。

九五　用杞柳荫护树下之瓜，象征心有彰美之德，定有喜庆。

上九　不与小人正面抵触，虽看似不够刚正，但却没有灾祸。

【解析】

此卦爻辞讲男婚女嫁

指出男人不宜娶过分刚强的女人。娶之则多发生矛盾。反映了古代夫刚妇柔的道德观念和抢婚的民俗。

萃卦第四十五

坤下兑上　萃①亨。王假有庙，利见大人，亨，利贞；用大牲吉。利有攸往。②

初六　有孚不终，乃乱乃萃。若号，一握为笑。勿恤，往无咎。③

六二　引吉，无咎。孚乃利用禴。④

六三　萃如嗟如，无攸利。往无咎，小吝。⑤

九四　大吉，无咎。

九五　萃有位，无咎；匪孚；元永贞，悔亡。⑥

上六　赍咨涕洟，无咎。⑦

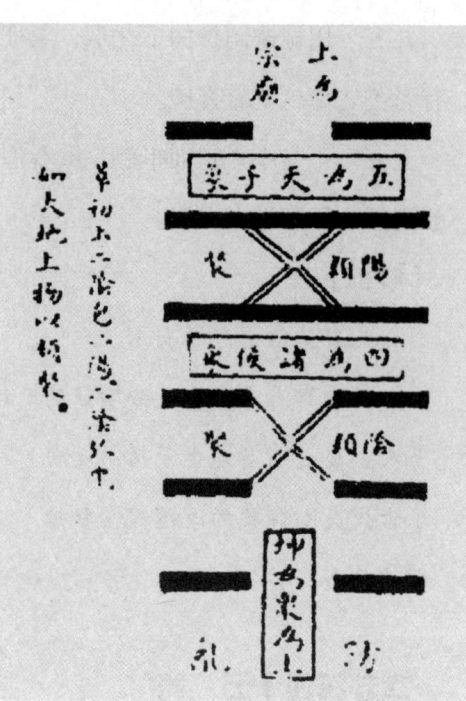

萃聚图，出自宋·佚名《周易图》

【注释】

①萃卦：坤下兑上，象征聚集。②假：到。庙：宗庙。③一握：古代占筮术语，指在不吉利的情况下筮得吉卦之数。④引吉：迎吉。引，迎。禴（yuè）：古代四季祭祀之一，此为夏祭，也称作"礿"。⑤嗟如：叹息的样子。⑥萃有位：会聚而各有其位。匪孚：不信任。元：君长。⑦赍咨：悲伤的哀怨。涕洟：哭泣。

【译文】

萃卦　草丛生象征聚集。萃卦的卦象是下单卦为坤，为地，为顺；上单卦为兑，为泽。象征欢悦的顺从。君王到宗庙祭祀祖先，利见大德大才之人，亨通。利于居中得正。以大牲祭祀，必获吉祥。有利于行动。

初六　力图前行汇聚却遭阻隔，若两端交战，必不得结果；若力争求援，虽可以握手言欢，但却有失顺阳。一个人其志已乱，也只能苟且偷安了。

六二　迎来相聚，无灾祸。心怀诚信有益于祭祀祈福。

六三　由于没能会聚而心生叹息，没有用。即使有坚强有力的援助，如其不能刚直守正，宁愿舍弃也不能苟合；或许远方不得势的人倒是志同道合的朋友。

九四　位不当，却有福禄，也可以说是吉。

九五　会聚而获得拥戴，没有灾祸，但是还不能获取众人信任，就要用德性去感化了，才能使民众臣服。

上六　居上而孤处不安，其情必然戚戚。此时就要反思其行了，这样才能身不安而义自正。

【解析】

此卦讲的是君主亲临祭祖，方能信于臣民，臣民归顺。强调祭祀必诚信，并用大牲献祭；又认为取信于民的原则是保持至善品德。

升卦第四十六

巽下坤上　升①元亨。用见大人，勿恤，南征吉。

初六　允升，大吉。②

九二　孚乃利用禴，无咎。③

九三　升虚邑。④

六四　王用亨于岐山，吉无咎。⑤

六五　贞吉，升阶。⑥

上六　冥升，利于不息之贞。⑦

【注释】

①升卦：巽下坤上，象征顺势向上升。②允升：肯定上升；允：诚信。③禴：古代四时祭祀之一，指薄祭。④虚邑：空的城邑。⑤用亨：献祭。岐山：古代地名，位于今陕西省岐山县东北。⑥升阶：登上一级台阶。⑦冥升：幽昧中上升。不息：指昏夜不停。

【译文】

升卦　象征顺势向上升。升卦的卦象下单卦为巽，为木；上单卦为坤，为地。两单卦结合木自土中升。亨通的卦象。利见大德大才的人，不必担忧。南方相当于上方，一往南方，可会见到大德之人，吉。

初六　在晋升中，要追随贤能的君子，才可大吉大利。

九二　祭祀求福中要挚诚恳切，才不会有灾难。

九三　凡升之道，主宾相得而成礼，君臣互奖而为治，故升道中不必疑虑、疑沮，方可勇往直前。

六四　君王前往岐山祭祀神灵，定获吉祥，一切顺理应当，没有灾难。

六五　占问吉祥，如步步升阶。

上六　君子在危亡之际，出世以求济难，受重任而不辞，还在乎以死相求吗。

【解析】

升卦认为君子鉴于地中升木的卦象，对自身品德修养的提高应顺时以动，遵循自然发展的规律，从小处着手积累，不断充实自己，有所前进，逐步达到高尚完美的境界。

升卦还揭示了"积小以高大"必须具备的主客观条件。"孚乃利用禴,无咎",表示在"升"的过程中,人有无至诚之心很重要。在此强调了人的信念问题、信心问题。有信念、有信心者,手中便掌握有打开"升"之大门的钥匙。

困卦第四十七

坎下兑上　困①亨。贞,大人吉,无咎。有言不信。

初六　臀困于株木,人于幽谷,三岁不觌。②

九二　困于酒食,朱绂方来,利用享祀,征凶,无咎。③

六三　困于石,据于蒺藜,人于其宫,不见其妻,凶。④

九四　来徐徐,困于金车,吝,有终。⑤

九五　劓刖,困于赤绂,乃徐有说,利用祭祀。⑥

上六　困于葛藟,于臲卼,曰动悔有悔,征吉。⑦

困蒺藜葛藟株木图,出自宋·佚名《周易图》

【注释】

①困卦:坎下兑上,象征困厄。②株木:树木。幽谷:幽深的山谷。觌:见。③困于酒食:醉酒。朱绂:朱,君王遮蔽膝部的朱红色服饰。绂,古代祭服的饰带。④困于石:道路被巨石阻挡。据是凭借、占据的意思,此引申为居处。蒺藜:一种带刺的植物,一年一生。宫:居室,此引申为自己的家见其妻,意思是得婚配。⑤困于金车:被金车所困阻。⑥劓:古代刑法,削鼻。

刖：古代刑名，断足。说：通"脱"。⑦葛藟：一种柔韧缠延之蔓。臲卼：惶惑不安。悔：这里是后悔和悔悟的意思。

【译文】

困卦　象征陷入困厄或难以自拔。困卦的卦象是下单卦为坎，为险；上单卦为兑，为水。两卦结合指困于某种险厄之中。君子刚中正位，坚守自己的道行，即使身陷窘困，仍化裁通变，顺应而不穷志，故吉。但小人窥测其中，阴邪挟其智力，乘势相掩，旁人则难辨是非，是为困。

初六　不明争势，守枯木而困，坐待自匿，三年而不屈。

九二　酒食过于骄奢，服饰过于华丽，意外得到高爵，难免会感到窘迫。这只适于祭祀神灵。

六三　以柔居刚，所处不安，欲前往又有巨石相阻，欲退之又困于蒺藜葛藟之中，犯天下之不祥，凶必及之。

九四　身陷囹圄，又有铁车阻困，救助行动艰难，只可量力，不可操急。

九五　削鼻断足不足为君子所困，倒是易被小人怀柔，享大人之亨，才是真正的理极势穷。但君子中正刚直，以神道感格，鬼神当自祷，小人当自解。

上六　阴柔的小人被葛藤缠绕得劳心苦形惶惶不安，赶快悔悟自省，行则吉也。

【解析】

困卦爻辞谈了种种困境，反映了统治者既借助"神"的力量来制服臣民，同时制定种种惩治奴隶的刑罚，臣民像牲畜一样受统治者奴役。这一社会情况，描绘了臣民备受刑罚、妻离子散的悲惨场面。

井卦第四十八

巽下坎上　井①改邑不改井，无丧无得，往来井井。汔至亦未繘井，羸其瓶，凶。②

初六　井泥不食，旧井无禽。③

九二　井谷射鲋，瓮敝漏。④

九三　井渫不食，为我心恻。可用汲，王明，并受其福。⑤

六四　井甃，无咎。⑥

九五　井冽，寒泉食。

上六　井收勿幕，有孚元吉。⑦

【注释】

①井卦：巽下坎上，象征汲取之理。②邑：泛指村庄城邑。井井：从中取水。第一个

"井"字用作动词，取水。汔：接近。繘井：淘井。羸：此为倾覆的意思。瓶：古代汲水器皿。③不食：不能食用。旧井无禽：禽也解作"擒"捕获，又作水禽解。④井谷射鲋：井底小鱼来回窜游。鲋，小鱼。瓮：瓦罐。敝漏：破旧，破碎。⑤渫：治井淘沙。为我心恻：使我心中悲伤。王明：君王贤明。⑥甃：修整。⑦井收勿幕：修整水井后，不须覆盖井口。幕，盖。

【译文】

井卦　象征汲取之理。井卦的卦象是下单卦为巽，为木；上单卦为坎，坎为水。两卦结合木汲取水源而新生。林邑可以迁变，但水井依旧。以汲水之理，汲水引而上之可养人，反之为凶。这说明凡事都有定分，用人亦得相宜。如井太深，绳不及即未能尽其用；深入其下，瓶触于井边而毁，亦功败垂成，徒劳而无功。

初六　水井浚治不及，泥滓聚积，井水不能食用，没有飞鸟再来栖息。

九二　涓涓细流，只堪滋润小鱼了，就像漏了的瓦瓮一样。这说明用人者无掖贤才之实，虽有君子，也遇而不见。

九三　枯井已经淘净却不能饮用，未免感到痛惜，怜才者见之亦心伤。贤士也应有待求沽之意，如王明之受福。

六四　修井要修井壁，才不会有灾难。贤士也当进修，以待时机。

九五　井水清洌，能以食用，如贤能有德的人可普济众生。

上六　井已修复，无须再盖井口。

【解析】

　　井卦讲人们对井的整治，使井水变清的过程。井，出现在原始社会末期。奴隶社会实行井田制，井的作用：是用于农业灌溉；便于土地的分封和管辖。此卦是古代井田制度下关于井的一些情况。昏庸的邑主，弃旧井而不顾，让人民遭殃；开明的邑主，则积极修治井壁，使人民用上洁净清凉的泉水。

革卦第四十九

离下兑上　革①，己日乃孚。元

革炉鞴鼓铸图，出自宋·佚名《周易图》

亨，利贞，悔亡。②

初九 巩用黄牛之革。③

六二 已日乃革之，征吉，无咎。

九三 征凶，贞厉。革言三就，有孚。④

九四 悔亡有孚，改命吉。⑤

九五 大人虎变，未占有孚。⑥

上六 君子豹变，小人革面，征凶，居贞吉。⑦

【注释】

①革卦：离下兑上，象征变革去故。②已日乃孚：在十干中已日已过中央，意指由盛极而致衰的时刻。③巩：固守。革：皮革。此处为变革。④革言三就：变革必须慎重，须再三商议，一致认可，方可行动。三就：多番俯就众论。⑤改命：改革天命，改朝换代。⑥虎变：虎至冬日，皮泽光鲜亮丽。⑦豹变：与虎变义相同。

【译文】

革卦 象征质变改革。革卦的卦象，下单卦为离，离为；。上单卦为兑，兑为水，泽水而润。两卦结合水浇到火上，一旦熄灭，又会燃起，是变革的卦象。时至已日，下定决心改革，明智而使人悦服。吉。当革之时，行革之事，利卦。

初九 用黄牛的革防卫巩固，黄乃中庸之色，说明变革要稳妥从之。

六二 到了已日断然实行改革，其往必吉。

九三 革之不可轻试，天人之理数不到，征则必凶。变革一定要审慎行事，经过多次计议，行动必须让大家心悦诚服。

九四 刚柔相济，道足以取信天下将自行消除。胸怀诚信之心的人，变革天命的时刻，仍然需要民众的信任与支持，才可以功成名就。

九五 大德大才之人阳自上而来，正天中之位，承天洪之祷，如老虎皮一样，鲜亮光泽，未卜吉凶，便知他光辉盛著，人所共睹。

上六 君子在改革之时毛皮会像豹子那般光彩，庶民革除往日的陋习，也会面貌一新。兴师动众持续变革中要有喘息的时刻，以逸待劳，方可吉祥。

【解析】

革卦有变革、改革之意。强调"变革以时"，根据事物发展的特点，选择适宜的时机，进行变革。主张君子变革之势要迅猛如虎、灵活如豹，小人才会革面洗心以相从。体现出作者强烈的阶级意识和对广大被统治者的威胁敌视态度。

鼎卦第五十

巽下离上　鼎①元吉，亨。

初六 鼎颠趾，利出否；得妾以其子，无咎。②

九二 鼎有实，我仇有疾，不我能即，吉。③

九三 鼎耳革，其行塞，雉膏不食；方雨亏悔，终吉。④

九四 鼎折足，覆公餗，其形渥，凶。⑤

六五 鼎黄耳，金铉，利贞。⑥

上九 鼎玉铉，大吉，无不利。

【注释】

①鼎卦：巽下离上，象征三足两耳的鼎器，鼎不止煮食，还代表君王的权威。鼎上的花纹，还有镇妖避邪的功用。②鼎颠趾：鼎颠覆，足朝上。利出否：利于倾倒无用之物。否，不，指无用之物。以其子：因其子。以，因。③实：此指食物。仇：匹配，此指妻子。④革：革除，这里是失去的意思。塞：阻塞，引申为困难。雉膏：用雉肉做的美味食物。方雨亏悔：天刚下雨阴云又散去。悔，通"晦"，指阴云。⑤覆公餗：将王公的

八珍粥倾倒出来。公，王公。
餗，八珍菜粥。其形渥：洒得遍地都是。渥，沾濡之状。⑥
金铉：金制鼎耳的吊环。

【译文】

鼎卦　鼎，古代烹煮食物用的三足两耳的鼎器。鼎卦的卦象是下单卦为巽，为木；上单卦为离，为火。两单卦结合即以木取火。象征革新。大吉大利，亨通顺畅。

初六　大鼎翻倒，其足向上，宜于倒出鼎中之渣滓，去旧立新；就如娶妾生子，其妾能佐立辅子，其身价也另当别论，当无灾。

九二　鼎中装满食品，说明君子有才，但仍要审慎。因小人染疾，君子要坚守中正之道，方可不被染。君子要慎所授。

九三　大鼎丢失了鼎耳，象征变革遇阻，君子志不相通。吃不到山鸡的美味，意指得不到图谋发展之路。待阴阳之和的雨来到，一切会吉祥的。

九四　大鼎折足，打翻了王公的美食，鼎身沾满污物，如同小人得志，必有凶险。

六五　大鼎配上黄色的金属鼎耳，鼎耳上有铜制的吊环，乃有利之卦。

上九　鼎耳配备玉制的吊环，宜受大烹之养，无不利也。

【解析】

鼎卦，有立新之义。立是事物发展的必然要求，如果旧的已破，新的不立，事物将处于无序和混乱的状态。只有立新，才能保持事物的稳定，并促使其向前健康发展。鼎在古代社会几乎成为贵族福祸和社会政治、经济状况的"衡量器"，也是社会变革、权力转移的"指示器"。

震卦第五十一

震下震上　震①亨。震来虩虩，笑言哑哑。震惊百里，不丧匕鬯。②

初九　震来虩虩，后笑言哑哑，吉。

六二　震来厉，亿丧贝。跻于九陵，勿逐，七日得。③

六三　震苏苏，震行无眚。④

九四　震遂泥。⑤

六五　震往来厉，亿无丧，有事。

上六　震索索，视矍矍，征凶。

震不于其躬，于其邻，无咎。婚媾有言。⑥

【注释】

①震卦：震下震上，象征雷霆震动。②虩虩：是壁虎，引申为恐惧的样子。哑哑：为欢笑声。匕：是匙、勺。鬯：祭祀用的黍米酒，浸泡了郁金草，洒在地上，恭请诸神降临。③厉：迅猛。亿丧贝：将会大量失去钱财。亿，古制，十万为亿，这里是极多的意思。贝，古代货币。跻于九陵：登上九重高陵。跻，登。④苏苏：恐惧不安的样子。震行：震恐而行。眚：病，过失。⑤遂：附。⑥索索：沮丧发抖的样子。矍矍：视线不定，不敢正眼看。躬：亲身。有言：闲言碎语。

【译文】

震卦　象征剧烈而快速的震颤。又意为惊恐震悚。上下单卦都为震，指大地震动，阴阳交合。雷霆轰响，人人惊恐，只有恬而安之，才能尽于欢笑中。

即使雷声惊闻百里，虔诚祭祀神灵的人，匙中的美酒不会洒落。

初九　雷霆急响，万物俱惶，内省后复而笑谈，可得福。记取震慑的教训，足以为之。随后又谈笑风生，必获吉祥。

六二　雷霆来临，损失大量家财。应该赶快逃往九重高山避难，而不要去追寻财物，七天之内财物自会失而复得。

六三　雷霆震动，恐惧而知反省，改过从善，不会有灾难。

九四　雷霆震动，惊慌失措的人会落入泥沼中，不能自拔。

六五　雷霆震动，上行下往，都有危险；恪守中庸之道，才不会发生事故。上六　雷霆震动，心情沮丧，心神不定，干任何事，都不会成功；但仅震及近邻，能戒以动摇其心志，则无灾祸。不过近邻受难，难免遭到报怨。

【解析】

震卦中所说的雷，是一种自然现象，但它也比喻人世间的震动、震荡，或各种不测之事。震雷是可怕的自然现象，不同的人会有不同的心理反应。对震惊百里的巨雷，祭神者仍镇定自若，表现其对神明的极度虔诚；有的人心惊肉跳，惊惶失措；有的则嬉笑自如，无所畏惧。

艮卦第五十二

艮下艮上　艮①艮其背，不获其身；行其庭，不见其人，无咎。②

初六　艮其趾，无咎，利永贞。③

六二　艮其腓，不拯其随，其心不快。④

九三　艮其限，列其夤，厉薰心。⑤

六四　艮其身，无咎。

六五　艮其辅，言有序，悔亡。⑥

上九　敦艮，吉。⑦

【注释】

①艮卦：艮下艮上，《说卦传》说："艮为山……"山为静，为止。《序卦传》说："物不可以终动，止之，故受之以艮，艮者止也。"②庭：庭院。③趾：脚趾。④腓：腿肚。拯：举。⑤限：指人的上下部位的界限，即胯、腰部。列：裂。夤：脊背肉。薰：烧烤。⑥辅：颚部，面颊。⑦敦：敦厚。

【译文】

艮卦　象征抑止。艮卦的卦象是下单卦为艮，为止；上单卦为艮，为静。两单卦结合意指物不可以终动，止之。背部静止不动，人的身体就不能动了；内心平静，耳不听声，目不取色，在庭院里行走，有人则若无人，没有灾祸。

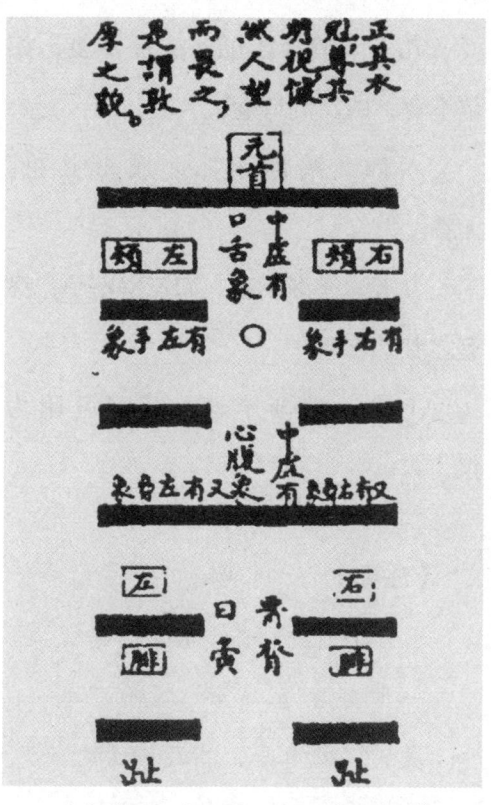

艮背象图，出自宋·佚名《周易图》

初六　人动，脚趾先动。如抑止趾动，抑制事情在发生前，则无灾。即劝之进不如阻其止。永贞而利。

六二　腿肚居下体，随股动而不跺，顺手常理。但下位柔顺却中正，刚强却偏激。下位给以忠告，上位不听，下位郁闷不生只有追随。

九三　腰部横列其间，横施而不屈伸，使脊背也因之受制。这就十分危险了，君子要抑止邪祟，必须立身于事外，耳目清而心定。

六四　人的上身是心的所在，心是五官的中枢，言行的裁抑所在，故心必须善于自持，方无灾。

六五　抑止颚部，言则有序。言词刚厉时要简而明，言词柔顺时可以多说一点，此乃巧说法。所言得体，则无灾。

上九　操守敦厚严谨的美德晚节，必获吉祥。成德者，一生功力。

【解析】

全卦反映的是事物进入相对静止时期人们的处世态度。卦辞部分是讲气功的起势入静状况，练功可以养生，象征行事无咎。爻辞自初六至上九具体描写了真气自脚趾至腿肚，再至腰身，至颊诸经络，自下而上的运动变化过程，反映了变化发展的观念和当时人们养生强身的知识水平。

渐卦第五十三

艮下巽上　渐，①女归吉，利贞。②

初六　鸿渐于干，小子厉，有言，无咎。③

六二　鸿渐于磐，饮食衎衎，吉。④

九三　鸿渐于陆，夫征不复，妇孕不育，凶，利御寇。⑤

六四　鸿渐于木，或得其桷，无咎。⑥

九五　鸿渐于陵，妇三岁不孕，终莫之胜，吉。⑦

上九　鸿渐于逵，其羽可用为仪，吉。⑧

【注释】

①渐卦：艮下巽上，象征一步步渐进，"渐"又有"水浸透"的意思，指逐渐为之。

②女归：女子嫁人，归嫁。③

鸿：鸿雁即大雁。干：水边。小子：指年轻小孩子。④磐：大石头。衍衍：和乐的样子。⑤陆：指中原平旷之地。⑥或：有的。桷：角材，房屋的木椽，此引申为直树枝。⑦陵：山陵。⑧逵：四通八达的道路。

【译文】

渐卦　象征事物一步步地渐进。渐卦的卦象是下单卦为艮，艮为山，为止；上单卦为巽，为顺遂而进。物不可终止，故循次以进。女子出嫁婚姻大事都要循礼渐进，如地相邻，爵相等，族相若，年相均，媒妁以通，各得其正，以渐而吉。

初六　鸿雁飞落到水边，但仍逡巡不前。象征小孩子不可急于行动，虽不致有危，但应自循其本分。

六二　鸿雁飞落在巨石上，落脚平稳，正在欢悦地饮食。吉。

九三　鸿雁飞落到中原平旷之地，失落于雁群，犹如丈夫打仗不回还，妻子还有孕在身，其情不固，所以凶。而刚强只适用于抵御外敌。

六四　鸿雁飞落在房屋的椽木上可以暂安，但鸿雁不可木栖，故应变而不失其正。

九五　鸿雁飞落到高陵上，居高而不遽然飞下，预示与妻子三年不相交而未怀孕，今朝聚首，夙愿以偿。

上九　鸿雁在天空中自由飞翔，落下的羽毛鲜艳光彩，可用作饰仪，十分吉祥。

【解析】

渐卦记的是一首哲理诗。它通过鸿雁栖息之地渐次从水洼—岸边—陆地—树林—丘陵—山阿的渐进过程的描绘，反映了一个女子婚后生活逐渐改善、命运逐渐转好的曲折过程。新婚先要忍受丈夫的疾言厉色；关系稍事改善，丈夫又从征戍边，全部家务由她一人承担，以致孕而不育，备尝艰辛。丈夫三年未归，她亦未能生育小孩，做出极大牺牲。丈夫御寇有功，得以提升，她亦因此显贵。这一由贫贱而富贵的发展过程，虽然是借鸿雁象征，但却完全合乎逻辑，是形象思维的典型一例。

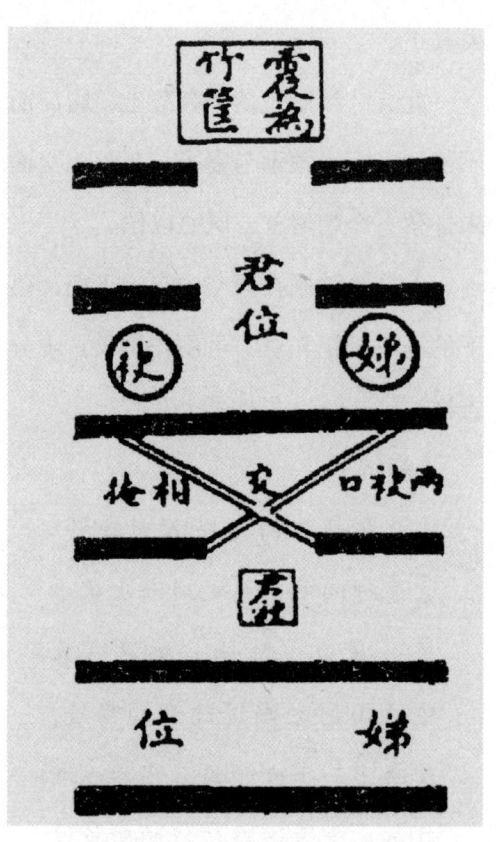

归妹君娣袂图，自宋·刘牧《易数钩隐图》

归妹卦第五十四

兑下震上　归妹①征凶，无攸利。

初九　归妹以娣，跛能履；征吉。②

九二　眇能视，利幽人之贞。③

六三　归妹以须，反归以娣。④

九四　归妹愆期，迟归有时。⑤

六五　帝乙归妹，其君之袂不如其娣之袂良。月几望，吉。⑥

上六　女承筐，无实；刲到羊，无血。无攸利。⑦

【注释】

①归妹卦：兑下震上，象征女子婚嫁。归，嫁。②归妹以娣：少女出嫁，其妹从嫁。古代习俗，一夫多妻，姐姐、妹妹同嫁一夫，妹妹的名分称"娣"。③眇：瞎了一只眼。幽人：安恬幽居之人。④须：通"嫂"，姐。反归：回娘家。⑤愆期：错过了日子，延误时日。⑥君：这里指正室即大妻。袂：衣袖，指衣饰。良：好。几望：既望，每月十六日。⑦筐：竹器，指盛嫁妆的奁具。实：指嫁妆。刲（kui）：割。

【译文】

归妹卦　象征古代婚嫁。但"周乃六十四卦"凡女、妇、妻皆指小人，都为凶卦。出嫁的少女，不以礼制而行，故前行有凶险。

初九　姐与妹同嫁一夫，妹为娣，即妾，因其身份卑微，就像跛足者走路十分艰难。但妹妹能恒守贞洁，姐妹共事一夫，仍然吉祥。

九二　刚居不正的小人，尽管娶了贤能的妻妾，仍通晓不了贞邪治乱的辨本，犹如眼疾者。但如果他能做到无欲而清，倒也能恒常。

六三　女人不能坚守妇道，即使嫁出也要被遣回娘家，这时以娣之身份从嫁倒可以了，只适合做妾的名分。

九四　男人三十而娶，不可过期；但女子若待年待礼，其志本正，也未尝不可以。这是圣人之教诲。

六五　帝乙嫁女，正室的服装反而不如陪嫁妹妹的服装华美；成亲日期定在既望之日，十分吉祥。帝乙是商代的帝王（商纣之父），他的女儿出嫁，尽管身份高贵，却不如其妾衣着光鲜。但帝乙的女儿德称其位，故贵为天下之母。

上六　少女手捧空筐篮，无嫁妆可盛；刚刚杀了的羊，却没有放出血来，说明有名无实，不会有什么好处。

【解析】

此卦反映殷代婚姻的"媵嫁"制度，嫁姐，妹随嫁，共侍一夫。嫁后，姐称嫡，妹称娣。此风俗直至清代中叶在我国的西南诸省仍然残存着，是古代群婚制的遗迹。同时，爻辞中还谈到姐姐的嫁妆不如妹妹的嫁妆好，说明妹妹更受宠爱。

丰卦第五十五

离下震上　丰①亨，王假之，勿忧，宜日中。②

初九　遇其配主，虽旬无咎，往

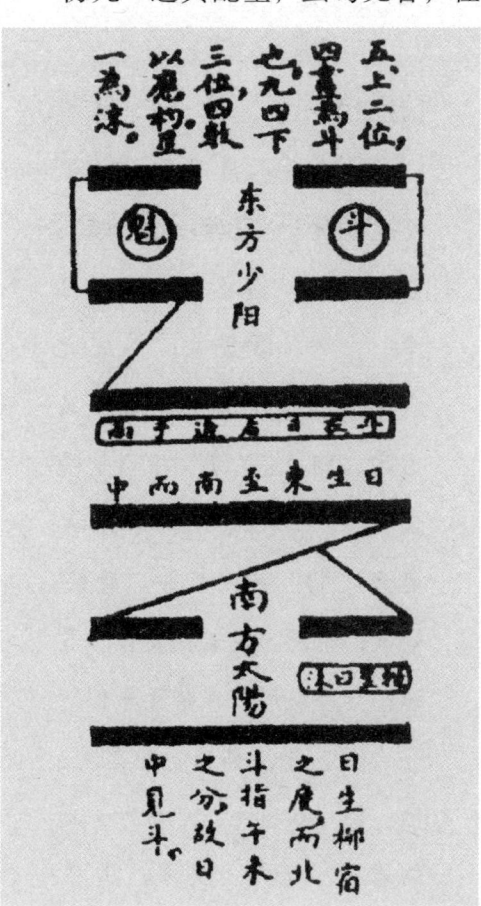

丰日见斗图，出自宋·佚名《周易图》

有尚。③

六二　丰其蔀，日中见斗。往得疑疾，有孚发若，吉。④

九三　丰其沛，日中见沫，折其右肱，无咎。⑤

九四　丰其蔀，日中见斗。遇其夷主，吉。⑥

六五　来章，有庆誉，吉。⑦

上六　丰其屋，蔀其家，闚其户，阒其无人，三岁不觌，凶。⑧

【注释】

①丰卦：离下震上，象征丰厚硕大。②亨：通"享"，祭祀。假：通格、到达。日中：中午。③配主：匹配之人，即佳偶。旬：十日，又为均，相当。"旬"并不是最佳状态。尚：通"赏"。④蔀：遮光之物。斗：星斗。疑疾：疑嫉，猜忌。发若：发挥。⑤沛：与旆通用，黑暗无光似遮一大幕。沫，昏昧、小星星。肱：臂。⑥夷主：平易可沟通的君王。⑦章：文采。庆誉：喜庆和美誉。⑧阒：通窥。

阒：空。觌：见。

【译文】

丰卦　象征丰盛硕大。丰卦的卦象下单卦为离，离为火，为光亮、光明；上单卦为震，为动。日中则斜，月盈则食，故丰卦并不都是亨通之卦。王者在天下蔚为盛观的日子，拥有权威、财富和人民，他不必忧虑。但应在如日中天之际，普赐予人民。

初九　得遇匹配的主人，虽不能致察，但无忧，不会有灾祸；但超过十日，由满而亏，就会有灾难了。

六二　昏暗的君主如太阳已被遮盖，即使中午也能见到北斗星光。跟随这样乖戾君主，会遭以猜忌。不过诚信竭诚，可以获吉。

九三　日中而暗，如幡幔障无，只见小的星光。虽想撤蔽也无望，如折了右臂。但终不能以奸蔽贤，使大贤之人不能为天下所用。

九四　贤臣虽以刚居位，无奈昏暗的君王如太阳被大幕遮盖。当昏昧之世，贤良的臣子，只能求贤能以辅朝政，只能以刚试动于障蔽之中。这还是可以的。

六五　昏暗的君主有贤能的大臣相

佐,就会获得吉庆,因而吉与誉并存。

上六　阴柔的小人设重屋厚障,居幽室之中。有人若想见之,屋内似空无一人。遇如此暗幽之人,三年如一日,必凶。

【解析】

丰卦六爻中,有三爻专门记载了太阳被遮蔽,出现了日食现象。六二爻"丰其蔀,日中见斗",说的是中午时太阳被遮蔽,在白天见到了夜晚才出现的北斗星。九三爻"丰其沛,日中见沫",日食的程度更进一步,中午时分连天上昏暗的小星星也能看得见。九四爻"丰其蔀,日中见斗",回复到六二爻,说明日食慢慢地在退去。三四千年前的古人看见出现日食,怀疑自己得了疾病,有人在惊慌中不慎折了右臂。后来当日食全部消除,太阳重现光明时,人们才恢复常态。"有庆誉",庆祝、称颂光明的重现。丰大强盛的太阳之所以被遮蔽,从科学的角度讲,是太阳、月亮、地球在某一时刻正好运动成一条直线,这是一种天体运动的自然现象。它既不是传说中的"天狗吃日头",也不是天帝降灾的警示,没有什么可奇怪的。但古人却能从"天地盈虚"的自然现象中进一步思考长葆丰盛之理。

旅卦第五十六

艮下离上　旅①小亨,旅,贞吉。

初六　旅琐琐,斯其所取灾。②

六二　旅即次,怀其资,得童仆,贞。③

九三　旅焚其次,丧其童仆,贞厉。④

九四　旅于处,得其资斧,我心不快。⑤

六五　射雉,一矢亡,终以誉命。⑥

上九　鸟焚其巢,旅人先笑后号咷,丧牛于易,凶。⑦

【注释】

①旅卦:艮下离上,象征行旅,失职,寄居他乡。②琐

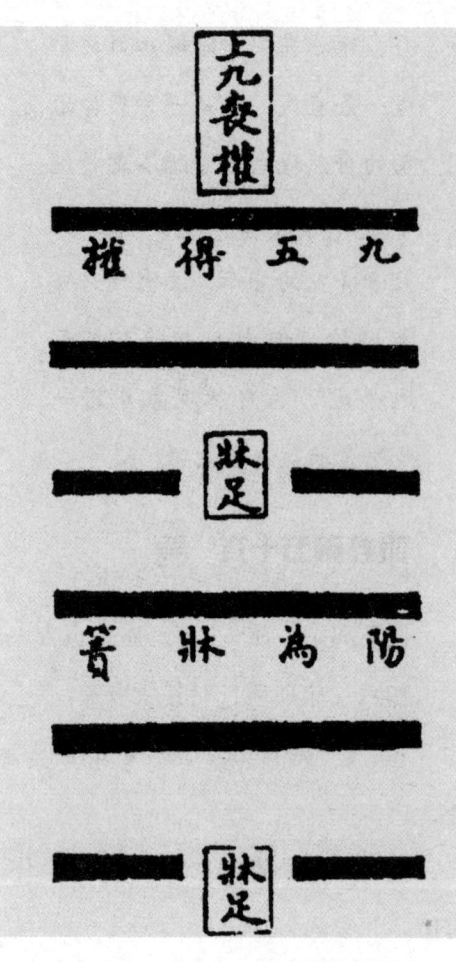

巽床下图，出自宋·佚名《周易图》

琐：琐碎小气之人。斯：此。③即次：住进旅店。即：住，就。次：停止，旅店。童仆：仆人。贞：忠贞。④焚：失火。⑤处：止，此指旅行受阻。资斧：行旅途中携带的钱财和护身工具（斧）。⑥誉：美名。命：爵命。⑦易：通"埸"，田边。

【译文】

旅卦　象征行旅，失所。旅卦卦象下单卦，为艮，为山；上单卦为离，为火，两单卦结合指山上之火，行旅之火。行路人急于赶路，行动变换不定，故多不为吉。出外旅行，颠沛劳苦，四周陌生，故只有遵守文明之德，才得吉也。吉祥之卦。

初六　出外旅行，猥猥琐琐，舍不得花钱，坐车，自窘于微细之中，有招灾祸。

六二　旅人住入客店，带着足够的钱财，并得到童仆忠心侍奉，则免于灾。

九三　客店失了大火，童仆也跑掉了，即使不做不义之事，但未免也有穷途末路之感。

九四　尽管旅途中有足够的钱财，并有防身备用的利斧，但仍会感到孤苦无着（不安定）。

六五　射杀山鸡，丢失利箭，未免感到可惜，不过最后还是获得了荣誉并领受封爵之命。

上九　树上的鸟巢被焚毁，旅人先欢声笑语后号啕大哭；田边又丢失了耕牛，大凶。

【解析】

本卦爻辞讲的是，由于受到客观物质条件的限制，对周围环境产生的不适，在旅之人必须小心谨慎，尽可能顺应旅途中的生活环境，以防不测，求得平安。

巽卦第五十七

巽下巽上　巽①小亨，利有攸往，利见大人。

初六　进退，利武人之贞。②

九二　巽在床下，用史巫纷若，吉，无咎。③

九三　频巽，吝。④

六四　悔亡。田获三品。⑤

九五　贞吉，悔亡，无不利，无初有终。先庚三日，后庚三日，吉⑥

上九　巽在床下，丧其资斧，贞凶。

【注释】

①巽卦：巽下巽上，象征顺服、顺从。②进退：进进退退。武人：勇武之人。③巽在床下：指祝史、巫觋，暗自传话给君王。史：祝史，职掌占卜，祈祝的官员。巫：即巫觋，巫婆。纷若：勤勉异常的样子。若，样子。④频：一次接一次。⑤田：田猎。三品：三等，以禽兽射杀的部位而论，上等的为心脏，为祭品，二等的为禽兽腿肉，用作招待宾客；三等的留作自己食用。⑥先庚三日，后庚三日：庚与更通，含变更意；庚前三日为丁日、戊日、己日，庚后三日即辛日、壬日、癸日。

【译文】

巽卦　象征顺从。巽卦是象征阴柔，巽阴潜起于阳下，故只有小亨。巽卦的卦象下单卦为巽，上单卦也为巽，是阴卦。柔顺修谨。因柔皆顺乎刚，慎以进而不敢干，故不会有灾祸。但过于优柔寡断，故只有见到大德之人才有利。

初六　过于谦谨，犹豫不前，不能果断处之。只有勇敢之人才有利。

九二　跪伏在神坛之下的谦顺，犹如效仿祝史、巫师般虔诚敬神的样子，仍会吉祥，没有灾祸。

九三 频与"颦"通,一再地顺从,但心犹未甘,并落不到好处,反招来羞辱。

六四 田猎所获可分为祭品、待宾、自用三等。国之大事,亦如田猎,能率夫役民,方能成大事,猎而多获。

九五 庚与更通,有变更的意思。一事在变通之前,应知会众人,让众人通晓其事端;变更后,再警其得失,这样才可以做到:命无不行,事无不主也。是礼乐征伐之道。

上九 顺从地匍匐在地,如行程中丢失旅资和利斧,即使地位显赫之人,也未免处境尴尬。凶。

【解析】

本卦爻辞讲,人们应有顺从的品德,但不可一味顺从。武该顺从命令,令进则进,令退则退,方能吉利。若心中不顺从,愁眉苦脸勉强去顺从。必出现危险。

兑卦第五十八

兑下兑上 兑①亨,利贞。

初九 和兑,吉。

九二 孚兑,吉,悔亡。

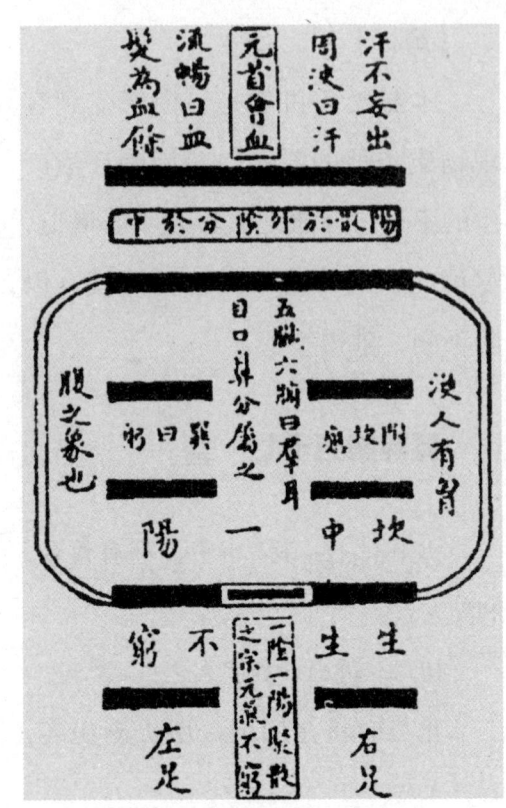

兑象图,出自宋·佚名《周易图》

六三 来兑,凶。②

九四 商兑未宁,介疾有喜。③

九五 孚于剥,有厉。④

上六 引兑。⑤

【注释】

①兑卦:兑下兑上,象征怡悦。兑又为泽,为水。泽能生长。万物丛生,故万象欢欣。②来兑:前来献媚取悦。③商:考虑、琢磨。介疾:医愈。疾:小病。④剥:指丧乱

损伤正道。厉：严厉。⑤引兑：引诱、和悦。

【译文】

兑卦　象征欢悦。兑卦意指的卦象有较大的变动性，得视具体卦象而定。兑卦卦象中下上单卦皆为兑，为交换，重卦中有返朴归真的含义。不过兑卦大都表示顺应天理，符合民意的卦象，是利卦。

初九　与人和谐，但阳刚得位，与物无竞，故十分吉祥。

九二　心怀诚信，和颜悦色，吉。虽不当位，难免抱屈，但志诚可赢得朋友相信，亦无妨。

六三　柔以躁进，此小人之媚世，必流于邪祟，凶。

九四　未宁为患，治愈疾患是令人喜悦的事。君子要以刚居柔，酌量于宽严之中，得咸宜之道，这才能安宁获喜。

九五　居君位之人，如被疾邪小人包围，则有危险。这时他虽处剥丧之中（篡夺他的权力），但他仍不相信叛离。

上六　引诱拉拢的手段很不光明正大，但是否能得逞，就看受惠者的定力了。

【解析】

此卦爻辞讲的是人获得喜悦的各种原因，实际是揭示了人与人的交往之道。宣扬和悦处世的原则。反对无原则地取悦别人，更不能讨好取悦没有诚信的人。互相间和悦相处，必吉而无害。

涣卦第五十九

坎下巽上　涣①亨，王假有庙，利涉大川，利贞，

初六　用拯马壮，吉。②

九二　涣奔其机，悔亡。③

六三　涣其躬，无悔。④

六四　涣其群，元吉。涣有丘，匪夷所思。⑤

九五　涣汗其大号，涣王居，无咎。⑥

上九　涣其血，去逖出，无咎。⑦

【注释】

①涣卦：坎下巽上，象征涣，涣散，离散。水流散。涣卦的卦象下单卦，为坎，为水；上单卦为巽，为

风。两单卦结合风动水起，水浮木泛。②用拯马壮：借助壮马。③机：即几，几案，矮脚的桌子。④躬：自身。⑤群：众人。丘：山陵。匪夷所思：不是一般所能想象的。⑥大号：大政令、王命。居：占有。⑦血，通"恤"，战争、战事。逖：即惕，也可解为远。

【译文】

涣卦　象征水散。当人情凝滞不能通达时，君子能以怀安之志，善待天下，则可使阻塞之情上通下达。君王到宗庙进行祭祀大典，感化百姓，可利涉大江大川。

初六　马壮，则有奔驰蹄啮之伤，故开始就要调理它，使之驯服。拯救民众也当如此，吉在初始。

九二　机作"投之以机"的机，即所凭借的安定之所。由疆外奔回，得中位而止，伏几而息，得以安定，使危难消除。

六三　身居刚位，能为公而忘私，虽不当位，但有就阳之素心，故无悔。

六四　豪杰之士能拔流俗以奋出，团结群众一致奉公，即非常之人成非常之功，光明正大，乃吉。涣有丘，指山丘低于山而高于地，涣起的民众如山丘一样高，而且倚以为群，是一般人难以想象的。

九五　汗为阳出而散阴者，指的是刚中得天位，应诰赏天下，虽王者以王位自居，仍应将聚敛的财富救济天下万民，以天子之畿封赐诸侯，必无灾祸。

上九　阴阳失位，必然有争。故能远于交争之害，必可以超然事外。

【解析】

本卦讲的是古人防洪治水的经验：洪水发来了，幸有健壮的奔马来营救；洪水冲毁台阶，冲散了人群，冲上丘陵，又冲向王宫，人们相互救助才可以避免灾祸扩大；洪水过去了，人们得救了，但千万不能放松警惕。

节卦第六十

兑下坎上　节，①亨。苦节，不可贞。②

初九　不出户庭，无咎。③
九二　不出门庭，凶。

六三　不节若，则嗟若，无咎。
六四　安节，亨。④
九五　甘节，吉，往有尚。⑤
上六　苦节，贞凶，悔亡。

【注释】

①节卦：兑下坎上，象征竹节、时节、节制、节俭。②亨：通"享"，祭祀。苦节：过于节省，过分地控制。③户庭：内院。④安节：安于节俭。⑤甘节：和怡的节制。

【译文】

节卦　象征节制、节俭。节卦的卦象下单卦为兑，为译为水；上单卦为坎，为止。两单卦结合为泽之所容有准，不泄不漏。节应有度，应顺乎天理之正，如强人所难，过度节俭，则不足以济天下，且穷而未正。

初九　逢初九虽阳刚中正，但逢节卦，仍应慎之于内院，不宜外出，则无灾。

九二　阳刚中正，时至事起，但审慎藏于内室，不愿外出门庭，会坐失良机，凶。

六三　过于奢靡，不知节俭，再想节制已柔失其位无法控制。这是咎由自取，又怎么能再怨天尤人呢？

六四　安于节俭，适当其宜亨通。

九五　以节俭为乐事，合乎理，顺乎情，为天下悦服。亨通。

上六　过分的节制行为是不可取的，因事物有其节俭之本，过之则损。物不顺则穷，故凶。

【解析】

节卦卦辞认为"'节'，亨"，认为有节制、守节度便能亨通。"'节'，亨"，首先是当节即节，不当节则不节。如节卦初九爻"不出户庭，无咎"，表明初九当节时有所节，因而无咎。而九二爻却说"不出门庭，凶"。这里的"门庭""户庭"是比喻，指在一定的范围，只是条件或时机有所不同。不脱离限定的范围，条件或时机不同，会导致相反的结果。

其次是审时度势，"节以制度"，在一定的条件下，人们应安于节制。就是六四爻爻辞所指的"安节，亨"。

再次"中正以通",甘心受节制。这就是九五爻爻辞说的"甘节,吉。往有尚",九五爻因处尊位,其节不是一家一户之节,也不是一人一己之节,而是守天下之"节",守国家之"节"。这种"节"可以表现为节约的原则,所谓"节约",也是一种节制。

与世界上任何事物都有两重性一样,"节"也有两个方面,"节"如果失去"度",也会走向反面,成为"苦节"。节卦卦辞认为"苦节,不可贞","苦节",即过分节制,"不可贞"就是说肯定不行,不用占卜了。节卦上六爻辞说得明白:"苦节,贞凶。"

中孚卦第六十一

兑下巽上　中孚,①豚鱼吉。利涉大川,利贞。②

初九　虞吉,有它不燕。③

九二　鸣鹤在阴,其子和之;我有好爵,吾与尔靡之。④

六三　得敌,或鼓,或罢,或泣,或歌。⑤

六四　月几望,马匹亡,无咎。⑥

九五　有孚挛如,无咎。⑦

上九　翰音登于天,贞凶。⑧

【注释】

①中孚卦:兑下巽上,象征内诚、诚信。②豚鱼:豚和鱼。豚,小猪,此指祭品。③虞吉:因忧虑而获吉。燕:通"晏",安乐。④阴:通"荫"。和:应和。好爵:美酒。爵,酒器,借指酒。尔:你。靡:共享。⑤得敌:在战场上面临了劲敌。罢:通"疲"。⑥亡:丧失。⑦挛如:广系天下之心。⑧翰音:鸡曰翰音。翰,古代祭祀宗庙,依礼,祭品中必有鸡,称翰。

【译文】

中孚卦:象征诚实。中孚卦卦象是下单卦为兑,为泽;上单卦为巽,为木。两单卦结合,木在泽上,利于涉越大江大河,利于取信。只要内心虔诚用豚和鱼祭祀先祖,先祖也会赐福。此卦利于涉越大江大河。

初九：虽是诚信的卦，但仍应审度以求信实，继之，则应再无乖违之意，则去。

九二：相处遥远，但心灵互有呼应，就如同野鹤在树荫下鸣叫，小鹤也会应声随和；我有一尊美酒，今朝愿与君共享。

六三：遭遇势均力敌的对手，有时想击鼓而进，有时又想伺机后退；或哭或笑，或高唱凯歌，简直躁而不宁，不知所以了。

六四：月亮未满将盈的，走失两匹马，如失去了助手。但破小群而无悖大信，感应之正，故无灾难。

九五：刚中居尊，心中减灾，故能感化共同战斗的朋友，没有灾祸。

上九：刚中居尊，虽鸣而不信，奈何鸣声高亢，但却不自量其刚中之不足，因此颇有孤掌难鸣之危。凶必及之。

【解析】

中孚卦体现至诚之心。至诚之心是人在社会生活中做人的根本态度，至诚之心不仅是与人相处之道，更是人的生存之道。

人培养至诚之心，最忌的是心系旁物，为物所累。如六三爻爻辞所说"得敌，或鼓或罢，或泣或歌"，别人鼓他也鼓，别人歌他也歌。六三爻的境况可能出于无奈，但与自身缺乏自信心有关。可见，至诚之心来自对自身力量的认识。"精诚所至，金石为开"，这样的至诚至信，没有坚韧之心是难以达到的。

小过卦第六十二

艮下震上　小过，①亨，利贞。可小事，不可大事。飞鸟遗之音，不宜上，宜下，大吉。②

初六　飞鸟以凶。③

六二　过其祖，遇其妣；不及其君，遇其臣，无咎。④

九三　弗过防之，从或戕之，凶。⑤

九四　无咎，弗过遇之，往厉，必戒，勿用，永贞。⑥

六五　密云不雨，自我西郊，公弋取彼在穴。⑦

上六　弗遇过之，飞鸟离之，凶，是谓灾眚。⑧

【注释】

①小过卦：艮下震上，象征略有过越小有过失、交错。②飞鸟遗之音：飞鸟飞过后，其音不绝。③以：与，带来。凶：凶兆。④过：越过。祖：祖父。妣：祖母。⑤从或戕之：放纵自己从而有被人杀害的危险。从，纵；戕，害。⑥过遇：过分而强求。⑦公弋取彼在穴：射鸟，鸟栖于穴中。弋，带丝绳的箭。⑧离：网罗，捕捉。

【译文】

小过卦：象征小有过失、交错。小过卦的卦象是下单卦为艮，为山，为止；上单卦为震，为雷。山上之雷，可谓过雷，雷声大雨点小。此卦为小事利之卦象，可谓："雁过留声，其音不绝。"但大雁不宜高飞，只应向低飞，向下飞，如此才有利。

初六：飞鸟掠过头顶凶，实非飞鸟凶，而是遇之凶也，并大有妻子挟制丈夫，臣子挟制君王，蛮夷挟制中原之势。

六二：与祖父失之交臂，却和祖母相遇；高攀不到君王，只得与臣下交往，不可能得到原来的期望值，但并无灾恙。

九三：坦荡君子却遭小人算计，审慎戒之，可免于危；委曲求全则有被加害的危险。大凶。

九四：刚而兼柔，守正而不争，即不逞强，便没有危险。但如果过于仗义执言，秉持公道便会引火烧身。

六五：浓云密布不见雨，云气却从城邑的西部冉冉升起，这是阴阳不和之状。这时君王位居尊位，就不能亲自去寻找辅佐自己的人，正如亲自执箭将钻入穴中的鸟猎捕来。

上六：势盛极必过，骄亢极必有失，正如飞鸟飞得太高，目标太露，终会被射杀。这是天之降灾，不可避凶。

【解析】

此卦讲若逾小矩越造成小过，还算亨通。如果去征伐和进行祭祀等国家大事则绝不可以。一旦冒进，则宜当退守，不然必酿成大错。步调要保持一致，不应放纵冒进，以免造成过失。批评或表扬，注意分寸，不可太过或不及，要注意事物的量的限度。

既济卦第六十三

离下坎上　既济，①亨，小利贞。初吉，终乱。

初九　曳其轮，濡其尾，无咎。②

六二　妇丧其茀，勿逐，七日得。③

九三　高宗伐鬼方，三年克之，小人勿用。④

六四　繻有衣袽，终日戒。⑤

九五　东邻杀牛，不如西邻之禴祭，实受其福。

上六　濡其首，厉。

【注释】

①既济卦：离下坎上，既即迹也，济，成，象征事物的完成。济，渡河，引申为成功。②曳：拖住。尾：车尾。③茀：车上的帘子，车幔。妇女坐车没车帘如何坐？④高宗伐鬼方：鬼方是商代西北方一个小国，经常骚扰中原。殷高宗去征伐。⑤繻有衣袽：华服将变成破旧的衣服。繻：华服；袽：败衣，棉絮。

【译文】

既济卦：象征事业有成。既济卦的卦象是下单卦为离，离为火；上单卦为坎，坎为水，为艰。这卦象不是利卦。亨通，但只利于小事。因缺乏变通，终至僵化、离乱，后危乱。

初九：拖住车轮，车便不能前行，但无妨。因为刚阳总能镇住邪阴，正如狡猾的狐狸以狐媚乱人，终会让人抓住尾巴。

六二：妇人遗失了首饰，不要急于寻找，一巡之后第七日自会失而复得。

九三：殷高宗兴兵讨伐鬼方，经历三年苦战才打败了鬼方，但息劳而骄的小人，只可犒赏，切勿重用之。

六四："繻"指华丽的衣服，"袽"则为破絮。华丽的衣服再好，也有破旧的时候，凡事总要防微杜渐才好。

九五：东邻杀牛举行盛大祭典，倒不如西邻只简单地举行一个祭祀却实享天福。

上六：水浸过头顶，定有灾难。

【解析】

　　既济卦讲的是获得成功以后应持守。爻辞用"妇丧其茀，勿逐，七日得"与"高宗伐鬼方，三年克之，小人勿用"来说明在"既济"阶段，只要等待时机，善于用人，无论大事小事都能顺利通达。

　　在大功告成以后，主政者一定要居安思危，防患于未然。六四爻以"繻有衣袽，终日戒"来告诫执政者要日日思患，并早做准备；九五爻以"东邻杀牛，不如西邻之禴祭，实受其福"来劝导统治者如想持守现有的福祉，就必须像祭祀那样，竭尽诚敬之心，事事认真对待，而不要只追求表面的铺张。否则就会"福兮祸所伏"，在顺境中懈怠放松，骄奢淫逸，自己种下动乱的祸根，以致在上六爻中出现"濡其首"的危象。这时就会应了"初吉，终乱"的预言，"既济"走向了自己的反面——"未济"，从而又展开了新一轮的矛盾发展过程。

未济卦第六十四

坎下离上　未济，① 亨，小狐汔济，濡其尾，无攸利。②

初六　濡其尾，吝。

九二　曳其轮，贞吉。

六三　未济，征凶。利涉大川。

九四　贞吉，悔亡。震用伐鬼方，三年有赏于大国。③

六五　贞吉，无悔。君子之光，有孚，吉。④

上九　有孚，于饮酒，无咎。濡其首，有孚，失是。⑤

【注释】

　　①未济卦：坎下离上，象征尚未成功。②汔：极浅的河流。③震用：动用，指兴兵征战。震，强有力。大国，指殷

商，又称大邦，大殷。④光：光辉。⑤孚：诚信。这里指举杯同庆。

【译文】

未济卦：象征事物仍在运作，尚未成。未济卦的卦象下单卦为坎，为水；上单卦为离，为火。火在水之上，形成水火未济的卦象。小狐狸渡浅河快要到岸的时候，打湿了尾巴，功亏一篑。

初六　小狐狸过河，都快到了，尾巴却湿了，结果无利而终。

九二　用力将车轮往后拉，让车慢慢往前走，这是因为他有自知之明，深知凡事不可贸然而进。故吉。

六三　还没有过河，也有风险，冒然前进，势必凶危。但凡事总要找到出路，克服重重艰难，故可以干大事，宜于涉越大江、大河。

九四　持正固本，吉卦。雷霆之师讨伐鬼方，三年征战，大胜而归。按功行赏封侯、封地，但战事未息，尚需再接再厉。

六五　有君子之德，故没有悔恨。君子的荣光不仅表现在持正固本上，而且表现在能与普天大众共渡难关上。故其光辉可鉴。

上九　举酒庆贺，没有灾祸。但酗酒或贪于酒色，就偏离了正道。

【解析】

未济卦讲的是事物的变化发展是不会终结的这一深刻的辩证法则。事物的发展，有一个艰难曲折的过程，需要不断努力。只有真诚努力，辛勤工作，积极促进事物向前发展，才能善始善终，由未济转化为既济，获得良好结果。

从卦序来看，作《易》者将未济卦安排在六十四卦的最后一卦，包含有揭示《易》道真谛的深意。正如《周易集解》引崔憬语所指出的："夫《易》之为道，穷则变，变则通，而以'未济'终者，亦物不可穷也。""未济"即未穷也，未穷则有"生生之义"。这样，《周易》虽只有六十四卦，但最后一卦的"生生之义"使它不仅没有在终点停下来，反而以终点为起点又展开新一轮的矛盾运动过程。

周易研究

第一篇 《易》名辨

我国易学,自古即有所谓"三易"之说。其说有二:一为《周礼·春官·大卜》所谓:"大卜掌三易之法,一曰连山,二曰归藏,三曰周易。其经卦皆八,其别卦皆六十有四。"汉代学者郑玄在《易论》中补充说:"夏曰《连山》,殷曰《归

"乾知太始(左)、坤作成物(右)"图,出自元·张理《大易象数钩深图》。"乾知太始,坤作成物"一句出自《易经·系辞上传》,其意为"乾的作用是创造万物,坤的作用是成就万物"

藏》，周曰《周易》。"又说："《连山》以纯《艮》为首，《归藏》又名《坤乾》，以纯《坤》为首，周易则以纯《乾》为首。"此所谓"三易"，是就书类而言。

此外还有个"三易"之说，是汉代纬书《易纬·乾凿度》所说："《易》一名而含三义：所谓简易也，变易也，不易也。"此处的《易》专指周易而言。意思是，《易》这个名称，含有简易、变易、不易三个意义，是依据周易之易字的词义及其概念的哲理内涵所做的三种解释。

本文所论述的，是有关第二个三易之说的一些问题。

简　易

从字义来看，易字本来含有简单、容易的意思。为此，《易》之"简易"便有一种平淡的解释，说是周代以前的殷商时代和夏代，占卜的办法是烧灼龟甲，观其裂纹，据其兆象，以测吉凶。而所用工具、裂纹的征兆以及观测的方法都是非常麻烦而困难的，倘非专职的卜史，则难以胜任。后来到了周代，由于不胜其烦而在占卦时改用蓍草为卜筮工具，排列草棍，计其数目，借以起卦，观察卦象，参照卦爻辞，以推断吉凶祸福。占筮方法比利用龟甲火灼简便。由此，周易的易字便被解释为简便易行的占法。这是《易》为简易之义的一种说法。但这种说法只是就占术的历史发展来做解释，并未涉及周易的内涵。

对周易之简易性从哲理上做出根本性解说的，当首推孔子。孔子阐释周易哲理的《系辞》，开宗明义即以天人合一的精神指出，天地为宇宙人世的根本，而反映天地性能的周易体系的核心则为《乾》《坤》二卦。他说：

"《乾》知大始，《坤》作成物。《乾》以易知，《坤》以简能。易则易知，简则易从。"

这段话的中心思想是，如同天地造物一样，周易也由《乾》《坤》创始。《乾》主于开始，《坤》继以造成。其成物过程的特点是，《乾》

以平易自然主持其始，《坤》则以简易不繁予以完成。就是说，周易六十四卦的父母是《乾》《坤》二卦，如此简易；而其演绎为六十四卦的体系，也是平易简单，顺其自然，无为而成，毫不勉强。其中的宇宙人世之理，也是如此。正是由于简易平顺，故而人们容易知晓，容易依从。接着，在这段话的最后，作为结论，孔子断定：

"《易》简而天下之理得矣。"

意思是说，把握住周易的简单平易之理，就可以把握住天下万事万物的规律。为什么周易有如此巨大功能呢？孔子在另一处作了回答。他说：

"《易》与天地准，故能弥纶天地之道。"

正如他所述，周易是以天地为准则而创制的，周易之理亦即天地之理，故而一旦掌握了周易的简易规律，即可掌握天地的根本规律。掌握了天地的根本规律，自然就能把天地间万事万物包络（弥纶）起来。这样，由于周易所包含的宇宙人间的根本规律是如此简单平易，所以便于理解，便于遵行。这种情况正如《淮南子·原道训》所说："舒之则幎于六合，卷之不盈于一握"，意为规律简易不繁，只是一点点，不足一把抓。但把它放开来分析万事万物，则四海之内所有事物都逃不脱它的范围。用今天的流行语来说，这种情形就是放之四海而皆准的真理。

如此说来，那么作为万物始祖的天地，即作为周易门户的《乾》《坤》二卦，其背后的最终规律究竟是什么呢？这一点，孔子也说得十分清楚。他说：

"一阴一阳之谓道。"

道即是万事万物的根本规律，它的内容再也简单不过，就是"阴阳"二字。也就是"— —、—"两个标象。明代思想家王夫之所谓"道之见于数者，奇一偶二而已"（《周易外传》），即是此意。道之为物，虽然如此简单平易，但宇宙间任何事物都不能越出它的囊括。宇宙、天地、男女、禽兽、君臣、上下、明暗、美丑、强弱，等等，任何事物，皆分阴阳，统由阴阳组成。阴与阳又对立又统一，又分离又渗透，阴中有阳，阳中有阴，阴长阳消，阳消阴长，阳倡阴随，阴盛阳衰，如此等等，宇宙人间一切事物，莫不如此。莫不由于阴阳二气之相反相成而生、长、衰、变，运动不已。周易这种阴阳学说，可谓古代中国式的辩证法的矛盾学说。《庄子·天下篇》说"易以道阴阳"，确是要言不繁，一言中的，揭示了周易的精髓，把《易》名的简义，表明净尽。顺便说一句，南宋学者叶适创所谓独阳说，以为"道者，阳而不阴之谓也"，把一阴一阳之谓道，简化为独阳为道。但"独阳不生，孤阴不长"（程颐语），叶氏之说，非易简之简，而是错误的苟简。

变 易

易字还含有变易之义。以变易来诠解《易》名，是古今中外最普遍最有权威的见解。例如周易的英语译名是"Book of change"，就是"变易之书"的意思。作为易书的译名，这种译法可以说是深得要领。

和简易一样，变易的观点也始自孔子。前面说过，孔子认为天地为宇宙之基，《乾》《坤》为周易之门。在《系辞》中他明确地说："阖户谓之《坤》，辟户谓之《乾》，一阖一辟谓之变，往来不穷谓之通。"意思是说，《乾》《坤》两卦如同周易的门户，一开一关即发生变化，从而生出六十四卦，如同天地相交、阴阳互迭而生出万物一样。换个说法，也就是孔子在另一处所说的"生生之谓易"。阴阳互动互化而生出《易》之整体六十四卦，仿佛自然和社会由于阴阳二气之交构而生出万事万物，并生生不已一样。

孔子对周易性质的解释，归结起来，不外乎易、道、神三个概念。所谓"生生之谓易"，以生生不已之变来为易下定义；所谓"一阴一阳之谓道"，以阴阳二气的互动之变，来为道下定义；所谓"阴阳不测之谓神"，以筮算的莫测之变来为神下定义。而无论易、道或神，莫不以阴阳的变化为本。也可以说，只是阴阳变化的三个侧面而已。

孔子以变化之义阐释周易内蕴，前后有十次之多。即此亦足见，在孔子思想中周易就是一部讲变化的书（以上引文均见《系辞》）。

孔子之后，战国时代的儒家大师荀子也说过"天地会而万物生，阴阳接而变化起"（《荀子·礼运》）这样的话。显然，这种观点，来自孔子对《易》理的阐释。

降至汉代，司马迁接受孔子所传义理派的余绪，既肯定"《易》以道阴阳"，又直截了当地断言"《易》以道化"（《太史公自序》），也把《易》名解为讲变化之义。

不仅义理派的观点如此，象数派也持有此种看法。如汉代象数派代表人物虞翻、荀爽、侯行果等的卦变说和互体说，《易纬》的三易说、四易说之类，都离不开以变易的观点看待周易。

到了魏晋时代，青年哲人王弼摒弃汉易象数之风，专注义理。他也袭用易传的说法，以"一阴一阳而无穷"的所谓"天下之至变"来解释周易（《周易略例》），虽然是以老解《易》，但其一阴一阳的变易之论，却未脱出孔子的窠臼。

唐代注《易》名家孔颖达说："《易》者变化之总号，改换之殊称（《周易正义》）。"对周易的名称，直截了当地以变化之义下了定义。这个定义，不仅具有超前的概括性和明确性，而且无形中已经从前人的三易四易之说中排除了变易以外的其他说法，应该算是易学研究的一个发展。

宋代的易学大师发扬义理派的传统，当然以孔学为基准。程颐说："《易》，变易也，随时变易以从道也。"（《易传序》）"阖辟便是《易》，一阖一辟谓之变"（《程氏外书》）"开阖便是阴阳"（《程氏遗书》），以及朱熹所谓："阴生阳，阳生阴，其变无穷。"（《周易本义》）等等，不但观点与孔子一致，连词语也大同小异。

至于张载，他认为"乾坤，天地也；《易》，造化也。"（《横渠易说》）其乾坤天地之语，来自《系辞》。其所谓"造化"，为参照化育之义，也指阴阳交叠而言。《淮南子·览冥注》认为："造化即阴阳也。"由此观之，张载所说，仍本于《系辞》。

明代易学家来之德于易学多所发明，他在《周易集注》原序中开宗明义，提出易名问题。他的说法是："《乾》《坤》者万物之男女也，男女者一物之《乾》《坤》也。故上经首《乾》《坤》，下经首男女。《乾》《坤》男女相为对待，气行乎其间，有往有来，有进有退，有常有变，有吉有凶，不可为典要，此《易》所由名也。"所谓《乾》《坤》男女，也即指天地阴阳、来往进退、常变吉凶等，也都是孔子《系辞》的思想。但来氏对《系辞》中不可为典要一语，特别提出，予以强调，把它同《易》名之来源联系起来如此阐释，虽仍为变易之意，却看重变动不居，阴阳莫测，可谓略有新意。

清代学者李光地在名著《周易折中》里引徐在汉的话说："一阴一阳，无时而不生生，是之为《易》。"这仍是袭用孔子以来阴阳交叠，生生不已的传统思想，并无新意。

综上所述，可见在三义的古说中，变易说确是横亘古今最有权威的说法。同时也可见孔子在传文中所阐述的一阴一阳的变易观，在历代易学的发展史上始终占有一以贯之的支配地位。

不　易

简易，变易之外，周易的第三义为不易。不易者，不变也。表面上看，似乎与变易矛盾；实质上说，是相反相成。亦即：在不易的基础上实行变易，在变易的情况下保持不易。

郑康成作《易赞》与《易论》，发挥《易纬·乾凿度》三易之义，引《系辞》"天尊地卑，《乾》《坤》定矣；卑高以陈，贵贱位矣；动静有常，刚柔断矣"这段话，来解释不易之义。当然，孔子这段话所包含的不易之理，既适用于《易》卦，也适用于外界。亦即：就结构的形式与性质来说，周易和周易所反映的世界，是一定不变的。天地、贵贱、动静、刚柔，实质上无非是一阴一阳，是阴阳之变而已。纵然周易之卦爻与客观世界千变万化，而贯穿其中的阴阳之道则永恒不变。用今天的话来说，即事物内在的根本规律永不变易。现代学者南怀瑾的《周易杂说》，在谈到这一问题时是这样说的："万事万物随时随地都在变的，可是却有一项永远不变的东西存在，就是能变出万象的那个东西是不变的，那是永恒存在的。那个东西是什么呢？宗教家叫它'上帝'，是'神'，是'主宰'，是'佛'，是'菩萨'。哲学家叫它是'本体'，科学家叫它是功能。管它是什么名称，反正有这样一个东西，这个东西是不变的。"这段话的内容是正确的，但和周易之"不易"，却扣的不紧。易经只论阴阳八卦，未及宇宙本体（及其功能），更与主宰无关。孔子在《系辞》中提出"太极"，认为这是阴阳八卦乃至六十四卦的根源，但止此而已，并未以它代替一阴一阳之道，以之为产生千变万化的事物的根本不变的宇宙本体。所以，把周易之不易视为一阴一阳之道，恐怕最合乎周易的本义。

交易及其他

前边提到过，除三易说之外，还有四易说，是来自《易纬·乾坤凿度》。它说："易名有四义，本日月相衔。"意思是，古易字形是上为日，下为月，日月相合成易。郑玄也同意此说，认为"《易》者，日月也。"但从字形来说，易字非由上日下月构成。

《易》为日月之合的主要观点是，"日月为《易》，象阴阳也"（《读易会通》引秘书说），也还是用阴阳来解释《易》名，虽然，它和变易说的侧重点和角度不同,但其内容也不过是一阴一阳之谓《易》的姊妹篇。

此外,还有一个类似日月说那样据文字立言的蜥蜴说。据《读易会通》引《容斋随笔》所云,从《说文》来看,《易》本蜥蜴,此种爬虫身色无常,一日十三变。《易》之名易,是取其善变之义。《读易会通》作者不同意这种说法,斥之为"望文生义"。其实上述日月为《易》之说,千百年来已为一些大家所认许,但也何尝不是望文生义!只要生义得当,亦未尝不可。就实质来看,日月说或蜥蜴说,都不过是变易说的不同的变易形式而已。

除上述五说之外,还有《易》为交易之说。《周易指南》引近代易学家林赐光说:"周,代名也;《易》,书名也。其卦本伏羲所画,有交易变易之义,故谓之《易》。"在变易之外又提及古已有之的交易之说。当然,交易也是变易的一种形式,但单独提出,侧重点便有所不同。自为一说,也可成立。本来,周易以八卦为基础的整个体系,便是阴(--)阳(—)二爻相交的产物。说文说"爻者交也,象《易》六爻头交也(头当为相)。"以周易六爻相交解释爻字,可见交义在周易中的重要性。

交易之义,在十翼的《说卦传》中也具体存在。其十章说:

"《乾》,天也,故称乎父。《坤》,地也,故称乎母。《震》一索而得男,故谓之长男。《巽》一索而得女,故谓之长女。《坎》再索而得男,故谓之中男。《离》再

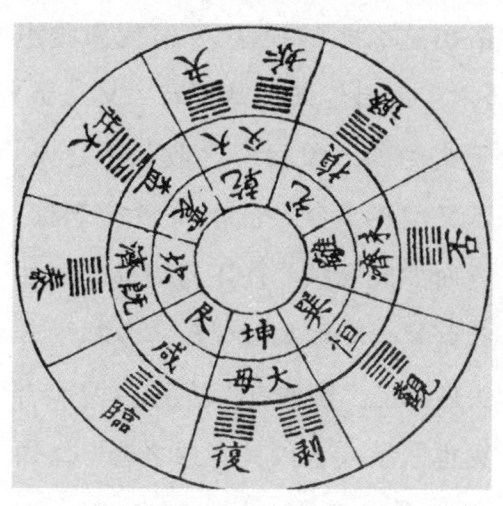

乾坤大父母图,出自宋·佚名辑《周易图》。取《说卦传》第十章所说的"乾,天也,故称乎父;坤者,地也,故称乎母"之意

索而得女，故谓之中女。《艮》三索而得男，故谓之少男。《兑》三索而得女，故谓之少女。"

这段话的意思是《系辞》思想的延长。《系辞》认为《乾》《坤》是"《易》之蕴""《易》之门"，《乾》《坤》之外的六卦乃至其他五十六卦全是由《乾》《坤》互相交错而产生出来的。《乾》☰《坤》☷相交，生出震☳坎☵艮☶三个男儿、巽☴离☲兑☱三个女儿。换句话说，也就是阴阳相交而构成易体。只有阴阳相交而不是孤立，才会发生变动，有了变动，才会有《易》体的产生。所以孔子在《系辞》中不厌重复地说："爻也者，言乎变者也。""爻也者效天下之动者也。"而爻的本义是交错，交错则变动，变动则产生事物。

后来，汉代易学家推衍《系辞》的交义，创为互体之说。所谓互体，又名交互，即从一卦六爻之中除去初、上二爻，以二、三、四相交为一卦，五四三相交为另一卦。并说上至下（五四三）为交，下挂上（二三四）为互。把一个六爻母卦，变为四个三爻子卦。接着，宋代易学家们又推演出包体、环互、伏互、变互、相互等学说，无非都是周易交义在象数形式上的延长。无论其价值与效应如何，却足见交义在《易》义中占有多么重要的地位。但另一方面，由此也可看出，交义也不过是变义之一端而已。

结　语

《系辞》说："《易》之道广大悉备。"的确如此。一个《易》名，竟衍出这么多的说法。（清代朱骏声《六十四卦经解》甚至有"又《易》于文为勿，象目彩之散著"之说，于义空泛，令人目眩。）一个名称，竟而如此麻烦。怪不得周易学说如此繁复，学派如此纷纭，令初学者头痛不已。正如有人所说"《易》者意也，圣人各以其意遇之者"（《周易外传·系辞下传》所引）那样，一个巨大的思想体系，如周易者，难免令人从四面八方做出各取所需的解释。

《易》名多说，已经历许多年代，而尚未趋于一致。但如将各种学说综合起来深入思考，则感到其间并非分崩离析，各自为政，而有其互相联系、一脉相通之处。换言之，这些学说并不是独立地对古易经原文做出了解释，而是依据孔子《系辞》的精神作了推衍和发挥，并未越出孔子易大传的范畴。

这样，既然上述诸学说有一脉相通的内容，那么自然可以把它们归纳一下，做出如下比较全面的说法：

周易是以简易而永恒的阴阳之道，演示变化多端的卦爻象数，从而显示人间正邪之路，借以趋吉避凶的一部书。

最后，作为题外的话，联系钱钟书管锥篇的《论三易之名》，联想到另一个问题，即：易字虽同时具有不易与变易两个相反之义，并可同时并存，但它和"乱"之兼训"治""废"之兼训"置"等字不同。单就字义讲，易字并无不易之

义。其所谓不易，纯粹是从哲理上阐衍出来的特定训义。在一般叙述性文句中，易字断无否定含义。

附记：另外尚秉和《周易尚氏学》认为《易》名原为占卜之义，亦可备一说。因牵连其他问题，兹不涉及。详见后文。

第二篇　三与四和不三不四

三才是上古思想的高峰

周易原是一部深蕴哲理与伦理于卜筮形式之书，经孔子发掘其内涵并申衍发挥，从而建成一个巨大的哲学体系的思想宝库。用孔子的话来说，就是：

"易之为书也，广大悉备：有天道焉，有人道焉，有地道焉。"（《系辞下》十章）

在孔子心目中，无论是天体

运行的规律、社会变动的规律或大地运动的规律，在周易之中，无所不备。

从周易六十四卦的整个体系来看，上经三十卦，始于《乾》《坤》，终于《坎》《离》；下经三十四卦，始于《咸》《恒》，终于《既济》《未济》。《乾》《坤》为万物之始祖，《坎》《离》为《乾》《坤》之妙用，这属于天地之道。《咸》《恒》表示男女夫妇之理，这属于人道的根本。而无论天地人哪一道，其运动形式总离不开完成（终）与未完成（始），亦即《既济》与《未济》的无穷连续，构成天人地运动的洪流。

另一方面，缩小范围，就组成周易体系的基本单元一卦来看，孔子认为其中也含有天地人三个层次。为什么一卦由六划构成？是由于"六者非它也，三才之道也""兼三才而两之，故六。"（《系辞下》十章）也就是说，天地人三才所构成的卦，相重一次即变成内外两卦组成的六划卦。同时三划卦的三地人亦随而扩展为六划卦的天地人。以《乾》卦为例，状态如图所示。

这样一天一人一地，即变为二天二人二地。即所谓："立天之道，曰阴与阳，立地之道曰柔与刚，立人之道曰仁与义。"（《说卦》）六划之卦，自下数起，初划为义，二划为仁，三划为刚，四划为柔，五划为阳，六划为阴。总共三对，成为地、人、天。

为什么由天地人各一划，变为各二划呢？此中有《易》之所以为《易》的根本道理。明代易学家来之德说："天不两，则独阳无阴矣。地不两则独阴无阳矣，人不两，则

《乾》卦的状态

不生不成矣。此其所以两也。"（《易经集注》）这个解释，十分恰当。周易"崇效天，卑法地""明乎天之道，而察于民之故"（《系辞上》十章）。而天地人之变动都源于阴阳，即源于矛盾，无阴阳或矛盾，即无变动，即成为僵死之物。实际上宇宙只有成对的事物，并无单一的东西。"六者非它也，三才之道也"一句，就明显地告诉我们，三才的本身原来就是六，而不是三。

孔子以天地人三才的观点来分析《易》卦六爻的结构，是含有极其深刻而广博的意义的。何谓才？才是能力之意。天能复而资始，地能载而生成。人处天地之中有何能力？依三才之说，人不是消极被动地生存，而是顶天立地，与天地并行为叁，参加宇宙的生成造化。在大多数民众在精神上与物资上尚处于奴隶状态的社会中，人与天地并参的观点，无疑是达到了时代先进思想的高峰。

三四爻属于人位

这里值得注意的是，孔子虽然把易卦六爻定为天人地三才，但爻辞本身及孔子的解释，并未与天人地三才作机械的对应。亦即：并非初二爻的内容固定为地，三四爻的内容固定为人，五六爻的内容固定为天。六十四卦中只有乾坤两卦的六个爻位，可以直接作天人地三个

孔子像，图出自明·天然撰《历代古人像赞》。孔子，名丘，字仲尼，中国古代伟大的思想家、教育家、政治家。相传孔子50岁的时候，经人推荐才读到《易经》。他一发现《易经》，便爱不释手，连读多遍，经致"纬编三绝"。

层次的分析。而实际上，这样分析也还是以人为中心，离不开人所"参"的天与地。明末学者王夫之说得好："道行于乾坤之全，而其用必以人为依。""以人为依，则人极建而天地之位定也。"（《周易外传·泰》）就是说，天地不是离开人而孤立存在的，天地间一切事，可以说都是人事，都以人的利害为准则。孔子认为学《易》的目的在于"崇德、广业，知崇礼卑，崇效天，卑法地，天地设位，而《易》行乎其中矣。成性存存，道义之门。"（《系辞上》七章）意思是说，《易》的卦爻效法天地，而《易》道则行于其中；学《易》是为了崇德、广业和修性；《易》之门是道义之门。即此亦可见，三才之道，以人为主。为此，虽然《易》卦六爻可分为天人地三层，但爻辞及《易》传却并不依此行事。最明显的，就是汉代《易》著《乾凿度》的分析，它说："初为元士，二为大夫，三为三公，四为诸侯，五为天子，上为宗庙。"除上六之外，其他五爻都是人，不过地位不同，以士人为起点而已。另外六爻还可依上下贵贱阴阳分为六位，奇数为阳位，偶数为阴位。依爵位分，初爻尚未入事，上爻已在事外，皆可谓无位，唯二、三、四、五这四个爻有位。二始任事，地位平平。三为内卦之顶，尤如地方官长。四为大臣，五为君位。这是一般依政治爵位所作的定位方法。总之，以人事为主的原则，贯穿于六爻之中。

不过，六爻中的三四两爻毕竟属于人位，于位中特别重要。汉《易》之八宫《易》序尽管对传统《易》序作了打乱重分，但其中游魂归魂二爻，仍为三四两爻。孔子赞《易》，于三四两爻，特别予以重视。

对于六爻中每爻的地位与性能，孔子有过分析和解释。他在《系辞下》九章里说："其初难知，其上易知，本末也。"意思是说，初爻象征事物开端，处于机微状态，矛盾尚未显露，难知其隐情。而上爻象征事物的末尾，已成定局，情形大白，故而易于了解。又说："若夫杂物撰德，辩是与非，则非其中爻不备。"意思是，至于观察刚柔相杂和阴阳性质，辩明其是与非，那非看中爻不能完全明白。中爻指的是六爻当中的二、三、四、五这四个爻。他接着说明："二与四同功而异位，其善不同。"意为二与四都是偶数，都处于阴位。在这一点上，功用相同。但另一方面，因为它们所处的地位不同，故而美善的情况并不一样。"二多誉。四多惧，近也。"第二爻美好的居多，因为它虽在低处，却居中位（初爻三爻之间）和处于高位的五爻（君位）相呼应，往往形成对应的关系。而第四爻则多半怀有忧惧，因为逼近头上的君位，近君如近虎，一不小心便会沾包，所以经常战战兢兢，谨慎小心。他又说："三与五同功而异位，"即三爻五爻都是奇数，属阳，但地位并不相同。情况如何呢？"三多凶，五多功，贵贱之等也。"三爻与五爻一低一高，一贱一贵。同时，三居内卦之顶外卦之下，不处中位（《易》以二与五为中），故而多凶，即往往容易出事。五爻处上卦之中，为最高善之位，故而多半表现成功。这些就是孔子对易卦六爻基本情况所作的分析。

做人难，难做人

从上述评论中可以看出，三四两爻一凶一惧，居处艰难。三四爻为人爻，这是否暗示，在天地之间，做人最难？

按周易原则，以"中"为贵。二五两爻皆处于"中"（初与三之间、四与六之间），而三四爻则无此佳境。并且，三爻处于下卦之极，上卦之尾，犹如地方之独立首长，须听命于上（五爻），若以身处阳位而自作主张，往往难免受挫。一般不是官长的人，若地位上升至此，也要谦虚谨慎，以免吃亏。如《乾》卦三爻之"君子终日乾乾"，《坤》卦三爻之"无成有终"，即是例证。至于四爻，它处于一人之下，万人之上，伴君如伴虎，其惶惶不可终日之忧惧，更为明显。在古代专制政体中，这三爻四爻的为人之道，也许正是士大夫从政的有效法则。章太炎先生认为周易"记人事迁化，不越其绳，前事不忘，故损益可知也"（《易论》）。这个看法，完全正确。

当然，所谓三多凶四多惧，只是大体如此，不可一概而论。例如六爻皆吉的《谦》卦，三爻辞为"劳谦君子，有终吉"，四爻辞为"无不利，捣谦。"《观》卦三爻辞"观我生进退。"四爻辞"观国之光，利用宾于王"等等，依据卦爻所临的时、位及相互关系的转移（亦即时间，空间和条件的变动），都成为善爻。《易》道善变，可见一斑。宋儒程颐所谓"以一时而索卦则拘于无变，非易也；以一事而明爻，则窒而不通，非易也。"（《易传·序》）确是至理名言。

处于卦中人位的三四二爻，另一方面还可从数理上进行分析，予以发挥。按《易》理，三为阳、四为阴，阳虚而阴实。三阳虚，可视为时间，四阴实，可视为空间。人生天地间，不能离开古往今来的时（宇），也不能离开上下四方的空（宙），人类是生活在时空之中的（当然任何事物都如此，但人是中心）。具体说，三象征时，因为时由过去、现在、将来三要素组成。四象征空，由于空是由高低、宽窄、前后、左右四要素组成。人之一生可分为少、壮、老之三个时段，其活动场所则呈现四个方面合成的箱形。三四两个数与人体及其活动具有本质的联系。

不三不四的人物

最后，由三四两爻的性质、作用及其情况，不禁想到，周易这部古书经过孔子的阐述与发挥，加上历代学者的注释与宣扬，对中国传统文化的影响极为巨大而深刻。不仅深入于政治、经济、文学、艺术、体育、宗教、医学等领域，而且渗透于民俗民风的底层。仅就上述三四两爻数来说，此点亦甚为明显。举例来说，过去帮会组织（如青帮）开会时，惯用"三老四少"来泛称与会的同帮弟兄。这种称呼的含义，当然可以理解为"上下各个阶层的帮友们"，显然是来源于周易三四两爻的人位，是三四两爻意义的衍生与借用。另如俗语所谓"不三不四发了财"，"他认识了一些不三不四的家伙"等话，其含义也可解释为：一些不上不下的人，或者一些不阴不阳的人，既非君子也非小人的人，总之是指一些不成样子的人物。如依孔子所说的"立人之道曰仁与义"来套用，则"不三不四之辈"可转译成"不仁不义之辈"。或者，依"三凶四惧"的爻义来套用，则不三不四之辈，又可转译为"不听邪不知愁的家伙"。这样，虽不免有硬套之嫌，似乎也说得过去。即此可见周易对中国文化的影响多么深广。

第三篇　先阴后阳

说"阴阳"，不说"阳阴"

《尚书·周官》中有"论道经邦，燮理阴阳"之语；孔子说"一阴一阳之谓道"；老子说"万物负阴而抱阳（《道德经》四二章）"；《庄子·天下篇》说"易以道阴阳"；《淮南子·说林篇》高诱注云："黄帝，古天神也。始造人之时，化生阴阳。"如此等等，学术界论及阴阳时，自古迄今都是先阴后阳，绝无例外。即便俗话中也是如

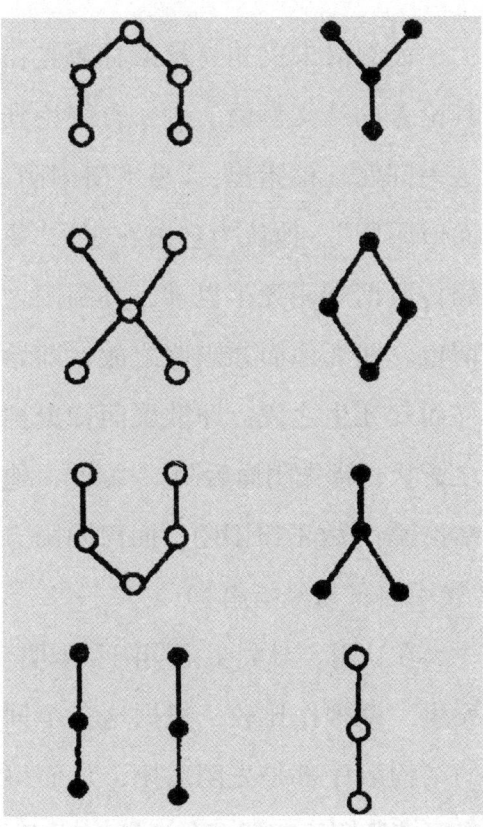

辨阴阳卦图，出自宋·刘牧《易数钩隐图遗论九事》

此。例如"阴阳先生","阴阳怪气""忽阴忽阳"之类,这当然是语言中文白相承的自然现象。

问题是,为什么谈到阴阳时,总是把阴字放在阳字前面,说成"阴阳",而不把阳字放在阴字前面,说成"阳阴"。假如阴阳概念始自周易,那么以《易》道扶阳抑阴的观念来说,先阴后阳的词语,难免有自相扞格之嫌。关于阴阳的问题,周易从天尊地卑、天阳地阴的概念出发,主张阳倡阴随,认为这是万事万物活动的正途。《坤》为阴之主体,《坤》卦卦辞说得明明白白,"先迷,后得主,利。"孔子在象传中解释说,这句卦辞的意思是,"先迷失道,后顺得常。"(孙星衍《周易集解》引何妥的话进一步阐述说,这句象辞的意思是,"阴道恶先,故先致迷失;后顺于主,则保其常庆也。")所谓主,当然是指阳而言。既然阴恶先而顺阳,则阳先阴后,为理所当然。《乾》《坤》二卦是周易的门户,六十四卦的根基。其内含的阳倡阴顺、阳

先阴后的精神,自然要贯穿于周易的整个机体。但是,为什么周易本身乃至雅俗所有场合的用语(概念的使用),总是说阴阳而不说阳阴,其故安在?

关于这一问题,历代学者先后有所论及,但阐述并不深切,而且迄今似尚无共识。

循环逻辑

近阅清末民初易学家林赐光在其论著的《义例篇》中,直接论到这一问题。他指出,"易不曰阳阴,而曰阴阳"。他认为理由在于,"系辞传所谓幽明死生鬼神,其阴阳之谓也。即天地而知幽明之故,即始终而知死生之说,即散聚而知鬼神之情状,皆先阴而后阳。"据此,他结论说:"故不曰阳阴,而曰阴阳。"(转引自《易经指南》)

在这里,林先生把阴阳和幽明、死生、鬼神作比较,根据这三个词的结构顺序都是先阴后阳,从而得出不曰阳阴而曰阴阳的论断。这里,林先生使用了类比推理的方法进行

论述，虽然对问题外部特征有所启发，但只及其当然而未及其所以然。阳倡阴随与先阴后阳的疑问，依然存在。还由于，这是一种循环逻辑：等于说，为什么先阴后阳？因为先幽后明（先死后生、先鬼后神），为什么先幽后明？因为先阴后阳。车轮话来回说，等于没说。

《易》逆数也

明末思想家王夫之在《周易外传》中论述泰卦时，曾触及这一问题。他说：

"天位乎上，地位乎下。谁为为之？道奠之，故曰一阴一阳之谓道。"

在这段话下面，他加了个简单的注释："先阴后阳者，数自下生。"只是这样简单的一语，并未详说。

依据天地定位的原理来看，天上地下（《乾》上《坤》下），即阳上阴下是合理的顺序，但按周易成卦之数序来说，是由初爻到上爻；不是由上而下，而是由下而上。如此由下而上的数序来数天地（《乾》《坤》），即成地天，先地后天，亦即先阴后阳，于是产生了"一阴一阳之谓道"的顺序。和先天后地（先阳后阴）相比，先阴后阳不是顺数，而是逆数。

这样，王夫之是以"易逆数也（《系辞》）"之说，来解释先阴后阳。

《易》为逆数，这是孔子对周易实质的精确判断。其内容不仅涉及数，而且涉及象、理等诸多方面。

上述王夫之对泰卦的诠释中，在述说先阴后阳之故后，即对《泰》卦之《乾》下《坤》上与天上地下的矛盾这一逆数，作了说明。大意是，《乾》《坤》相交，阴阳互动，"圜转出入，以为上下"，应以"道行于《乾》《坤》之全"的灵活实用的眼光来看待《泰》世之《乾》下《坤》上。《乾》下《坤》上，意味着天气下降而地气上升，二气相交，则阴阳和谐，万物通达，故名为《泰》（通）。王夫之虽未将泰卦上阴下阳之逆象，与先阴后阳的逆数问题结合论述，但其言论中已蕴含对这一问题的看法。

关于阴阳相逆而化育万物的观点，在孔子的《系辞》中早已表露得很清楚。例如他在乾卦《文言》中对乾卦的实质解释并赞美说："大哉，乾元！刚健中正，纯粹精也。六爻发挥，旁通情也。时乘六龙，以御天也，云行雨施，天下平也。"这段话，汉代易学家荀爽曾解释为：御，行也。阴升阳降，天道行也。《坤》升于《乾》曰云行，《乾》降于《坤》曰雨施。阴阳和均而得其正。显然，这是以《乾》《坤》交流，阴阳倒转的"逆数"来阐释孔子的话。这种阴阳倒转的逆数，在泰卦中表现得最鲜明。

泰卦的卦象是上《坤》下《乾》，天地倒逆。但卦辞却说"小往大来，吉亨。"对此倒逆形象，汉代易学家虞翻解释说："《坤》阴诎外为小往，《乾》阳信（申）内称大来。天地交，万物通，故吉亨。"

蜀才的解释是，"此本坤卦，小谓阴也，大谓阳也，天气下，地气上，阴阳交，万物通，故吉亨。"（清·朱骏声《六十四卦经解》）虞翻和蜀才对此阴阳交流的逆数之说明，和荀爽对"云行雨施"的解释，基本精神是一致的，都认为只有阴阳逆流，万物才能亨通。但是，这些易学大师的说法，只是到此而止。并未联系先阴后阳的语序问题，作进一步的探索。

东汉末年《太平经》中所描绘的由龙牵引着的车奔驰于天空中的情景，即《易经·系辞》中所说的"时乘六龙以御天"场景。

一阳一阴非道也

以逆数解释先阴后阳问题，说得最明确而具体的，恐怕无过于杭辛斋。其言曰：

"《说卦传》：数往者顺，知来者逆。是故，《易》逆数也……此三字（指易逆数三字——笔者）最关重要，乃全《易》数理之关键所在。知来固由于逆数，而逆数实不仅知来之一端。大易之道，无一非逆而用之者。盖理顺而数逆，交相为用，非数之逆，无以济理之顺也。……故地中有山曰《谦》，而山附于地则《剥》。天在山中则《畜》，而天下有山则《遁》。地上天下则交而《泰》，天上地下则不交而《否》。水在火上则《既济》，火居水上则《未济》。一阴一阳之为道，一阳一阴则为非道。皆逆也。圣贤克己之功，丹家修炼之数，亦无一非以逆用。修德曰反身，君子必自反，反者逆之谓也。"（《学易笔谈》）

确如杭氏所言，大《易》的机体充满了综、错、交、互等逆反的运动变化，不仅顺往逆来；逆数的精神实为易道生命的关键所在。一阳一阴为正，一阴一阳为逆。杭氏认为前者为非道，而后者始为道，完全是从《易》为逆数的原则所做的解释。

但是，就具体问题来看，前述阳倡阴随与先阴后阳的矛盾，仍未解决。依据王夫之、杭辛斋等诸家的逆数说，坤卦"先迷，后得主，利"所表示的"阴先迷后利"的爻义，也无法解释清楚。

除了逆数说之外，还有其他的哲理命题涉及先阴后阳问题。记得有的宋代学者谈易时曾说过这样的话：

"太极动为阳，静为阴，先静而后动。"

这段话，以太极（宇宙本体）之动静来说明阴先阳后之理。但这种关于宇宙本体运动的大原则却仍然无法与阳倡阴随的原理取得和谐。

佛家主张先阳后阴

此外，关于阴阳语序的先后问题，佛家的易学却另有新说。在《方山易》学秘笈的《说卦》评解当中，本光法师对先阴后阳之说作了批判。

请看他的学说：

"'观变于阴阳而立卦'，流行本作阴阳。《说卦传》作者与古今治《易》者，均习惯先说阴后说阳，实际为一差误。吾家易学讲授时，说为阳阴，方不背二气之主从关系。此句中之阳阴，指资始之阳气与资生之阴气而言。"（《禅与易·周易禅观顿悟指要》）

他的看法简单明了：先阴后阳的说法不对，因为阳（《乾》）主始，为主；阴（《坤》）主生，为从。"阴阳"的说法违背了阳阴二气的主从关系。故而《方山易》只讲阳阴，不讲阴阳。佛家易学这个办法，倒是简单易行，可惜并未讲出古今治易者何以"先阴后阳"的缘故。仍然使这一说法的成因，成为悬案。

答案未必在周易

关于这一难题，我认为，如果把目光扩大，越出周易之外，也许会获得正确答案。简言之，众所周知，上古时代中国有三易：夏之《连山》，殷之《归藏》，周之《周易》。三易都以阴阳八卦为基础而形成六十四卦体系，但《连山》从艮为山卦开始，《归藏》从坤为地卦开始，而周易则从乾为天卦开始。《礼记·礼运》记载，孔子在收集古文献时曾见过殷之占书《归藏》，他说："我欲观殷道，得《坤》《乾》焉。"可见《归藏》起始两卦是《坤》《乾》，不是《乾》《坤》。孔子这段话大约是真实可靠的。学术界公认，所谓"殷道亲亲，周道尊尊"，殷代尚存母系社会的残余，其占书以阴性为首，不足为怪。而周易则是上古阴阳八卦的继承与发展，据孔子讲，大约作于殷末周初。时已至其道"尊尊"的周代，改为以阳性为主，以乾卦为第一卦，把

《坤》《乾》改为《乾》《坤》，当是顺理成章。总之，殷易为首的《坤》《乾》，传到周代，就逆转来变成周易开头的《乾》《坤》。虽然六十四卦的卦序发生变化，但《归藏》之母系为先的思想，即阴先阳后的思想却在骨子里暗中保留下来。也许，这样以历史的观点来解释先阴后阳问题，会是一个合理的答案。

最后，还有一个可能的看法即认为一阴一阳、阴先阳后的说法，是为了语言表达的方便。从音韵来说，并列结构的词，多为仄声在后，如男女、上下、里外、左右、大小、强弱等等。但也不尽然，如死生、鬼神、是非等则是仄声在前，平声收后。同是平声，尊卑、师生、高低之类，则显然是照意义的顺序排列。老少、文武、前后都是仄声，其排列也是依据词义。乾坤二字都是平声，其顺序之先后，只有意义的差别，并无语音的妨碍。这样看来，语音说也便不能成立了。

总之，先阴后阳的词序，实质上并非词语问题，而是哲学问题。

本文的意见并不成熟，不过抛砖引玉，希望经过深入探讨而获得最终的解决。

第四篇 "一君二民"与"二君一民"辩释

孔子在《系辞下》四章中说："阳卦多阴，阴卦多阳。其故何也？阳卦奇，阴卦偶。其德行何也？阳一君而二民，君子之道也；阴二君而一民，小人之道也。"这是孔子对《易》卦分阴阳的原因、性质及作用的解释。

这段话当中的一君二民和二君一民，从古迄今异说分歧，尚无定论。大体上总括说来有如下几种说法。

治域广狭说

汉代易学大师郑康成在《礼记》注释中说："一君二民，谓黄帝尧舜地方万里，为方千里者百。中国之民居七千里，七七四十九，方千里者四十九；四裔之民居千里者五十一，是中国四裔二民共事一君。二君一民，谓三代之末，以地方五千里，一君有五千里之土，五五二十五，更足以一君，二十五始满千里之方五十，乃当尧舜一民之地。故云二君一民。"（《礼记疏》）

郑康成这种解释，是依据以传说与理想为根据而由儒家拟制的所谓王制，其内容不足为凭。退一步讲，即使其制度为真也不足以说明问题。为此，杭辛斋《学易笔谈》中对它作了驳斥。杭氏认为郑说："极迂回曲折之致，而不敢谓其确合经义。"今天重读郑注，的确感到其以统治范围的广狭来诠释一君二民、二君一民问题，未免牵强附会，而又与原文的君民之义与君子小人之道，难以融合。

道家阴阳说

晋人韩康伯的说法。韩之言曰："阳，君道也，阴臣道也，君以无为统众，无为则一也。臣以有事代终，有事则二也。故阳爻画奇，以明君道必一，阴爻画两，以明臣体必二。斯则阴阳之数，君臣之辨也。以一为君，君之道也；二居君位，非其道也。故阳卦曰君子之道，阴卦曰小人之道也。"（《周易王韩注》）

众所周知，韩康伯信奉道家，他继王弼未竟之业"以老解易"。在此，他不似郑康成及其他某些易家，泥于数字，而是活用数字，以道家倡导的无为而治的抽象性来解释"一"，以承命办事的具体性来解释"二"，并依据阴阳之道，把"君民"说成"君臣"，从而归结为君子小人之义。明确地说，韩氏之意就是认为一君二民，是君上臣下，是君子之道。相反地，二君一民则是臣上君下，是小人之道。换句话说，韩氏只是以有无的观点来看待君臣统治关系的正常与反常，从而阐释"一君二民""二君一民"的含义，实际上并未涉及一与二的数量关系问题。而避开数量关系，《系辞》的这段话就说不清楚。

这样韩注也不能令人满意。

语焉不详说

对上述命题,朱熹在《语类》中是这样表示的:"试问一个民而有两个君,看是什么样!?"这种近似讥讽的反驳,语焉不详,缺乏论证性和说服性,不为后学者所重视。杭辛斋就曾在《学易笔谈》中斥之为"尤为滑稽"。

政权分合说

两宋之际的易学研究者朱震在《汉上易传》中却对此作出较好的解释。他认为,"阳卦一君而遍体二民,二民共事一君,一也(奇,阳),故为君子之道。阴卦一民共事二君,二君共争一民(耦,阴),故为小人之道。"意思大约是上下一致的政体为君子之道。上下分裂的政体,则为小人之道。虽然,这种分析与阐述并不完备,但能从政治斗争的理论来理解原来的命题,应该说还是贴近《系辞》的原意。

来之德对易学内蕴多有发明。他对上述命题是如此诠释的:"一君二民乃天地之常经,古今之大义。如唐虞三代,海宇苍生罔不率俾是也,故为君子之道。二君一民则政出多门,车书无统,如七国争雄是也,故为小人之道。"

来氏之说,与《汉上易传》说大意相同。唯来氏所举两个史例与"政出多门"一语,在发掘原意上稍为具体些。但总体看来,仍使后学者感到美中不足。

君主民主说

清代易学家李光地对此则有较多的阐述,其言曰:"《震》《坎》《艮》多阴而为阳卦者,阳卦主于奇也。《巽》《离》《兑》多阳而为阴卦者,阴卦主于偶也。盖奇阳为君,偶阴为民。一君则是君之权,而君为主,君为主则民听命,所以为君子之道也。二君则是君之权分,而民为主,民为主则君失职,所以为小人之道也。"

李说释君为权,以一君为一个君权。以君权之分裂来解释这一命题,其含义与朱氏所谓"一君遍体

乾坤六位图，出自宋·朱震
《汉上易传·卦图》

得一得二说

在古往今来诸多易学家中唯独杭辛斋于此有独具慧眼的见解。在《学易笔谈》中他论及《阳卦多阴，阴卦多阳》时说：

"此章阐明《易》道阴阳之大义，为全《易》之关键。辩卦爻阴阳之德行，数理之体用，乃学者入手之纲领，故设为问答以明之。阳卦者《震》《坎》《艮》，皆一阳而二阴。阴卦者《巽》《离》《兑》，皆一阴而二阳。《乾》《坤》为各卦之原，且纯体不易，其阴阳易知，故不在此设问之列。历来注易家于

二民"和"二君共争一民"，以及来氏所谓一君为"天地之常经"和二君为"政出多门"等说法，大体类似。但李氏进一步推演，认为二君则民为主、君失职，则有欠妥当。虽然可以说二阳之卦以阴为主，但泥于此而导出民为主，二君为君失职，则不免穿凿而乖于事理。比较看来，依上古历史背景来说，对于所谓二君，还是以"天无二日，国无二君"之礼加以解释，最为贴切。

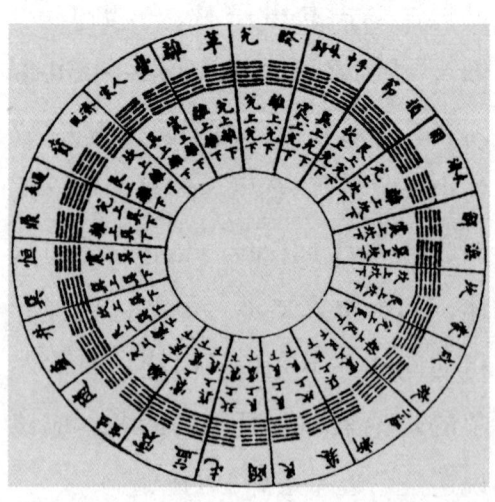

连山易图书卦位合一之图，出自宋·朱元昇《三易备遗》。上古时代中国有三易，即连山易、归藏易与周易。

'一君二民、二民一君'之义，异说纷歧，莫可折衷……。其实孔子语义，甚为明白。一君二民，谓君得其一，民得其二也。二君一民谓君得其二，民得其一也。一二两字不过表示多寡之意。故下文曰君子之道，小人之道。经义显豁呈露，无待曲解，何以时历三千年，经无数之经师大儒而迄未讲明，是可怪也。"

杭氏此解大异于前人，可谓一革命性的独到之见。他把原话中的一二解释为"得"之多少，即获利之大小。二君一民是君得多而民得少，损下益上，是谓失德的小人之道，即昏庸的政治路线。反之，一君二民则是，君得少而民得多，损上益下，是为有德的君子之道，即贤明的政治路线。非常明显，在这里杭氏是以《损》《益》二卦的精神来阐释这一命题的。《损》卦象辞为"损下益上，其道上行"。正由于损下以益上，故谓之《损》。而《益》卦之所以为益，则正如象辞所谓"损上益下，民悦无疆"之故。以《损》《益》二卦的精神来考察杭氏"得失"之说，就会一目了然。

但杭氏所说，虽不落旧套，却未免脱离原文，而有标新立异之嫌。如果我们将杭氏之说与《系辞》原文对照，仔细思索，便会感到两者之间难以水乳交融，契合无隙。

首先，问题的提出在于阳卦多阴，阴卦多阳，由阴阳而及于君民，由君民之一二，以至于君子与小人。这一连串的问题，难以用"得失"二字加以串连。如同难以用"有

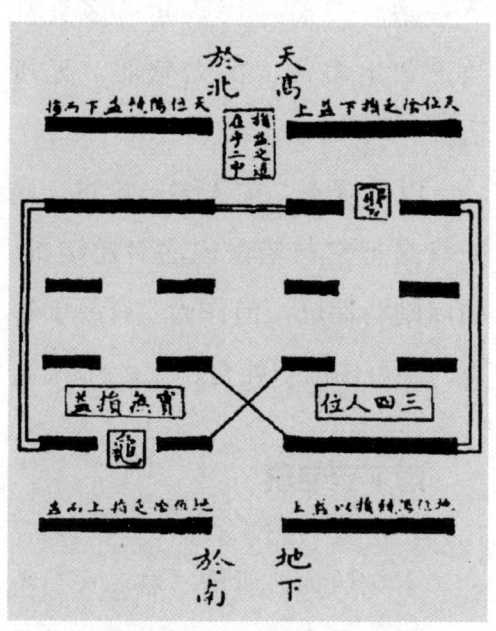

损益用中图，出自宋·佚名《周易图》

无"二字来说明这一命题的全部含义一样。因为无论韩氏的"有无"说或杭氏的"得失"说，都脱离了《系辞》此节的主旨。

《系辞》此节的主旨是从卦之阴阳论及君子小人之道。孔子认为阳卦多阴，阴卦多阳的原因在于阳奇阴偶，即以阳之一或二，确定其为阳卦或阴卦。所以离开奇偶这个爻数，便理解不了原话的真意。所谓一君二民，就是一阳二阴；二君一民就得二阳一阴。前者是君子之道，后者是小人之道。应该这样来理解才对。得失与有无，都是脱离原文而衍化出来的释义。如果我们进一步从三爻卦扩展到六爻卦来观察，情况就显得更加清楚。如《复》《剥》《师》《谦》为一阳之卦，一君之卦；而《姤》《履》《夬》为一阴之卦，君非一个。前者（一君之卦"奇"）为君子之道；后者（非一君之卦"偶"）即为小人之道。如此看来，则一君之为一君主政，二君之为二君分政，昭然若揭。

其次杭氏的得失之说，还有对古文的理解问题。依上古文法，君得一而民得二，只说"君一民二"，不说"一君二民"。就文字关系来看，杭说也失之"意解"。

总之，所谓一君二民二君一民云者，应该说包含这样意义。即：一般情况下，阳为君，阴为民；阳为君子，阴为小人。一阳二阴之卦表示一君二民；二阳一阴之卦表示二君一民。一为"单体"，二为复体（不必是两个）。一君二民表示：一君主政，政令统一，众民拥戴，上下一致。二君一民表示：多头乱政，令出多门，民力软弱，无所适从。

以上观点，前人多已论过。此处只是把它与错误说法对比缕析，加以阐明而已。但作为学《易》心得，还可作以下补充。

厚下安宅说

本文认为，所谓一君二民，不仅表示一君专政而众民拥戴，并且是底厚上轻，显出金字塔形的政权稳固的形象。反之，二君一民则表示政权分裂，民力衰弱，上重下轻，显出政权基础极不稳固的形象。这一点，并不仅是探索《系辞》此节时就事论事的印象，而是从联系孔子《系辞》思想的网络中所产生的心得。具体说，本文觉得要彻底理解孔子这一命题，必须同《剥》卦的象辞相参照才行。《剥》之象曰："山附于地，《剥》。上以厚下安宅。"山剥附于地，是由于基础不牢。也许观此卦象，孔子体会到"本固邦宁"思想的重要性，才作出这样象辞。另外，《剥》卦上九的象辞说："君子得舆，民所载也。"也许孔子从《剥》卦的阴阳矛盾以及上九一阳独存的形象中悟到一君受到万民拥戴，如同身受车载一样，安稳自在。虽然处于群阴剥阳，阳消阴息之时，但阳道不尽，《剥》极必《复》，卦中"以阴承阳者，无所不利，而应阳者亦得无咎。唯远阳而剥阳者凶"（陈梦雷《周易浅述》）。所以像《剥》卦这样一阳多阴的卦，实质上属于君子之道。

这样对比一看，所谓"一君二民、二君一民"的真义，也便洞若观火了。

第五篇　卦，是什么

卦者挂也

卦是组成大易体系的基本单位。卦这一概念的内涵也具有多重性。何谓卦？易学史上有好些说法，迄无定论。普通的说法是：

"卦者挂也，言悬挂物象以示于人，故谓之卦。"（孔颖达《周易正义》引《易纬》）

这是把卦义释为挂义，乃是同音而引申，并无其他根据。

清人丁寿昌不同意这种说法，他依据古说认为：

"案《说文》，挂，画也，从手，圭声。……卦、挂古通，皆取分画之意，后人乃云悬挂，俗制挂字耳。卦画叠韵为训。孔氏以卦为悬挂，非古义也。"（《读易会通》总论《卦辞、爻辞》）

丁氏依古义认定卦字原为画义，悬挂云者，乃是依后起俗字"挂"与卦同音而设想，不是卦字本义。这是把卦训为画，认为《易》卦由画象而来。

上述两说，内容不同，但有一共同点：都是就卦的字面意义所作的训解，并未触及《易》卦的内涵。单就字面意义的根据来看，可以认为后说较好。

另外，《说文》还解释说："卦，所以筮也，从卜，圭声。"这是就《易》卦的表面功用层面所做的诠训，也未触及《易》卦的本质。

卦者象也

那么，《易》卦的本质属性是怎样的呢？让我们先看看孔子的说法。

在《系辞》中和《说卦》中，孔子有三十次（《系辞》二十七次，《说卦》三次）提到卦，但没有一次正面界定。而对爻则不然，直接揭示其本质属性。如：

"象者言乎象者也，爻者言乎变者也。"（《系辞上》三章）"象者材也，爻也者效天下之动者也。"（《系辞下》三章）象是表达卦的主题思想的文辞，说象是讲象的，等于说象是讲卦的；说象是卦义之材料，等于说象是卦材。但孔子却不直接提出卦字，而同时对爻是何物，却直截了当明显地作出断定。这一点，初看似乎有些奇怪，但细一思索便会发现，孔子对卦是何等事物，只从各方面对其本质进行描述，而不作简单明了的界定。为什么？我想原因也许在于，卦是涵义很深而具

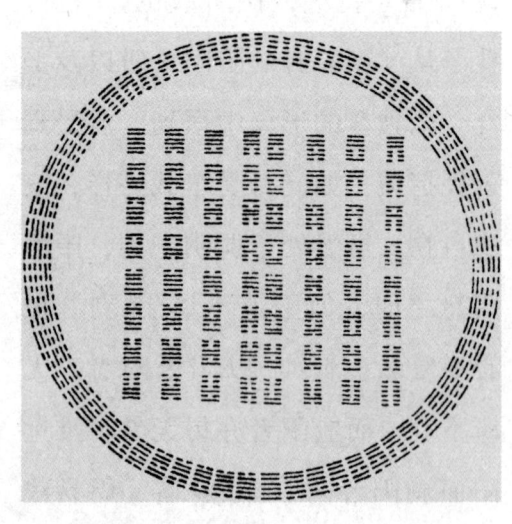

伏羲六十四卦图，出自宋·朱熹《易学启蒙》

有多层规定性的具体概念，只使用定义式的简单语句，难以界定。所以，在孔子易传中尽管有"爻者如何"这样的句式，却没有"卦者如何"这样的命题。

那么，孔子对卦这个东西是怎样阐释的呢？

第一，即象言卦。

当然，"《易》者象也"，象是《易》的骨干与灵魂。从《易》的根基阴阳两画起，三画卦、八卦乃至六十四卦，卦内的六个爻以及卦变、爻变等等，都离不开象。但孔子说爻就直接以爻为主词，而说卦却有时以象作主词。除了前面引述的例子之外，还有：

"圣人有以见天下之赜，而拟诸形容，象其物宜，是故谓之象。圣人有以见天下之动，而观其会通，以行其典礼，系辞焉，以断其吉凶，是故谓之爻。"（《系辞上》八章）

这段话的大意是，圣人发现天下事物中的复杂而深奥的道理，便模拟这些事物的形象，按其性质画出卦象，因此名之曰象。圣人又发现天下事物的运动变化，而观察其互相间会合贯通的法则，据以成为日常的行为准则，并系以文辞，以断其吉凶，因此名之曰爻。这段话前半主要是指卦象形成的依据及其性质，（即《系辞上》十二章所谓"极天下之赜者存乎卦"）。后半是谈爻（包括爻辞）形成的依据及其性质（即《系辞上》十二章所谓"鼓天下之动者存乎辞"）。但前半谈卦时只笼统谈象而不谈卦，说"是故谓之象"，以象括卦。后半谈爻时则说"是故谓之爻"，清清楚楚。

确如《系辞》所说，"《易》者象也"。象是《易》的根本属性。象的外延包括阴阳之象、卦象、爻象（包括爻辞之象）等；而就整个体系来说，卦象为其中的主体。它是组成易体的基本单位，是蕴涵义理与变化的宝库，是彖辞和爻辞的源地。朱熹所说"卦即象也，爻即辞也"，虽有些粗疏，却是贴切的体会。他这一体会，大约是来自孔传，因为孔子谈到卦时，多数场合同象相联系，甚至以象指代之。下面列举例句，以见实况。

（一）卦始于观象、摹象

1、"古者，包羲氏之王天下也，仰则观象于天，俯则观法于地，观鸟兽之文，与地之宜，近取诸身，远取诸物，于是始作八卦……。"（《系辞下》二章）

2、"……是故夫象，圣人有见天下之赜，而拟诸其形容，象其物宜，是故谓之象。"（《系辞上》八章）

（二）卦即是象

1、"《易》者，象也；象也者；像也。象者材也；爻也者，效天下之动者也。"（《系辞下》三章）

2、"彖者言乎象者也。"（《系辞上》三章）

彖是"成卦之才，以统卦义者也。"（韩康伯注）就是说，它是揭示一卦主旨的文辞。它所言的象，自然是卦象，虽无卦字，但象为主体，以象括卦，卦在其中矣。

3、"八卦成列，象在其在矣。"（《系辞下》一章）

卦的序列，即是象的序列。象为卦之本质属性，象既括卦，亦在卦中，这种场合，可谓卦象一如，二位一体。

4、"观变于阴阳而立卦。"（《说卦传》一章）

这句话把卦表达得最清楚。从中可见，卦是通过阴阳的中介而建立起来的。韩康伯说得好："卦，象也；蓍，数也。卦则雷风相薄，山泽通气，拟象阴阳变化之体。"可见，孔子认为，卦是在观察阴阳变化的形象下树立起来的。换言之，阴阳变化成象，于是观象立卦。

（三）卦通过象而起作用

"八卦以象告，爻象以情言。"（《系辞下》十二章）这是说，占筮时，卦以象回答问者。

（四）观卦先观象

"圣人设卦观象……君子居则观其象而玩其辞……。"（《系辞下》二章）

这些例子充分说明，在孔子心目中，虽然象的外延大于卦象，卦象之外还有爻象（"爻象动乎内，吉凶见乎外"）（《系辞下》一章），但卦象却是卦的实体，卦的本质特

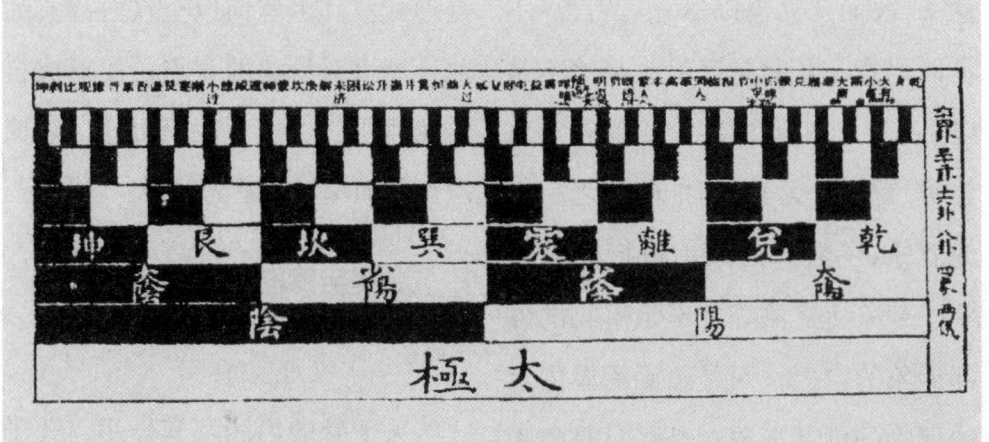

伏羲六十四卦次序图，出自宋·朱熹《周易本义》

性。换言之，最能体现卦的本质的是它的象。所以，孔子谈爻，多与辞相联，谈卦则多与象相联，不为无因。韩康伯和朱熹都说过"卦即象也，爻即辞也"，可谓对孔传思想的正确理解。

卦象不是形式

可是，什么是卦象？卦象的本质是什么？这一点，人们的认识并不一致。笔者认为卦象是卦的灵魂，而有人则说它是"形式"。其言曰："卦画是反映事物形象，卦辞则论断事物的本质，二者构成了形式与内容，现象与本质的对立统一。"（《周易大传新注》）这种说法，表现出对卦象的本质认识不深，而卦象是象的主体，所以从根本上说也是对易象的本质认识不清。

卦画是形式与内涵的统一体

如前所述，《系辞》表明，伏羲画卦不是"画像"，而是仰观俯察，取身取物，经过深思而后画成，是高度抽象思维的产物，所以能"通神明之德，类万物之情"，使"天下之至赜存乎卦"。那时《易》只有八卦之象，而无卦辞。如卦象仅是形式，其内容存乎卦辞，那么末缀卦辞的八卦之象，如何通神明之德、类万物之情、存天下之至赜？孔子说的是"书不尽言，言不尽意",故而"立象以尽意"。言辞不足以尽意,卦辞是言辞,当然不是以尽意,而象则能尽之。如若意象分离,象中无意,如何尽之?由此看来,《易》之象(包括阴阳二象、卦象、爻象等)不是事物的外部形象的空壳,而是蕴涵深厚内容的事物的内部形象。卦辞只是象中内容的语言形式而已。把《易》象看成黑格尔在《小逻辑》中所说的事物的外部形式,是未之深思的结果。其实,仔细察看,该书在另一处注释"《乾》《坤》,其《易》之蕴耶"时,已经把《易》象的实质说得一清二楚。其言曰:"《乾》《坤》,非指《乾》《坤》二卦,而是指奇偶两画。因《乾》《坤》为纯阳纯阴之卦,归根结底不外奇偶两画,而六十四卦不外是乾坤的奇偶两画交错而成,所以奇偶两画有无穷的变化,它蕴藏着极其深奥的道理。"奇偶两画是《易》象的基础,卦是由奇偶两画交错组成。既然,奇偶两画蕴藏深奥的道理,那么,由它们所组成的卦象,何以只是形式?其内容何以全在卦辞?如此,该书对易象的观点,便形成自语相违了。这里顺便提出这一点谈谈,以加深对卦象的分析。

义理宝库的巨大功能

(一)义理宝库

关于卦的内涵及其作用,孔子的看法是这样的:

1."极天下这赜者,存乎卦。"(《系辞上》十二章)

赜字,有的解作深远(程颐《经说》),有的解作杂乱(朱熹

乾甲图,出自宋·朱震《汉上易传·卦图》

《周易本义》)。说卦将世界深远的道理囊括在内，易解；说卦将世界杂乱的道理囊括在内，费解。显然，这句话应释为：把天下最深奥的道理储存起来的是卦。孔子把卦视为义理的宝库。

2."圣人立象以尽意，设卦以尽情伪。"(《系辞上》十二章)

孔子认为由于"书不尽意，言不尽意"，故而立象以求尽达其意：《易》象之所以创立及其功能是这样的。设卦当然包括在立象的范围之内。是立象的主体。所以，设卦也是为了尽意。但不是尽一般的意，而是尽意之情伪。情伪二字，有解作阳阴的(《周易集解纂疏》引"虞下传注云："情，阳；伪，阴也")，但阴阳实不可尽，此注未必妥当。就系辞全文来看，也就是"极天下之赜者有乎卦"的另一种说法。故此，还是把情伪解作真实、虚伪，贴乎原意。意为，卦的作用是充分显示万事万物的真假虚实。

(二) 巨大功能

1. 通德类情

"古者，包羲氏之王天下也，仰则观象于天，俯则观法于地，观鸟兽之文，与地之宜，近取诸身，远取诸物，于是始作八卦，以通神明之德，以类万物之情"(《系辞下》二章)。这段话的末句"以类万物之情"，也可作为注脚，说明"设卦以尽情伪"的"情伪"，是指万物的情伪。

这段话既是讲了卦的起源和画卦的目的，同时也讲了卦的功能。其中所谓"通神明之德"的"神明"，《系辞》出现几次，都无超自然的人格神意味。它是指千变万化的宇宙的根本法则。德，是说法则的本性。通神明之德，就是说《易》卦可与宇宙大法的本性相通，具有所谓"通天"的功能。"类万物之情"的"类"，是归类之意，即能够分门别类地模拟万物的情态而无所遗漏。对此，李道平依据汉书《易》本隐之以显"的观点解释说："'通神明之德'，达诸幽也；'类万物之情'，宣诸显也。"(《周易集解纂疏》)这样，他以"探赜索隐"来解释"通神明之德",以"象其物宜"来解释"类万物之情",和《系辞》另一处论述《易》的功能时所说"夫《易》,彰往而察来,而微显阐幽"意义相通。前句和"通神明之德"相通,后句和"类万物之情"相通。虽是谈全易,但《易》的作用主体在于卦,主要是通过卦显示其功能,故而这两句话当然也适用于卦。李道平的观点符合《系辞》对卦的功能的阐述。

2. 顺性命之理

"昔者圣人之作《易》也,将以顺性命之理。是以立天之道曰阴与阳,立地之道曰柔与刚,立人之道曰仁与义。兼三才而两之,故《易》六画而成卦。"(《说卦》二章)

这段话讲卦的内容。头一句是说,作《易》的原则是依照人性与天理的规律,由此而使卦的内涵具有天道的阴阳、地道的柔刚和人道的仁义,是谓三才。三才再加一倍,就成了六画的卦。

这短短的几句话把卦的深广内涵及其来源说得十分明白,可谓要言不繁。

3. 小中见大

《系辞》讲《易》的功能时,还说过:"其称名也小,其取类也大。"全《易》如此,卦亦如此,每卦都具有这样功能。对此,韩康伯注释表明,《易》卦之所以具有这样功能,原因在于"托象以明义","因小以喻大"。确实如此。每卦的内涵与外延,都不限于本身,都有多重涵义,多类取象。《乾》卦不仅在上为天,在地为龙为马,为金为玉,在人又为君,为父,为君子,等等。集天地人三才于一身,《乾》名虽小,取类甚广。其他诸卦,亦莫不如此。

4. 彰往知来

《系辞上》第十一章综论《易》道。其言曰:"夫《易》何为者也,夫《易》开物成务,冒天下之道,如斯而已者也。是故圣人以通天下之志,以定天下之业,以断天下之疑。是故蓍之德圆而神,卦之德方以志，六爻之义易以贡。"

有些学者，如朱熹，认为这段文字仅是从数理筮法谈占筮，这是片面之词。实际上它是通过谈占筮的形式综谈《易》的德性、内涵、特性与功能。对蓍、卦、爻的性能，作了简明的断定。"圆而神"是说蓍的计算"运而不穷"（韩注）神妙莫测；"方以知"是说卦的形象"止而有分"，（韩注）内含深智。而六爻的作用则是以爻辞变动告知吉凶。从"方以知"中可看出，在孔子思想中，卦是一个稳定的储藏天下智慧的宝库。它与蓍、爻合作，使人可彰往知来，通志，定业，断疑。这便形成一个从已知到未知的占筮逻辑。卦是"已知"（知识宝库），蓍是开库之钥，爻则是知识的媒体。整个过程就是下文所说的"神以知来，知以藏往"。也就是说，卦为"彰往知来，微显阐幽"的利器。

孔子对卦的看法，大致如上。归纳起来，大意如下：

卦的本质是象（生于象，体即象，以象生用），深涵天下义理、知识和智慧，能通神明之德，类万物之情，尽物之情伪，为彰往察来、微显阐幽的基础。

卦者时也

孔子之后，史学史上对卦的特点与属性进行揭示的，不乏其人其文。但就其深度与广度来说，超过孔传的似乎没有。朱熹和程颐二位易学大师，应该说是易学史上的佼佼者，但朱氏所说"卦者象也"（《周易本义》）是袭用晋代人韩康伯的话（见上文），而韩氏的观点

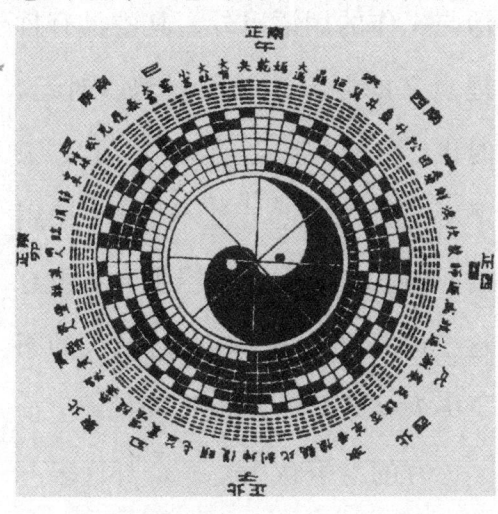

伏羲六十四卦时刻方位图，出自李仕微《叙说八卦太极图》。本图蕴涵了太极、阴阳、四象、八极、十二辰、二十四节气等道数机制

则来自孔传。程颐所说的"卦者阴阳之物也"（《易序》），也是来自孔传的思想。在这一点上，二人的说法可谓因袭旧说，并无创见。并且，语言笼统，内容贫乏，其深刻性与全面性，远不及孔传。

孔子之后，王弼扫除象数，发挥义理，虽是以老解易，但多有创新。在《明卦适变通爻》一文中，他论述了卦的性质和卦与爻的关系等。文章伊始，他就给卦的性质作了一个界定。

"夫卦者，时也。爻者适时之变者也。"

以"夫卦者"，这种定义式的句型对卦的性质作出断定的，王弼之前似乎没有。孔子以这种口气谈过《易》、谈过爻，但未用这种口气直接谈过卦。

以"时"字来揭示卦的内涵，当然有失笼统，但在他之前，还没有人单以"时"之一字，概括卦的本质特征。或者，这可谓《易》学研究史上的新发明。

王氏认为，卦的特质是"时"，爻则表示"时"的变动。爻属于卦，卦之动必通过爻，这勿用赘论。这里出现的问题是，（一）何谓"时"？（二）时字能否概括卦的本质特征和基本属性？为弄清这两个问题，有必要对"时"这一概念的内涵与外延试作探索。

在古文里，时字的原义是"四时"（《说文》），由此而派生许多意义，是个多义词。什么时令、时节、时光、时候、时宜、时期、时务、时间等等，不一而足。除了一般生活与工作的用语以外，其中具有哲理意义的还有时代、时势、时运、时机、时局、时会等多个"时"。王弼所说的"时"，当然不是指一般用语，而占筮的常规语当中，又没有这个词，所以只有从哲理意义的圈子中去寻觅王弼所说的"时"。

有的易家认为，一个卦代表一个时代。如《周易全解》说："从整个六十四卦的宏观方面看，每一卦代表一个时代。由此一时代发展到彼一时代,当然也是动的;但是从一卦的微观方面看,代表一个时代的卦就是相对静止的了。而卦中各代表一个发展阶段看的六个爻则是反映趋时之变的。"这段话从大意上看,似乎和王弼所说的"夫卦者时也,爻者适时之变者也",意思仿佛。但仔细推敲,又不尽相同。差异就在这个时字上。王弼所说的时,是不是指"时代"而言,值得研究。韩康伯的注解说:"卦者统一时之大义",把"时"解作"一时"。但一时又是个多义词,是一个时期、一个时节、一个时会、一个时运,还是一个时代?从字面上看,显然不是指一个时期或一个时节。但是否指一个时代?韩注未说清楚。不过,认为一卦可以代表一个时代的说法,并不罕见。例如清人朱骏声《六十四经解》的《易例发挥》中就有"《屯》作君,《蒙》作师,《需》以养民,《讼》以刑政,《师》武,《比》文,《小畜》富,《履》礼,而《泰》运成矣。"这样的话,是把易经前十卦看做一连串发展的十个时代,把卦名视为这十个时代的特征。杭辛斋《学易笔谈》二集卷四中载有《卦象进化之序》一文,将《乾》《坤》《屯》《蒙》《需》《讼》《师》《比》《小畜》《履》《泰》《否》《同人》《大有》《谦》《豫》《随》,定为十六期,即十六个时代(其中《乾》《坤》为开天辟地时代,合为一期)。他说:"《乾》《坤》以后至《随》,世界进化之序,约分为十六期。杭氏所说的期,并非短暂的时期,而是长久的时代。如他说《师》卦为"民众立法之时代也,是为第六期。"说《否》卦为"天地不交,万物不通时代,是为第十一期",等等,除《乾》《坤》外,他卦皆以一卦为一时代。

但是,把卦的"时"单解作时代,似乎于义未安。这里存在两个问题。第一,时代的概念时间悠久,年代、时期等均包括在内。《易》

卦的内容有的长及一个时代，如《屯》为原始时代，《蒙》为蒙昧时代等，但多数只够一个年代或时期。如《师》，可以说是战争年代，《革》，可以称之为革命年代，《明夷》可谓黑暗年代等。如把它改称时代，就有大而无当的空泛之感。第二《易》卦之"时"，不仅指某种时间，往往是指某种情况。如《咸》卦的卦辞是"亨利贞，取女吉。"孔子释之为"咸，感也，柔上而刚下，二气感应以相与。"这种卦象卦义，只能解为某种阴阳相感的情况，而无法引申为某种时代。《恒》卦也如此。象辞曰"《恒》者久也"，基本卦义是"夫妇之道不可以不久也，故受之以《恒》"(《序卦》)。这种卦义也无法推衍为长久的时代。他如《损》《益》《家人》《归妹》等卦，都是指某种情况而言，甚至与时代无关。用时期、年代等，也不合适，因为这些卦的卦情，不宜以时间来表述。

其他与时字有关的义理概念：时势、时宜、时运、时局、时会等，哪一个能恰当地用来解释王弼所说的"卦者时也"的"时"呢？具体观察，有的卦时，宜以时势表达，如《坎》卦之险，可说成"时势险恶"，《鼎》卦之定，可说是"时势安定"等。但多数卦时，不含此义。如《既济》卦时是表示事物之完成，《未济》卦时表示事物之未完成，以时势概之，都不合适。时宜是当时的需要之义，也仅适用于个别卦，如《需》卦表示云在天上，阴阳尚未融合，不能成雨；暂待一时，饮食安乐才合乎形势需要。这种情况，可以"时宜"名之。但其他很多卦之时，却非时宜之义。如《讼》卦之义为非讼。任何时代，讼都全不合时宜，为之者只限于不得已罢了。时运一词，语义范围也较窄，仅指运气而言，如项羽所唱的"时不利兮逝骓不逝"的时，就是此意。《易》卦之中的《遁》卦，是小人逐渐得势的形势，对君子来说，是时运不济之时，应该退遁。

象辞所说："与时行也",即是顺乎时运而行动之意。但《易》中适合时运之义的卦才,毕竟有限,对统一解释全《易》诸卦之"时",也不中用。时机一词适用于卦时的范围更小,《艮》卦象辞之"时止则止,时行则行,动静不失其时"的时,即指时机而言。但这不是《艮》的本义,《艮》的本义是止,时机乃是派生义。时机之义在爻辞中倒有明显的表现,如《乾》卦初爻"潜龙勿用"和二爻"见龙在田",都表现时机的重要性。接下来,时务的概念,通常指客观形势的需要,所谓"识时务者为俊杰"之时务,即是此义。《易》卦中合乎此义的卦时亦甚少。《随》卦则有此义。随"时"而动,是其主旨。亦即通达时务,不泥于常规。但卦才本义在随,时务为副义。以时务解《随》之时,亦不贴近。而其他多数卦时则并无时务之义。至于时势,多指政局,虽《泰》、《否》等卦时有此义,而其他许多卦如《颐》《家人》《夬》《渐》《旅》等等,都与政局风马牛不相及。故而王弼所谓卦之时,也绝不限于时局。还有时会一词,义亦接近时运、时务、时势,也不能概括六十四卦的卦义。如此说来,所谓"卦者时也"之"时",怎样理解才合乎原义呢?真令人伤脑筋!

为弄清这一问题,首先必须了解"时"在《易》中的含义。"时"是周易的重要概念,它和《易》为变易之基本意义,密切相关。虽然作为词来说,只在《归妹》卦九四爻中出现一次,但经孔子从《易》蕴中加以开发、阐释和运用,对发扬周易基本精神,作用很大。《系辞》说:"变通者趋时者也。"意思是卦之爻刚柔变通,目的在于趋"时",即追求一个恰好反映物情的形势。最合理的时,就是所谓"时中",时是适时,中是恰当,不偏不倚的适合形势谓之"时中"。在占筮来说,是否适中,最后表现为吉凶悔吝之类的占断。《蒙》卦象辞所谓"以亨行,时中也",就是说,为什么亨通而行(行而亨通)呢,因为行动恰合其时,该行则行,该止则止,合乎客观形势,所以如此。这样,"时"的概念就不是字面意义的"时候""时间"之类,而是包括时势、时运、时局、时会、时宜等诸多意义在内的一种特定情况。它不仅指时间,也指空间,不仅指时间与空间,还指条件、关系。它是时间、空间、条件、关系的综合体。换言之,亦即一定的时间、一定的空间、一定的条件和一定的关系综合起来所构成的一种特定的形势、局势、时运、时会、境况和情况。孔传所说的"时"大体是这个意思,王弼所说的"时",大约来自孔传,也不外乎这个意思。但《易》所蕴涵的"时",不仅仅指主客观情境,同时也谕示处境之道。故而孔子和王弼所说的"时",自然包括"境"与"计"两个方面。如果是这个意义的"时",便可适用于易经六十四卦的任何一卦。这个"时"字是古语,简约多义而过于笼统,最好以另一具体概念代之,以使其内容明显化。但换成今语,却找不到恰当的词,只好"无以名之,强字之曰""情境"。"情境"一词较之"时"字,在表达内容上比较具体、明显。

如此,则六十四卦的任何一卦,都可以说是表现了某种"情境",或者说,都是现实的某种"情境"的概括反映。《乾》的情境是健道,《坤》的情境是顺道,《屯》的情境是始难,《蒙》的情境是蒙昧,《需》的情境是需要,《讼》的情境是争讼,《师》的情境是战争……《咸》的情境是感应,《恒》的情境是长久,《遁》的情境是隐退,《大壮》的情境是壮大……《既济》的情境是已成,《未济》的情境是未成,如此则将时义贯通于整个《易》体而毫无滞碍。由此观之,王弼以"时"字明卦,应该说是前无古人的创见,也是汲取孔传精神而作出的发展,其恰当性与概括性无可置疑。

现代辩证法强调办一切事都要以时间、地点和条件为转移。有如上述,这个观点并不新颖,上古周易中所谓的"时",即是此意。所差的只是后代人未从哲学上具体地加以发扬光大而已。

但《易》卦的内涵是多重性的,从它所反映的主客观事物的情况来说,可谓之时或情境。而另个方面,从它所构成的思想层面来讲,它也是一种思想范畴,六十四卦可谓六十四个范畴。当然,爻辞也形成范畴。如《乾》卦的潜、现、乾乾、跃、飞、亢,就其性质、内涵及领域来看,都可构成范畴。但爻的范畴存在,并不妨碍卦之为范畴。有的学者说:"周易的六十四卦,与三百八十四爻辞,连同……用九、用六,合计四百五十条卦爻辞,相当于四百五十个范畴系统,可谓人类至今最大的思维范畴系统。"(朱高正《周易与中国文化》)的确如此,周易可谓当之而无愧!

但是,放眼看看,有些关于《易》卦之为何物的判断,同孔子的《系辞》和王弼的《明卦》比较起来,却颇有逊色。朱熹的"卦者象也"是孔子的思想和重复韩康伯的注释,程颐的"卦者阴阳之物",也重复孔传的思想,并且内容简略,语焉不详。有的易书说:"卦是《周易》经的组成部分之一,易书用以表现天地万物之性质与变化的符号。"(《周易辞典》)有的《易》书说八卦是"喻示种种物情、事理的象征符号。"(《周易译著》)这样一些关于卦的断定,同上述孔、王关于卦的论述与断定比较起来,不仅内容贫乏,未将《易》卦的本质规定性全部表出,而且所谓"符号"的说法,也与《易》象的特殊本质相游离,并不妥当。这是符号论的观点,把反映宇宙万事万物本质的阴阳之象,以及由此而组成的仿拟事物之象,看成空洞的符号,看成类似代数符号"x""y""z"之类的空壳,可以装进任何思想。

或者看成类似计算机的数字符号那样，可以标记任何思想。表面上看，《易》象类似符号，实质绝非符号。前边说过，《易》象是事物的形象与性质的反映，是形式与内容的综合体，是思想的内部形式，是与思想具有联系的特殊形式。而符号则是事物的外部形式，是可以脱离内容的形式。符号只是一种记号，它和它所标记的事物没有内在联系，不是该事物的反映。符号的内容只是符号本身。《易》象不是无内容的空洞形式，无须赘述。《易》象既然如此，则《易》象中之卦象当然也如此。在历史上汉《易》的象数派，有的从占筮的角度，把《易》的卦象随意摆弄、调动，如同玩弄符号一样，使《易》陷入形式化的泥淖而几乎丧失其义理内容，变成类似计算机占卜的符号游戏。这是周易外部形式的发展，是周易发展的一条斜路。*

卦者情境也

总地说来，关于何者为卦——卦的

本质属性是什么的问题，上述孔子的论述加上王弼的说法，合起来看，应该说已具有圆满正确的答案。我们的任务是以现代的哲学思想加以分析，并以现代语言进行阐释，使它得以严密、具体的面貌出现，以发扬其学术光辉。

如上所述，则六十四卦任何一卦的"时"，都可以说是一种情境。情境还有不同的类别：如《乾》为天健之德与处健之道的情境，《坤》为地顺之德与处顺之道的情境，《泰》为大通的局势及处之之道的情境，《否》为闭塞局势与处之之道的情境，等等，这是客观的情境。

也有主观的情境，如《谦》为谦德与处谦之道的情境，《中孚》

———

* 温振宇《新易学》"自序"中说："细心考察周易使我们认识到：这是一种古代东方素朴的辩证系统二极二值符号逻辑。"把内蕴天人之道的易象，视为与自身同一空洞的符号，把义理与象数相结合的作为辩证逻辑的周易，视为经符号进行推理演算的作为数学一个分科的数理逻辑，实属牵强。

为诚信之德及保持诚信之道的情境，而最多的卦时，是表示某种行为的情境。如《同人》表示求同与团结之道的情境，《讼》表示争讼现象及处讼之道的情境。他如《需》《随》《噬嗑》《咸》《恒》《渐》《归妹》等等，都是表示某种行为与行为原则的情境。总之，易经的卦是从主客观现象以及行为现象中截取一个横断面，通过卦爻象及卦辞爻辞，对其意义及处理原则做出表述，从而构成一个特定的情境，以引导人们趋吉避凶，祛邪向善。因此，本文认为以"情境"的概念来代替"时"的概念，对揭示卦的本质特性来说，可说是进了一步。

但是，上面说过，易经是一个以阴阳八卦为基础而展开的，由六十四卦、三百八十四爻所组成的，囊括天地人三道的巨大的图像思想体系。从这个角度来说，前述孔子对卦德的阐述和论断，王弼所补充的"时"以及本文阐发"时"所用的"情境"等概念，对认识一个思想体系的内涵来说，还有所不足。应该补充说，卦是情境，也是范畴。例如泰卦是通达太平的局势，加上处《泰》之道，谓之情境。而从《泰》是一种上下畅通的思想领域来说，它同时也是同《否》相反的"泰"的范畴。故此，易经六十四卦既是六十四个情境，也是六十四个范畴。这样看，比较全面。

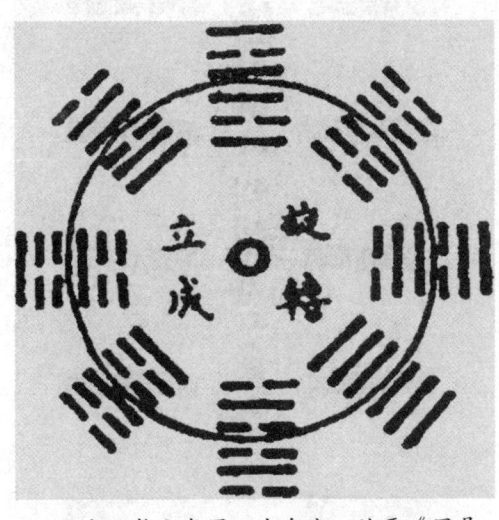

六十四卦立成图，出自宋·林栗《周易经传·集解》

第六篇　何谓"天地之心"

周易体系，分散言之为六十四

卦。而自序列关系言之，则为三十二对卦。上经始自《乾》《坤》，止于《坎》《离》。下经始自《咸》《恒》，终于《既济》《未济》。其中上经第三十三卦《剥》，与第三十四卦《复》，为一相反相成的伙伴。所谓"天地之心"，乃是《复》卦象辞中的一句，但此句的内容缘于《剥》卦，所以探讨它，想知其究竟，必须从《剥》卦谈起，同时，谈《剥》卦又必须从阴阳关系入手。

群阴剥阳

"《易》以道阴阳"（《庄子·天下篇》）——这是上古以来易家的共识。阴阳乃易经的核心，整个易经，无非是阴阳互变形成的思想体系。总体说来，阴与阳是对立统一，相反相成，互相消长，又互为其根的辩证关系。阳决阴，阳长阴消，直至五阳一阴，阳气最盛，是为《夬》卦。阴剥阳，阴长阳消，直至五阴一阳，阴气最凶，是为《剥》卦。两卦内涵相反，爻象旁通。

剥字从刀从录，有割裂、零落等意，合起来可训为割而落之。在《剥》卦里，阴气侵阳，由初爻而上达五爻，阳气凋零，如被阴气所剥落，故谓之《剥》，卦象为群阴剥阳。以人事喻，则为小人邪气凶盛，君子受挤受害，正气偃伏。达到顶点时，只剩下一阳，孤零零处于上位。爻辞喻之为"硕果不食"。阳为大，阴为小，故称一阳为硕果。

剥为阳气图，出自宋·佚名《周易图》

亦即余下一阳如硕大果实,独悬于上,尚未为阴所剥落。这是阳的最后阵地,据此对阴邪发动反攻。成语所谓"硕果仅存",就是来自《剥》卦。

在《剥》卦里,阳虽处下风,被剥落到仅余硕果,但阴阳同根,阳不会消尽,依据物极必反的规律,仅存的硕果会迸发生机而东山再起。由被剥而复生,此即序卦所说"《剥》者剥也。物不可以终尽。《剥》,穷上反下,故受之以《复》。"由《剥》而《复》,《剥》《复》相继,紧密相伴。《复》卦的复,是反还之意。孙星衍《周易集解》引何妥曰:"复者返本之名。"就是说:"群阴剥阳,至于几尽;一阳来下,故称反复。"在《剥》卦里,独悬于上位的硕果,至此又返回到初位,象辞所说的"刚反"(阳刚反),即指此而言。于是阳由消变长,重新开始利有攸往的征程。这就是复卦的来由及卦名的大意。

一阳来复

如此,所谓《复》,是指一阳的来复。《剥》《复》两卦的卦象,鲜明地表现出阴阳爻相反的地位。在《剥》卦里是一阳在上,五阴在下;在《复》卦里是一阳居下,五阴居上。按《易》例,无论阴气阳气,皆由下上长,上被下消。阴由初上长剥阳,经二、三、四、五,步步紧剥,以致上阳仅余一果。而阳不能尽,复返初位后,势必沛然上长,以消阴气。故此,仅从卦象

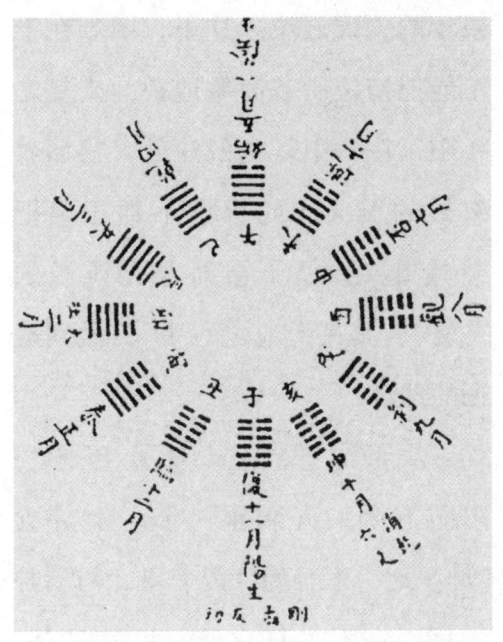

复七日来复图,出自宋·朱震《汉上易传·卦图》

也可看出,《复》卦的涵义是阳气衰而复兴。

凡事复兴,都需从根本作起。一阳从上返下,必复归于初。初,乃卦体之最底层。按天地人三层分析,初属于地之下层。王弼说得好:"复者返本之谓也。"所谓本,即指卦的最底层的初位而言。在这个意义上,阳之复可谓之复初。

《复》卦的难题就出在这个复初的"初"字上。在《复》卦中初位接纳一阳来复,使它得以重整旗鼓,东山再起。作为载体,初是个根本的关键之位。这里,困难在于不能把初位所载简单地视为来复之一阳,在一阳复初的深处,秘涵着玄妙的奥义,如果做不到正确把握其奥义,就不会对象传所说的"《复》,其见天地之心乎",做到透彻的理解。

从形象来看,《复》卦是一阳载五阴,五阴乘一阳。上卦为《坤》地,下卦为《震》雷,与剥卦相反,一阳来复之象,极其显著,不待解而自明。其卦辞为:"复,亨,出入无疾,朋来无咎。反复其道,七日来复。利有攸往。"大意为:《复》卦象征剥极阳复,阳复势强,其运亨通。阳反于下,逐渐上长,其出入皆无妨害。必将引来同类群阳(朋)相助,并无差错。这表现出,阴阳相互之间,反复消长,乃自然之道。自五月《姤》卦阴长阳消,经《遁》《否》《观》《剥》《坤》,到十一月凡变七次而成复卦,谓之"七日来复"。来复之后,阳长阴消,表示正面人物的君子之道日渐伸展,反面人物的小人之道日趋消退,即所谓"刚长柔退",正是贤者有所作为之时,所以说"利有所往"。但另一方面,象辞又说:"雷在地中,复。先王以至日关闭,商旅不行,后不省方。"大意是说,《复》卦卦体是上《坤》(地)下《震》(雷),象征十一月冬至一阳复生,潜力虽大,而外势尚微,犹如雷尚潜伏地中,未能破土奋起与外阴相搏,震动四方。此际需养精蓄锐,以待来日。古代圣王体察卦象之情,乃在冬至这一天闭关静养。游商旅客不外出,君主也不巡视四方。前面卦辞说"一阳来复,利有攸往",后面象辞又说"至日关闭,不利有攸往",看似矛盾,其实并无矛盾。因为"利有攸往"是指将来的前途,"不利有攸往"是指当前的处境。

以上所述,是《复》卦卦体、卦象、卦辞的状态,意义以及孔子对它的认识与体会。这些内容,大体上并不难理解(虽然有的地方说法不一)。但这些内容只是《复》卦内涵的表层,其深层尚未触及。第一个触及《复》卦内涵的深层并揭示其奥义的不是别人,仍然是为周易作传的孔子。面对复卦,除照例解释卦象卦辞并从中吸取经验教训外,孔子还特别作了一件大事,那就是他以超群出众的观察能力与思维能力,升堂入室,抓住《复》卦的中心奥秘,结合自己的哲学思想,创造性地加以升华,从而提出了一个激动人心的问题。即:"《复》,其见天地之心乎!"句中的"见",以读"现"为好。意思是:

《复》,是天地之心的表现吧。

这个论断,是易学史上一个著名的命题。自古以来,易学家们多次对它进行探讨,但对其含义及其所指,见解不一。

生动是天地之心

一般来说,儒道两家虽都崇拜周易,重视《复》道,但在这个问题上,基本观点不同。笼统地说,儒家认为天地之心为"生"为"动",道家则认为天地之心为"无"为"静"。下面,先看儒家的学说。

首先,汉代大儒、易学家荀爽的说法是这样的:"《复》者,冬至之卦。阳起初九,为天地心;万物所始,吉凶之先。故曰见天地之心矣。"(孙星衍《周易集解》)

大意是说,《复》卦在节气上是象征冬至的卦。在这卦里,阳气复返,从初爻开始兴起,这就是天地之心。万物借以开端,尚未涉及得失,还在吉凶之前。在这段话里,荀氏虽未明说天地之心为"生",但"万物所始"云云,已含有生意。阳起当然为阳动，总体是动而生之意。这是依据孔子《文言》所说"大哉《乾》（阳）元，万物资始"之意来解释孔子在《复》卦中提出的"天地之心"。同时，所谓"吉凶之先"云者，也是以孔解孔。孔子在《系辞》中曾说："几者动之微，吉之先见者也。"以几字形容万物始生，微有动意，而未遇吉凶的时机。荀氏的"吉凶之先"，显然是吸取孔子"几"的思想，用以解释孔子的"天地之心"。不愧为儒家的经学大师，他对天地之心的这一解释，虽不那么具体，但在儒家易学史上是有开创性的，对后代易学有很大影响。由荀氏这段话还可看出，宋代易学大师程颐所说"先儒皆以静为见天地之心"的论断，未免以偏概全。一阳复起的动之端、吉之先即天地之心的观点，早在汉末即由荀爽言之在先了。

但把"天地之心"释为"生""动"的代表性人物却是程颐。他诠释说："一阳复于下，乃天地生物之心也。先儒皆以静为见天地之心，盖不知动之端乃天地之心也，非知道者孰能识之！"（《易传》）又答弟子问："人说'《复》，其见天地之心'，皆以谓至静能见天地之心，非也。《复》之卦，下面一画，便是动也，安得谓之静？自古儒者皆言静见天地之心，唯某言动而见天地之心。"（《二程集》）

程颐的观点与荀爽完全相同。荀说阳起初九为天地心，万物所始。程说阳复于下乃天地生物之心。荀说吉凶之先，程说动之端，基本思想并无出入，只是表达方式略有粗糙之分而已。荀未明说生与动，表达模糊；程则直说生与动，表达明确，较荀说略胜一筹。

欧阳修虽是文学家，但对周易也颇有研究。在《易童子问》中，他说："天地之心，见乎动。复也，一阳初动于下矣，天地以生物为心者也。"他说得更明白、具体：天地之心是生，生以阳动为本。唯有动，才能现出天地之心。荀的阳起初九，程的动之端，欧阳的阳动于下，是一个思想的三种表达，实质上没有差异。

朱熹的说法是"天地以生物为心者也"(《朱子大全》文六七《仁说》),与欧阳、程颐类似,不必赘述。宋代哲人中,张载也是主张天地之心为生物者,不同的是他作了深入的解释与发挥。他说:

"《剥》之与《复》,不可容线,须臾不复,则《乾》《坤》之道息也。故适尽即生,更无先后之次也。此义最大。"

意思是说,阴阳消长,此起彼伏,循环往复,密切无间,剥尽阳复,永无间歇。倘一刻阳消不复,则天地之运行即将停止,这一点意义最大。这是把《复》的必然性提高到宇宙存在的高度加以观察而作出的价值判断。接着步入本题,他说:"大抵言天地之心者,天地之大德曰生,则以生物为本者,乃天地之心也。"他以孔子在《系辞》中所说的"天地之大德曰生"作为天地之心的注脚,以孔解孔(当然也是解《易》),顺理成章,自然立说。接下去,他又以雷在地中的《复》象作深入论述:"地雷见天地之心者,天地之心惟是生物,天地之大德曰生也。雷复于地中却是生物。彖曰:'终则有始,天行也。'天何尝有息?"(以上《横渠易说》)这段话的主要意思是说,既然天地之心是生物,则雷复于地中正是生出之物,故而《复》即是生,生生不已即是天地之心。

张载的基本观点与其他儒家学者没有什么两样。但内容的论述,围绕生与动二字,已相当展开。

明人来之德的诠释虽仍承儒家旧说,但却有些新意。来说内容包括四点:(一)"天地无心,生之不息者,乃其心也。"这句话概念含糊,大意可译为:天地无意识,所谓天地之心是指其生生不息的本质而言。(二)"剥落之时,天地之心几乎灭矣,今一阳来复,可见天地生物之心,无一息之间断也。"这和张载"适尽即生"的观点相同。(三)"此孔子彖传(指'复,其见天地之心乎!')言天地间无物可见天地之心,惟此一阳初复,万物未生,见天地之心。若是三阳发生,万物之后，则天地之心尽散在万物，不能见矣。"（《易经集注》）。这是说，惟此《复》卦之一阳初复能现出天地欲生未生之心，阳长后则不能见。对此，也有不同见解。俞琰《易辑说》谓："天地之心，谓天地生物之心也。天地生物之心，无乎不在，圣人于《剥》反为《复》，静极动初见天地之心，未尝一日息，非谓惟《复》卦见天地之心。"但俞氏此说，有与周易游离之嫌。因为周易六十四卦除《复》卦外，无他处可见一阳来复的天地之心如此显著者。来氏之说甚是。（四）"天地之心，动后方见。"这是讲生与动的本质联系，生为动之本，动为生之现。

以上是儒家学者对天地之心的代表性解说。这一以生、动为核心的学说，言之成理，持之有故，自然无碍于成立。但其中还存在一些问题，主要是概念含糊以及概念间关系不清，需要进一步探讨解决。

首先，天地之心的心是什么，是具体概念、还是比喻？来之德所说"天地无心，生之不息者乃其心也"，作为理性判断，显然含有自语相悖的逻辑错误，心为何物，并未说明。"生生不息"云者，是愿望，是能力？是谁的愿望，谁的能力？如认为是天地的愿望或能力，则天地之心应解为天地的愿望或能力。但来氏及上举诸家于此点俱未说清。

上举诸家之说，皆以一阳初复为天地之心，意思也含混不明。阳何以能复？是自力，抑是他力？如承认有天地之心，并且天地之心为生，则阳复当为生的表现，而非生的自身。所谓天地为"动之端""天地之心动后方见"，都是讲天地之心表现为动，而非动即天地之心。其次，如以孔子《系辞》所谓"天地之大德曰生"来证明天地之心为生，则反过来也可以天地之心为生来证明天地之大德曰生，循环证明，终不能说明天地之心为何物。其实，孔子彖辞中的原话"《复》，其见天地之心乎"，意思是说，阳复（生）表现出天地之心，或者是说，从阳复（生）中看得出天地之心。换句话说，孔子的体会是，剥尽阳复之象，透露出天地之心，是天地之心促使阳在几乎剥尽之后得以再生。生是天地之心的表现，而非天地之心其物。由此可见，儒家以生、动为答案来解释天地之心，尚有商讨的余地。

天地之心为无与静

关于天地之心，道家的说法和儒家站在对立面。其代表人物为王弼。他在周易注里说："《复》者，返本之谓也。天地以本为心者也。"儒家认为，"《复》是阳气复生于下"（程颐《易传》复卦卦辞注），而王弼以老释《易》，提出复是返本，天地则以本为心。阳复于本，即复于天地之心。那么，什么是天地之本，即天地之心呢？他接着阐述说："凡动息由静，静非对动者也。语息由默，默非对语者也。然则天地虽大，富有万物，雷动风行，运化万变，寂然至无，是其本矣。故动息地中，乃天地之心见也。若其以有为心，则异类未获具存矣。"

在这段话里，王弼首先以动静语默为例，强调静与默的独立性，其次讲千变万化的事物最终必归于寂无、静止。提出"无"为天地之本。最后指出《复》卦的雷息于地中，就是象征阳气之返于本，亦即表现出以无为本的天地之心。接着，在象辞注解中他又进一步补充说："冬至（当为夏至之误）阴之复也，夏至（当为冬至之误）阳之复也。故为复则至于寂然大静……动复则静，行复则止，事复则无事也。"总之，王氏是以无、静二字来解释天地之心，并称天地之心就是天地之本。

王氏之说，源于道家。在《道德经》中老子说："天下万物生于有，有生于无。"（四十章），表明"无"为天下之本。又说："致虚极，守静笃，万物并作，吾以观复。""夫物芸芸，各复归其根，归根曰静，是曰复命，复命曰常，知常曰明。"（十六章）表示万物皆归根于静。上述王弼以无、静来解释天地之心的思想，和老子这些观点如出一辙，是以老解《易》的明显表现。

王氏以无为本、以静为根的学说，恰与儒家以生为本、以动为用的学说形成对立之势，当然为儒家学者所不容。程颐在《易传》中驳斥说："一阳复于下，乃天地生物之心也。先儒皆以静为见天地之心，盖不知动之端乃天地之心也。"一面驳斥，一面又讽刺说："非知道者，熟能识之！"话中的所谓"先儒"是指谁说的呢？对此，《读易会通》的回答是："案程子谓先儒言静见天地之心，即指王辅嗣（王弼之字）而言。"后面又引苏子美的话："《复》，其见天地之心乎，王弼解云：'复者返本之谓，天地以本为心，寂然至无则其本也。故动息地中，乃天地之心见矣'。予惑焉！夫《复》也者，以一阳始生而得名也。象曰：'刚反。'又曰：'刚长。'安得谓寂然至无耶？安得谓动息耶？象曰：'雷在地中，复，雷者阳物也，动物也。今在地中，则是有阳动之象也。辅嗣昧举卦之体，乃以寂然至无为《复》，斯失之矣。"苏子美依据《复》卦卦象卦体对王弼无静说所作的批驳，可谓理由充足，观点正确。根据这一批驳，不仅可看出以无与静解释天地之心的错误，更可看出以老解《易》之不可行，因为以老解《易》，免不了陷入以老解孔的泥淖。所谓天地之心是孔子对周易的体会，想要正确把握它的含义，仍须从孔子思想中找答案，舍此并无他途。

动静结合始见天地之心

同是儒家，同认为天地之心为生、为动，其中关于动与静，却有些歧议。荀爽之"阴起初九，为天地心"，只有动意，不含静意。程颐之"动而见天地之心"，来之德之"天地之心，动后方见"等，皆强调动而不及静。唯有张载言动又言静。他说："天地之心唯是生物……。此动是静中之动，静中之动，动而不穷。"（《横渠易说》）大意是：天地之心在静中，而其生物之端则为动，动静结合，始可动而无尽。这样从动静结合中看天地生物之心，就看得更为深入，更为明白。在这一点上，陈梦雷曾对程颐的唯动说提出了异议。他说："程传以动为天地之心，然阴阳分动静善恶，不可太拘。盖天地之气，纯阴寂静之中未尝无阳，然必一阳之动，而后生物可见。"（《周易浅述》）说得很对，确实，阴阳为对立统一体，动为阳，静为阴，动静亦为对立统一体，互有消长，却不能分离。程颐当然并非不谙此理，只是思考问题略有疏漏而已。《程子语类》载，程颐在回答季明之问，强调动而见天地之心后，有人提出了动静关系问题："莫是动上求静否？"对此，程颐并未反驳，而加以肯定，说："固是，然最难。释氏多言'定'，圣人便言'止'。"这一问答虽然犯了暗换论题之病：从天地之心的动静转移到修心的动静上来，但程颐毕竟肯定了动静一如的辩证关系，他也曾说过"孤阳不生，孤阴不长"，可见他并非不懂个中的道理。

动静关系是理解天地之心的必要条件。

儒家的天地之心为生的观点中，还含有个善恶问题。亦即剥尽阳复，代表君子之道，既消而复。在人则为"恶极而善，本心不息，而复见之端也。"（朱熹《周易本义》）"一阳之复，在人心则恻隐、羞恶、辞让、是非、性善之端也。"（来知德《易经集注》）意思是，一阳来复；在天地来说，则见生物之心，生物之心是为善心。故而在人来说，则为善心之动，善心之端，即见出天地之心。这一点，对认识易经内在的天人合一之义和儒家的天地之心说，也是一个必要条件。

人者天地之心也

儒家学者当中，除了以生生之说诠释天地之心以外，也有其他异军突起之说。明末清初的大思想家王夫之，便是如此。在《周易外传》中论《复》卦时，他提出了"人者天地之心"的命题。理由是：

"故夫《乾》之六阳,《乾》《坤》始交而得《复》,人之位也。"这是依据《说卦》或苏轼卦变说所做的分析。其说认为,八卦乃至六十四卦都成自《乾》《坤》之交。《乾》父《坤》母,相交而得三子《震》《坎》《艮》和三女《巽》《离》《兑》,形成八卦,推演成六十四卦。《乾》《坤》始交所得长子,为《震》卦,人由此生,故为人位。王氏之说的核心就在于此。接着他论述说:"天地之生,以人为始。故其吊灵而聚美,首物以克家,明聪睿哲,流动以入物之藏,而显天地之妙用,人实任之。人者,天地之心也。故曰:'《复》,其见天地之心乎!'。"此段话中的"以人为始"之始字,不训初,而训本《荀子·王制》所谓"天地者生之始也"之始,即本之义。意为"天地之生,以人为本",人是天地生物中的根本。聪明贤惠,如万物之灵,显示天地造化之神妙。人可谓天地之心灵。故而孔子说:"复,其见天地之心乎!"

王夫之的"天地人"观点,有其思想史的传统。无论儒家道家,都讲天地人,都强调天地之中人的伟大。《老子》二十五章说:"……天大地大王亦大。"王弼注曰:"天地之性,人为贵,而王是人之主也……故曰王亦大也。"孔子在《系辞》中说:《易》之为书也,广大悉备,有天道焉,有人道焉,有地道焉。"把周易内涵分为天地人三大部分,将人与天地并列,极为重视。特别是《礼记·礼运篇》以"天地人"的关系为礼的理论根据。王夫之对《复》卦天地之心的见解,就是来源于此。《礼运篇》对天地人的关系及人的本性作了深入的阐述。在讲完"君主治国必知情、通义、明利、达患",必知"人心之大端"为"大欲""大恶"而"制之以礼"以后,对人的本质做出了判断,其言曰:"故人者,其天地之德,阴阳之交,鬼神之会,五行之秀气也。"它把万物之中独具情、义、欲、恶的人,赞为天地的美德、阴阳的交融、玄妙之机的会合以及由金木水火土五行的灵气等几种优秀物质凝集而成。最后，作为结论，它说："故人者，天地之心也。"这是把人视为天地灵气的结晶，灵气的结晶即天地之心。王夫之大约从《礼记》礼运篇这一观点中得到启发，把它与周易《复》卦结合起来，从而得出《复》卦象辞所谓天地之心即指人而言的结论。

依据这一观点，王氏对《复》卦象义作了分析。他说："《复》者，阳一而阴五之卦也。阳一故微，阴五故危。一阳居内而为性，在性而具天则，而性为'礼'；五阴居外而为形，由形以交物欲，而形为'己'。"如此，对《复》卦的结构从阴阳、内外两面进行探讨。意思是阳少阴多，阳内（卦）阴外（卦），阳为性、为礼，阴为形、为己（私）。他从周易扶阳抑阴的儒家思想出发，认为《复》卦之一阳代表天地（《乾》《坤》）相交所生的人性。人性禀赋"天则"（先天的法则），是为善。五阴代表天地相交所生的形体，形体为物欲所累，

是为己（私）。人者天地之心，当然是指一阳所代表的善性。这种观点显然和孔子《系辞》中所谓"一阴一阳之谓道，继之者善也，成之者性也"的思想是一脉相承的。孔子认为，阴阳互变，生生不已，便是善。《乾》元之元，就是善之长。生生不已是为仁，生而有则是为礼，有则而循行不紊，是为义。善实包括仁、礼、义在内，人生之初具有的性便是善性。王夫之认为孔子所说的"《复》，其见天地之心乎"之心，便是指天地阴阳之气交融而凝结成的善性。简言之，天地之心就是人之本性。王夫之最后总结说："自然者天地，主持者人。人为天地之主，主必以心，故曰人者天地之心。"（以上均引自《周易外传》）

王夫之的学说是将周易、易传和礼记的思想融在一起而形成的。但礼记所说的人者天地之心，是从伦理意义出发把礼的规范性提高到天性的高度，和《易》传所说的剥尽阳复而现天地之心的哲理意义，有所不同。混而言之，殊觉不甚融

洽，不太自然。

天地之心是阴阳消长的规律

伴随时代的发展，关于《复》见天地之心问题，又出现上述学说以外的新解。当代易学家金景芳的见解就是其中之一。在《周易全解》复卦部分中，金先生在总览旧说的基础上提出了自己的看法。他说："《复》卦《象传》说'复其见天地之心乎'，这个'天地之心'极难理解。什么是'天地之心'呢？古人说法不一。有的说静是'天地之心'，有的说动是'天地之心'，有的则强调'天地之心'是天地生物之心亦即生生不已之心。所说的都有一定的道理，却都未说到中肯处。所谓'天地之心'就是天地之间万事万物中刚柔相摩，阴阳消长的规律。它无处不在。虽无处不在，却唯有在《复》的时候看见的最清楚。因为在《复》的时候，阳似乎被剥尽乃又复生于下，表面静默不动，实际则蕴含着一片勃勃生机，这比任何别的时候都更能说明阴剥阳消、剥极而复的客观规律。"

金先生认为孔子所讲的"天地之心"，只是个比喻，"其实就是孔子在别的卦里讲的'消息盈虚'，就是不以人的意志为转移的自然规律"。

这是用现代语言所作的表述，如以古语来说，则是"消长相因，天之理也"。程颐在千余年前早已作出这样的论断。实质意义和金先生的上述表述，并无根本差异。"消长

天地设位图，出自元·张理《易象图说内篇》

相因"就是指阴阳相反相成所造成的消息盈虚，"天之理"就是"自然规律"。这样看来，金先生的说法，实质上可谓继承古人之说，加以改造而成。或者说，是以辩证唯物主义的观点和语言对旧说注以新意而成。

但是，无论旧说新说，倘若仅以"天之理"或"客观规律"来诠释"天地之心"，则总有不足之感。因为问题在于，单单把它作为一个"客观存在"来看待和解说是不够的，它不单是"客观存在"，而且是"主观存在"。它是客观世界的"天地之心"和孔子思想中的"天地之心"化合的结晶。具体地说，就是《复》卦之一阳来复，鲜明地体现出阴阳之间消长相因、消息盈虚的自然规律，表现出元阳复始的众善之首，表现出天地生生不已的气机。约言之，孔子从《复》卦中不仅看出消息盈虚的自然规律，而且对此规律的根本机能在此所起的作用，作了真善美的伦理评价。总而名之，曰"天地之心"。这

样看，或许更贴近孔子象传的本义。这是笔者读《易》的一点心得，详细情况后面再说。

关于"天地之心"的解释，还有另外一说，也该浏览一番。

玄是否为天地之心

邵雍曾经说过："扬雄作太玄，可谓见天地之心者也。扬雄知历法，又知历理，知历理者，即所谓知天地之心也。"杭辛斋赞同此言，他论述说："《复》之象曰：'《复》，其见天地之心乎！'一阳来复，故生之机动于一阳，而一之数起于人心，人心即天心，天人合一，孔子赞易之微旨，具于是矣。"（《易数偶得》）邵、杭二位先生都以"数理"诠解天地之心，无非是"唯初太始，道立于一"的思想，以一为生生之始，从而说明天地之心，甚至以人心附会天心，既言之草草，又未必符合扬雄玄说的原义。下面我们看看扬雄的《太玄》，找一找其中的天地之心。

历史记载，扬雄写哲学论文

《太玄》，是模仿孔子的《易系辞》。毫无疑问，他这篇论文免不了周易与孔传的影响（当然道家的阴影也很浓重）。扬雄之说的基本内容是，宇宙的本体是谓'玄'，天地阴阳以至万物皆生于玄、而为玄所支配。他说：

"玄者，幽摘（音离）万类而不见形者也。资陶虚无而生乎规。揆（音关）神明而定摹，通同古今以开类，摘措阴阳而发气，一判一合，天地备矣。天日迥行，刚柔接矣，还复其所，终始定矣。一生一死，性命莹矣。"

大意为："玄"这个东西，在冥冥中支配万物而不露形迹，取养于虚无而生出圆规，控制神明莫测之变而确立定则，通贯古今，开辟物类，交措阴阳而发出气机，阴阳开合，遂成天地。天与日相背而行，遂造成刚柔相摩。天地运动，循环往复，乃形成始终。人之始终，是为生死，生死之间，性与命的情形也就洞若观火了。

扬雄此言，是他的宇宙论，包含四个要点：（一）宇宙本体为万物之主的无形的玄。（二）天道运行周而复始，若圆规然。（三）玄发阴阳而成天地，产生万类。（四）天道人道，循环始终。

另外，在《太玄》的《玄图》中有这样的话：

"夫玄也者，天道也，地道也，人道也，兼三道而玄名之。"

非常明显，扬雄以"玄"为宇宙本体，首先是来之于老子。《道德经》开宗明义即云："无名天地之始，有名万物之母。……此两者同出而异名，同谓之玄，玄之又玄，众妙之门。"王弼注谓："两者始与母也。同出者同出于玄也。……在首则谓之始，在终则谓之母。玄者，冥也，默然无有也。"扬雄以"玄"为虚无，王弼以"玄"为冥默无有，表达稍有不同，内容并无二致。扬雄之玄论，在名称上哲理上资取于道家思想，是最清楚不过的。如果扬雄以"玄"来解释《复》彖的"天地之心"，他必然和王弼一样，以无为本。这是思想脉胳展开的必然结果。

除了道家思想的影响之外，扬雄的《太玄》既是摩仿孔子《系辞》而写成的，则无论形式内容必定免不了孔子思想的影响。例如前述《玄图》以天道、地道、人道等三道来为玄下定义，显然就是从孔子给周易下的外延定义"《易》之为书也，广大悉备，有天道焉，有人道焉，有地道焉。"(《系辞下》十章)中学来的。另外，尤其重要的是，扬雄所借用和建立的"玄"这一理念，和孔子在《系辞》中所创造的太极这一理念，有一脉相通之处。孔子说："《易》有太极，是生两仪，两仪生四象，四象生八卦，八卦定吉凶，吉凶生大业。"孔子所讲的既是周易的形成、发展、变化的作用，也是宇宙的生成、发展、变化的作用。扬雄的"玄"除了不讲周易之外，作为宇宙观来看，和孔子的太极说对比，有些地方很相像，模仿的痕迹清晰可见。

由此看来，扬雄的"玄"这一理念，就其基本性质来讲，无妨说是从儒道两家思想的血液中脱胎而生的混血儿。

但是，扬雄并未把他的"玄"视为孔子所说的"天地之心"，只是邵雍持有那种看法而已。邵氏那种看法，其实并无新意，在他之前王弼早就把天地之心释为无，把阳复视为返本而返于无了。总之，以道家的消极的复返于无来解释孔子的积极的"天地之心"，既无论证力也无说服力，使人产生空洞飘缈之感。而且，"玄"也罢，"太极"也罢，都属于宇宙本体范畴，是天(阴阳)的始祖，以始祖为心，未免差距过大，流于牵强，所以"玄"为天地之心之说，难以立住脚步。

天人合一与扶阳抑阴

说到这里，我们还得返回来再从易经本身，从《复》卦本身，从孔子赞《易》的思想本身去寻觅"天地之心"。

前面说过，剥尽阳复的天地之心不仅体现阴阳消长相因，消息盈虚的自然规律，也融合了孔子易道观在内。不仅是客观真理的表述，同时有思想倾向与情感色彩。需要回过头来依据周易与易传仔细进行考察。

纵览周易全书，阴阳实为其"基因"。《易》以道阴阳，乃学界之共识。但《易》传虽然认为一阴一阳之谓道，阴阳共济始生万物万变，但从儒家思想出发对阴阳的态度却有所不同，不是平等对待，而是扶阳抑阴，尊阳卑阴。表现得最明显的是《乾》《坤》《泰》《否》四卦。《乾》《坤》为《易》之始，《泰》《否》为运之成。《乾》卦之初爻曰"阳在下"，以为龙之潜，而《坤》卦之初爻则曰"阴始凝"，以为邪气之始，其尊阳贬阴之意跃然纸上。《泰》卦象辞曰："内阳而外阴……内君子而外小人。"《否》卦象辞则曰："内阴而外阳……内小人而外君子。"把阳比作君子，把阴比作小人。喜阳恶阴之情，十分明显。但尽管如此，这种倾向却只限于畸轻畸重的范围内，并不是扶阳灭阴。有的书上说周易尊阳灭阴，那是违反易理的，因为孤阳不生，孤阴不长，阴阳互变，始为天道。

除《乾》《坤》《泰》《否》四卦之外，这种倾向通贯全易，莫不如此，《剥》《复》二卦自不例外。本来阴阳之消长相因、盈虚互变乃天之道，对于阴阳来说，本来无可厚薄。《剥》《复》二卦共同表现此理，亦无可轻重，但经文却说此际"不利有攸往"。象传解释说："不利有攸往，小人长也。"把阴盛阳微

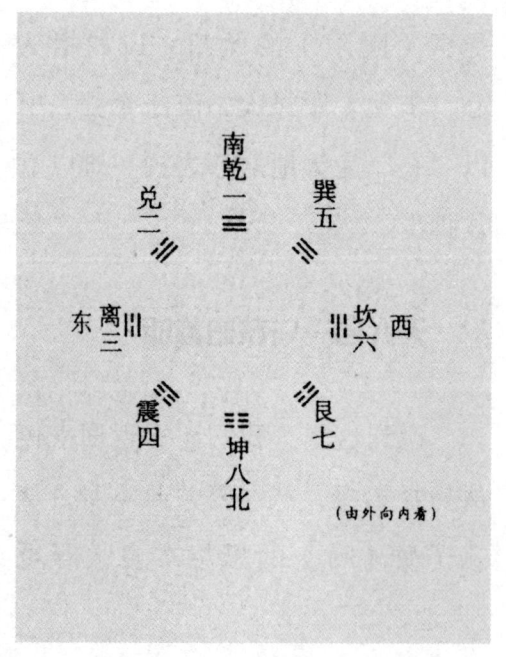

此乾一、兑二、离三、震四、五、坎六、艮七、坤八为先天数

喻为小人当令，君子失势。其扶阳抑阴，为君子谋不为小人谋之意，无论本经或传辞都极明显。这是一。第二，虽然孔子主张扶阳抑阴，为君子谋，但他从易经中看到一阴一阳之谓道，阴阳互济始为天理，所以，他在《剥》象中斥责小人之后，又不得不承认"君子尚消息盈虚，天行也"，亦即君子必须对《剥》的阴长阳消，阴盈阳虚，加以尊重，因为那是理应遵守的大自然的运行规律。综合上述两点，可见孔子对《剥》之阴盛阳衰：一方面从伦理上表示厌恶，并主张谨慎对待；另一方面又无可奈何地表示承认并尊重这一不可避免的客观规律。这是孔子对《剥》卦的看法与态度。

孔子对《复》卦的态度与看法，与对《剥》卦大为不同。《复》卦经文："复，亨，也入无疾，朋来无咎。反复其道，利有攸往。"对此，孔子的象传以一言蔽之，亦曰《复》，亨"，重复经文，为《复》卦定调。接着解释经文说：

"刚反，动而以顺行，是以出入无疾，朋来无咎，反复其道，七日来复，天行也。利有攸往，刚长也。"最后结论是："复，其见天地之心乎！"

这里值得注意的是，《复》卦卦象是一阳居初，五阴在上，与《剥》卦之一阳居上，恰好相反。阳复于初之势，一目了然。但经文却只赞《复》之美，而未说何物来复。"刚反"（即"阳复"云云），是孔子的补充。"见天地之心"是孔子的体会，孔子的赞叹。是孔子对刚反之体会，对阳复之赞叹。这里只针对两仪之一的《乾》阳，而未溯及两仪之祖的太极。仅此亦足见天地之心为玄的说法，实不贴切。总之，由于《剥》《复》两卦卦辞象辞的迥乎不同，亦可见扶阳抑阴实为周易的基本精神。

这一点，在《夬》《剥》两卦也表现得很清楚。《剥》是阴剥阳，而上九曰硕果不食，表明阳为君子之道，有复生之义。《夬》为阳决阴，而上六则曰："终有凶"，表示阴为小人之道，虽不言其亡，亦言其前途可悲，一褒一贬，极为明显。

此外，十二辟卦表明阴阳之消息盈虚，循环无已的天之行（自然规律）。其环之两极为《姤》与《复》。《姤》为五月，一阴生，经六月《遁》，二阴生，七月《否》，三阴生，八月《观》，四阴生，九月《剥》，五阴生，十月《坤》，六阴生，到十一月《复》，则一阳复生，是为复。然后十二月《临》，二阳生，正月《泰》，三阳生，二月《大壮》，四阳生，三月《夬》，五阳生，以至于四月《乾》，六阳生。《乾》之后一阴复生，是为《姤》。如此一长一退，一升一沉、一盛一衰、一代一谢，消息盈虚，循环无已，是为"天行"。本来就天行本身而论，其运行之每一环节皆同样必要，价值相同。必以等同之值运行，运行始得正常。其中《姤》为夏至，《复》为冬至。从《姤》到《复》，从夏至到冬至，天之运行，秩序井然，季节之转换，有条有理。对此《剥》《复》《复》

《剥》之循环运行，只应全面肯定，而不应或褒或贬。但周易（包括孔传）并非是单讲大自然的书，而是"讲天道以明人事"的书，是借天言人，天人合一的书。因此仅以天行之道来看待《剥》《复》的消息盈虚，就会看不清其全部面貌。举例说，为什么对一阴生的《姤》，贬之为"女壮，勿用取女"，而对一阳生之《复》，则赞之为"亨"？对二阳生的《临》说"元亨利贞"，而对二阴生的《遁》则曰"亨，小利贞"？对三阴的《否》戒之曰"否之匪人，不利君子贞"，而对三阳之《泰》则颂之曰"小往大来，贞亨"？如此等等，尊阳贬阴、阳淑阴慝之义，处处可见。当然，这种带有倾向性的态度也是合理的，不可避免的。周易是"天学"，同时更是"人学"。其中的天道、地道、人道，毕竟须以人道为核心。其占辞之断语或戒辞，为亨、贞、吉、凶、悔、吝、无咎、厉、无不利、利有攸往、利涉大川、贞吝、征凶、终吝，等等，皆以人事之利害、正邪、是非、得失为基准。孔子讲周易偏爱阳刚，是依天人合一的理论，借天道以明人道，如斯而已。

但问题却出在这里：对于《剥》卦，既要坚持人道之扶阳抑阴的立场，戒之为"不利有攸往，小人长也"；同时又劝之为"顺而止之"，对"消息盈虚"之"天行"，持尊重态度。对于《姤》卦，亦复如此。对其一阴生，一方面戒之曰"勿用取女"，对《复》之一阳生，则赞之曰"亨"。一憎一爱，何其分明！这并不是逻辑矛盾，而是周易内在的，又经孔子发扬的天人合一思想展开后，必然达到的合理的结果：天与人是一而二，二而一，合中有分，分中有合。

情义双关的命题

依据上述来看，所谓"《复》，其见天地之心乎"，就是情义双关的命题：一方面表示由此现出（或见到）"天地之心"，指出阴阳之间消长盈虚的客观规律，这是义，即"尚天行也"之义。同时表示对阴极阳生、恶退善萌的无限欣悦与赞叹而仰之曰"天地之心"，这是情。换个形象的说法，孔子这个命题可以说是"二美具"。

孔子对天行规律如此尊重，对阳之《复》如此欣赏，不仅表现在《复》象上，在孔子的全部易传中都有其形影。尤其是《系辞上》所说"一阴一阳之谓道，继之者善也，成之者性也"，表现得最清楚。邵雍注曰："一阴一阳，天之道也。物由是而生，由是而成者也。"一阴一阳之谓道的道，就是规律；一阴一阳之消长盈虚，就是天之道，即自然的规律的运行。《剥》《复》之循环无已就是一阴一阳之天道的典型表现。万物皆由此而生，继续不断，生生不已，此之谓善。善而落实于人和物即成为性（属性）。孔子这段话是叙述阴阳之道生物的过程，并表示始生之为善，天之生物，无所偏私，泛爱万物，实其仁性，故曰善（这是孟子性善说的本源）。在周易，生物之始又名为"元"。孔颖达周易《正义》引《子夏易传》谓："元,始也。"《公羊传》隐公元年何休注："变一为元,元者气也,无形以起,有形以分,造起天地,天地之始也。"元在古文,训为正。在《复》卦中,一阳初复,是为生之始,生之始为元为正,故元即是善。而且,"元者善之长也",元是最高的善(内含仁、礼、义、智),这在孔子的《文言》中已说得很清楚。同时《乾》彖又讲"大哉乾元,万物资始",表明《乾》阳为元之本,阳动而物生,遂呈元始。元为周易之重要概念,凡四七见。孔子对元,曾反复颂扬,对元的颂扬,当然基于对生之颂扬,所以《复》彖颂扬阳之复与阳之生,为"天地之心",等于对元的颂扬,等于对"善之长"的颂扬,其扶阳抑阴的心情,表露无遗。

但是问题的另一方面,是所谓"易以道阴阳""一阴一阳之谓道"。周易作者也罢,孔子也罢,对"孤阳不生,孤阴不长"的道理,自然十分清楚。但何以对一阴之生的《姤》卦如此贬斥,而对一阳之生的《复》卦如此颂扬,把"生"的贡献完全归功于阳呢?这个问题也不难回答。答案应该是:第一,阳为主;阴为从。生,以阳为主导。第二,阳被阴剥,至极而复。阳复之际,为生为元为善(仁),是所谓"动之端""其势必强"(程传),可谓朝气蓬勃,前程无量,对此加以颂扬,合情合理。第三,扶阳抑阴之旨也表现在生死问题上。本身生死相伴,不能割裂。《系辞》所谓"生生之为易"其实应为"生生死死之谓易"。唯因扶阳抑阴,乐言生而慎言死,以致如此说。《系辞》所说"天地之大德曰生",正是这种倾向性的表现。正如孔颖达《周易正义》所说:"《易》主劝戒,奖人为善,故云生不云死也。"据此可见,《复》彖对生之颂扬只及阳而不及阴,完全合乎周易的内在逻辑。

此外，还有一点值得注意。那就是周易对"复"之道基本上持肯定态度。《讼》卦之"不克讼，复即命渝，安贞，吉"；《小畜》卦初九之"复自道，何其咎？吉"；九二之"牵复，吉"；《解》卦"其来复吉"。以及《复》之"亨，出入无疾，朋来无咎"等，诸卦之"复"大都如此吉祥。但他卦之复，仅为局部的爻间之复，不关大体。惟独《复》卦之复，是全卦之复。复之道，无论天道地道或人道，在此卦都得到肯定与发挥。《剥》尽来《复》为天地之道，修身自反为人之道。如同《谦》之道一样，《复》之道也在天人合一的理论中为周易所肯定。不但予以肯定，而且特别予以欣赏。这一点，也包含在《复》卦"见天地之心"的象辞中，值得玩味。

天地之心的美学意义

最后，"复，其见天地之心乎"这一命题，不仅如上所述，具有宇宙观的意义，伦理的意义，也具有政治的意义和美学的意义，并且涵盖天人万端，应用于所有事业。

邵雍有一首歌颂《复》卦的诗，诗曰：

"冬至子之半，天心无改移。一阳初动处，万物未生时。玄酒味方淡，太音声正稀。此言如不信，更请问包羲。"

这首诗十分有名，不仅在易学界为人们所乐于传诵，在一般文化圈内也脍炙人口。它不但通过韵律节奏与艺术形象表现出大宇宙阴阳消长的根本规律，而且点出了这一规律运行的机密性与积极性。使人读后，不仅加深了对阳复的"天地之心"的领悟与理解，而且有一种似乎人心突然与天心碰撞而产生的难以名状的"第六感"在精神深处油然而生，好似在严冬极尽的雪原上忽然发现一株野草的青苗一样，或者宛如困在黑暗的山谷中忽然发现了一线光明一样，欣喜之情，涌上心头。邵雍的诗，以自己的感受唤起了读者的感受，引起了广泛的共鸣。

这首诗含有丰富而生动的内容。它是说，冬至为一年间夜最长（阴最盛）昼最短（阳最衰）的节令，是气温开始入九，进入最严寒的时节。但就在这当口，黑夜开始由长变短（阴盛极而始衰）。这是谁的支配作用？这是"天心"的作用，亦即阴阳消长的法则的功能。"天心无改移"，是说这一宇宙的根本法则是准确运行，绝无差忒的。这是阴阳兴衰交替的时刻，是一阳始生的瞬间，是静极而始动的一刹那，是阳主阴从关系即将水乳交融的过渡当口，天地充满无限生机和无限春意，前程光明，无穷无尽。这时万物将生而未生，生意盎然而尚不显现。犹如一颗无形的种子充满生的能量而尚未破壳而出。这是个宇宙间最微妙，最美妙的时刻。从外表来看，五阴在上而一阳在下，阳气初复，自然微弱，但从实质上从发展来看，阳生之势必将如野草之破土而出，势不可挡，生、长、壮、大是毫无疑问的。对这迷离惝恍的动人时刻，邵康节满怀激情地以玄酒、太音作喻，加以颂扬。玄酒为上古祭祀所用，引申为薄酒、美酒。美酒不在烈性，而在淡泊之处，最堪品味。太音即大音（上古大太通用），"大音稀声"（《老子》四一章），是说最高最美之音乐听不出声音，亦即《庄子·天运》所谓"无声之中，独闻和焉"。陆机《连珠》所谓"繁会之音，生于绝弦"，白居易《琵琶行》所谓"此时无声胜有声"那样的意境（参见钱仲书《管锥编》二册449页），特别是，鲁迅所说"于无声处听惊雷"（《复》卦卦象正是雷隐于地中），最能表明"太音稀声"的意境。总之，玄酒太音这两个比喻，形象地表达出一阳始复、将生未生的美妙瞬间，把这一瞬间的沛然待发的无限生机，表露得十分深刻，耐人寻味。同时，全诗意义最深、意味最浓、意境最高的是结尾两句："此言若不信，更请问包羲（包羲即伏羲，包伏一音之转）。"意为如果此诗所颂的一阳独生的美妙境界若你不信，便请你去问一问创造八卦的包羲氏。说的好！的确是一问包羲，答案便立即呈现。稍加思索，便会同意邵雍先生的结论。因为，世界上最先发明创造出八卦的包羲氏，他仰观俯察，取身取物，经过深入思考而后画出宇宙人世的基本架构：《乾》《坤》《坎》《离》《震》《巽》《艮》《兑》八种物象，谓之八卦。而万事开头难，他画卦是从哪里开始的呢？毫无疑问，是先从"—"开始，"—"是天之象，其德为《乾》，其性属阳；然后才接着画出"--"，用以象地，其德为《坤》，其性属阴。一为数之始，亦为物之始，数即是物，数之始即是物之始。包羲氏初画出"—"的瞬间，为一阳初生，尚未画"--"，阴尚未生，正是孔子所说的"乾元"（即一阳）之际，"始而亨者也"，充满了畅通无阻的生机。虽然《乾》天《坤》地尚未画出，《坎》水《离》火《震》雷《巽》风《艮》山《兑》泽等亦未滋生，八卦尚未形成，但这个最原始的一画，却内蕴着产出花花世界和千变万化的基因，亦即象征这个花花世界和千变万化的八卦乃至六四卦的体系。或者说，这一画就为中华民族从原始走向文明画出了一个开端。

这不正是邵雍先生所谓"一阳初动处，万物未生时"的情景么！此种情景中的心理境界，将宇宙法则乃至世界万象寓于胸中而酝酿出生机的春意境界。当然画卦的包羲氏亲身体验，领悟最深。虽然包羲氏早已作古，其人其事其意，并无文献可徵，但世上却有个对包羲的精神、周易的奥义，以至《复》卦的精髓能够彻底通晓的圣人存在，那就是孔子，后学者尽可以循此而体悟到初画一阳时包羲氏的顶天立地、超凡出众的高尚境界。回过来头，再吟玩邵子的诗,便自然会豁然开朗,大彻大悟。

以上所述,总结一下,可以归纳为"《复》,其见天地之心乎"这一命题(包括《复》卦五阴一阳的卦象)的美学意义。从美学理论来看,美属于形象化的艺术范畴,抽象的哲理似乎与美学关系不大。但正如古希腊建筑具有几何式的数学之美一样,《复》卦的形象以及孔子象传所涵孕的生机勃勃的气象,也具有充分的审美意义,给人以美的感觉和享受。

天地之心的实践意义

阴阳消长盈虚,循环无端,这是宇宙的根本大法,是天地之心,它涵盖世界的一切方面。政治上的一治一乱,一乱一治;合久必分,分久必合;政权的一兴一衰,一交一替;政治人物的一起一落,一上一下,等等,都逃不出这一自然的根本大法。乃至军事上的胜败之间,战和之间,事业上的成功与失败之间,顺利与困难之间,甚至心理与感情的喜怒之间、哀乐之间,也都可以看到这天地之心在起支配作用。另外,这一根本大法的突出表现,在于它内在的"物极必反"的规律。从周易来看,《夬》决阴而成纯阳之《乾》,阳已极盛,极而必反。于是《姤》之一阴乃油然而生,生而长,长而壮,"物壮则老,是谓不道,不道早已"(《道德经》三十章),阴长至《剥》,猖狂至极,极则必衰,于是"硕果仅存"之一阳"七日来复",遂成阳《复》。一阴一阳,极则必反,兴衰交替,无时或已。从这一"天地之心"的运行中,我们读易者应该像孔子那样,发现其人事的积极意义。在事业的经营上乃至生活的处理上,一方面要像孔子所说的那样,存不忘亡,安不忘危,善于持盈保泰而避免走极端,以免走向反面。另一方面,对待困难与失败,绝不灰心失望,应该仿效陷于阴剥之中的阳气,努力保持元气,以待"天地之心"运行的回转，养精蓄锐，目光向前，在黑暗中静候事情的转机，期待光明的来临。应该在苦难中，坚持真理必至的希望，坚信阴剥极尽必转为阳气来复。这可以说是我们探讨何为天地之心这一问题的实践意义。

第七篇 "制器尚象"与"居则观象"

此象非彼象

在孔子的心目中，周易是君子修养与行动的指南，其中涵有"圣人之道"，足资汲取。他以总结的语气说：

"《易》有圣人之道四焉：以言者尚其辞，以动者尚其变，以制器者尚其象，以卜筮者尚其占。"（《系辞上》十章）

以，用也；尚，崇也。意思是，周易有四个圣明的道理：需要言论的，重视其中的文辞；需要行动的，重视其中的变化；需要制创器物的，重视其中的形象；需要卜筮的，重视其中的占断。

在另一处，他又说：

"……君子所居而安者，易之序也；所乐而玩者，爻之辞也。是故，君子居则观其象而玩其辞，动则观其变而玩其占。"（《系辞上》二章）

上一段话说的是辞、变、象、占，后一段话说的也是辞、变、象、占。表面看来，大意仿佛。但稍加注意便可发现，两段话之间存在一个巨大的差异。具体说，差异就在象字上。前段话的象，是"以制器者尚其象"的象。后段话的象，是"居则观其象"的象，内容深广程度，迥乎不同。前者的范畴，仅限于从卦象中汲取模样或含义，以开发造器之智，除了传说中帝圣为利民而制器之外，在孔子生活的春秋末季，在"君子不器"（《论语·为政》）的社会气氛中，这并非君子进德修业的要事，和辞（修辞）、变（通变）、占（察来）三者并列为

"圣人之道四"，过于牵强。后者的范畴，较之前者其外延远为广阔，内涵远为深厚。它不止于一事一物之形态与义理，而是包络天地人三道而弥沦万事万物。所谓观象，实质上是观察象中阴阳交迭变化之道所表现的各种情态，据此为进德修业、彰往察来的指南。制器尚象云云，不过象义之一角，较之"君子居则观象"之象，可谓小题大作，它与"君子观其象"的象，实不可同日而语，把它列为周易四道之一，无法前后呼应，昭然若揭。可是历代许多易学家都只顺应原文加以注解或阐释，而不表疑问，《周易篡疏》引崔觐之言，即是一例。崔曰："圣人德合天地，智周万物，故能用此易道。大略有四：谓尚辞、尚变、尚象、尚占也。"意为，只有德智至上的圣人，才能运用易经中的"四道"。这样依原文的字面意义来作解释，便把易经四道之主的象、易经灵魂的象，局限于为制器提供蓝本的狭小的功利范围，从而大大冲淡了易象的精髓，降低了易象的功能与价值。来知德在注释"易之为道，不过辞、变、象、占而已"（《易经集注》），也是顺应原文的意思，承认"制器尚象"为易经四道之一，而对"制器尚象"仅为易象功能之点滴，远不足以代替四道之一的易象一点，未作任何辩释。这对发明易象颇有贡献的来氏来说，不能不说是一个可惜的疏漏。还有向来读书而好甚解的张载，对"圣人之道四"这段话，却不求甚解。他说："尚辞则言无所苟，尚变则动必精义，尚象则法必致用，尚占则谋必知来。"（《横渠易说·系辞上》）抛开《易》之四道，以"法必致用"解释"制器尚象"，不过是肯定原文字面意思，顺水推舟，略加申述而已，并未作任何剖析。

如上所述，把"制器尚象"说成易经内涵的四道之一，其小题大作，以点代面的弊病相当明显，略有见识的人，即不难发现。但何以不少名家如此草草肯定而不表异议呢？对此，有人认为，这是由于古代的学者们，无论儒家或道家，对圣人孔子说的话，多怀有尊崇与敬服之心，而难以发现疑问的原故。这个说法，有一定的道理。思想史证明：不仅古代，对孔子的言论有此种情况；就是近现代或当代，也有不少类似的事例。实质上这也许是政治空气对学术心理的干扰吧。

不但古代的易学家对上述《系辞》原文抱着含糊其辞、敷衍了事的态度，当代一些易书也有不少此种情形。如《周易大传新注》就把"制器者尚其象"简单地释为"用来制造器物应以卦象为主"，并未就其不合理处提出任何疑问。《周易今译》也是只照原文字面译为："用来制造器物时，崇尚《易经》的形象"，在总结中，也未作任何辨析。可见易学传统的负面影响今天仍然存在。

以上所谈，是《系辞》"易有圣人之道四焉"当中，关于"制器者尚其象"的第一个疑问。此外，还有另一个疑问就是：既然"制器者尚其象"（姑不论易象是否有全面地为制器提供仿效的功能）；那么，是象在器先，还是器在象先？亦即：是先有象，还是先有器？这一问题，按实际情况，以常识论之，头脑正常的人，当然都会说：根据事实来说，一般情况下自然是先有器物，而后有易象；因为易象是源于物，是人仿物而画成的。但《系辞》在这一点上产生了自语相违。它一面说"制器者尚其象"，表明制器者模仿易象；另一面又说："古者，包羲氏之王天下也，仰则观象于天，俯则观法于地，观鸟兽之文，与地之宜，近取诸身，远取诸物，于是始作八卦……"（《系辞下》二章）。意思是说，"八卦取象于日月天地雷风山泽……"（《周易集解纂疏》李道平疏语）。易象生于人仿外物，先有物，后有象，象为物的象征。所以《系辞》下文在总结时才说："是故，《易》者，象也；象也者，像也。"把易象的来源归结为模仿外物的相似。这和前文"制器尚象"的思想，恰好相反。

可是，紧接着《系辞》又转过身来以大量实例论证"制器尚象"的正确。它说：

"（包羲氏）作结绳而为罔罟，以佃以渔，盖取诸《离》。"

"包羲氏没，神农氏，斫木为耜，揉木为耒，耒耨之利，以教天下，盖取诸《益》。"

"日中为市，致天下之民，聚天下之货，交易而退，各得其所，盖取诸《噬嗑》。"

"黄帝尧舜垂衣裳而天下治，盖取诸《乾》《坤》。"

"刳木为舟，剡木为楫，舟楫之利以济不通，致远以利天下，盖取诸《涣》。"

"服牛乘马，引重致远，以利天下，盖取诸《随》。"

"重门击柝，以待暴客，盖取诸《豫》。"

"断木为杵，掘地为臼，杵臼之利，万民以济，盖取诸《小过》。"

"弦木为弧，剡木为矢，弧矢之利，以威天下，盖取诸《睽》。"

"上古穴居而野处，后世圣人易之以宫室，上栋下宇，以待风雨，盖取诸《大壮》。"

"古之葬者，厚衣之以薪，葬于中野，不封不树，丧期无数。后世圣人易之以棺椁，盖取诸《大过》。"

"上古结绳而治，后世圣人易之以书契，百官以治，万民以察，盖取诸《夬》。"

这样，《系辞》又进一步以十三个"盖取诸"的"历史事例"为证，证明制器者如何尚于象。显然，这同上文所说的仰观俯察而取象画卦的观点，水火不容。

《易》者象也

于是，在阅读《系辞》这一部分时，人们不可避免地要面临两个问题：

（一）周易的四个圣人之道，即周易的四大内容，可以集约为辞、变、象、占。但其中的象，应指周易整体的象，而不应指象中的小节

"制器尚象"。将"制器尚象"与辞、变、占并列，显然极不平衡。所谓尚辞、尚变、尚象、尚占云云，按理说，是与第二章"君子居则观其象而玩其辞，动则观其变而玩其占"的话前后呼应，是同一思想两个角度的表达方式。何楷说："此章与第二章'观象玩辞'、'观变玩占'相应。"（《周易订诂》）点出了两章两话间的脉络，但未对"制器尚象"提出究诘，恐怕也是由于对圣人言论持述而不作的态度吧。第二章所说的观象，当然是指易体全象，即六十四卦的整个卦爻象，是从"冒天下之道"的高度和"类万物之情"的广度去玩象尚象。这样看来，"制器者尚其象"和"观象"两者并非同一序列的概念，不应与辞、变、占并列为圣人之道。这是第一个问题。

（二）"制器者尚其象"的论断以及后文的"十三盖取"的例证，也许是为了"说明《易》象的'神奇'作用"（《周易译注》），但就史实、事实及大体看来，却是颠倒是非的空论。从根本来说，应是象源于器而非器源于象（此指形而下者的器，制器者之器是其中之一）。况且"十三盖取"（《系辞下》二章）一章内部亦有矛盾，开头之"仰观俯察"与总结之"易者象也"，是说象生于器，中间之"十三盖取"则说，"器生于象"，互相扞格，难以自圆其说。

这是第二个问题。

伏羲氏画八卦图，出自《二十一史通俗演义》。伏羲氏是传说中的五帝之一

下面，分头试加剖析。

在周易的四大内容（四大圣人之道）辞、变、象、占中，占有根本地位的是象。《系辞下》说："象者，像也。"可谓一言中的。象是周易的灵魂，也是它的躯体。正如来知德所说："易卦者写万物之形象之谓也，舍象不可以言《易》矣。"（《易经集注》）可以断言：象外无《易》。

第一，《易》从象生。《系辞》所谓"易有太极，是生两仪，两仪生四象，四象生八卦"也罢；所谓"伏羲氏……仰则观象于天，俯则观法于地，观鸟兽之文，与地之宜，近取诸身，远取诸物，于是始作八卦……"也罢，都是表示易体始于阴阳八卦的画像，《易》离不开阴阳八卦，阴阳八卦则离不开象。丁寿昌引《说文》"挂，画也"。驳斥了卦为"悬挂"之义说，认为卦的本义源于画，《易》之画是画像，象成则《易》成（《读易会通》）。王夫之也说："因像求象，因象成《易》。"（《周易外传·系辞下三章》）把《易》从象生之义表达最为简明确切。

第二，象外无《易》。《易》即是象，从阴阳二画起直到八卦六十四卦乃至三百八十四爻，无一非象，各种卦序，无论传统的，八宫的，或马王堆的，无一非卦象之序。各样卦变爻变，无一非象变；所有卦辞爻辞，亦无一非象之释辞，等等。《易》即是象，其理昭然。所以《左传·昭公二年》晋国韩宣子出访鲁国，观赏文献时，不称周易为《易》，而名之为"易象"，可见，《易》与象具有一而二二而一的密切关系。

第三，《易》之辞生于象，先有象，后有辞。古时曾有有象无辞之《易》，但无有辞无象之《易》，《尚氏学》曰："凡易辞无不从象生"（《系辞上》），所谓"圣人设卦，观象，系辞焉而明吉凶"，即指此而言。如《乾》卦卦辞之"元、亨、利、贞"，是表现天所具有的"始、通、和、干"四德等六个纯阳之象而系上的文辞。"潜、现、乾乾、飞、亢"等爻辞，是依据六个爻所表现的天地人三位以及龙在三位六个阶段中的情态而缀上的爻辞，等等，都是文王、周公（或他人）观其象而后按象义所作的文辞，辞从象生。王弼所谓"言生于象"（《明象》），朱熹所说："'象者物之似也'，此言圣人作《易》，观卦系之以辞也。"（《周易本义》）都说明象是辞所从出的本源。

第四，义自象生。象的本质是，以象征万物情态的形象"冒天下之道"与"彰往察来"（《系辞下》）。孔子认为，《易》之所以立象，是由于"书不尽意，言不尽意。故而立象以说意，设卦（卦亦为象）以尽情伪。"（《系辞上》）王弼解释说："夫象者，出意者也……尽意莫若象。"（《明象》）都表明语言文字在表达意念上的局限性和象在表示思想意念上的优越性，正由于象有蕴涵义理的优越性，故而圣人才能从中悟其义理"微显阐幽"而系之以辞。程颐所谓"理无形，故因象以明理"（《答张闳中书》），王夫之所谓"天下无象外之道"（《周外传·系辞上》），都是阐发此意。换言之，从根本上讲，周易并不是"文以载道"，而是象以载道，象以蕴理；卦爻辞不过是把象中所含的义理表达出来而已。何况周易的文辞也大多采用寓言、比喻等形式，也属于象。"意以象尽，象以言著"——王弼这八个字把意、象、言三者的关系和象在三者中主要地位的意思，表现得简明而恰当（至于他的忘象扫象之论，及是以庄解易，其利弊是另一问题，此处不谈）。对周易象数义理俱深有修养的杭辛斋，总结自己研究易象的心得说过下面一段类似评语的话："周易卦爻，文字所不能赅者，而象无不可以赅之，象固不可限量也。"（《学易笔谈》二集卷一）"象也者形也，其不曰形而曰象者，形仅以状其物质，而象则著其精神"（《学易笔谈》二集卷三）。

此间，前一段是说象的功能。赅者，备也，意为周易卦爻的奥义，文辞不能完备地表达，而象则完全可以象征，象的功能本来就是不可限量的。这段话的中心是说象的功能大于辞。第二段是将象与形对比，而辨其区别。他认为形仅表达外貌，象则表达精神，这是很高超的见解。的确，形仅是空虚静止的物貌，并不含有深厚的义理，不会变化；而象则是蕴事物义理情性的构图，以阴阳的对立统一为内核，生机勃勃，变化多端，一象表多物，含多义，是一与多的统一。仅以《说卦》为例，其中的《乾》象除具纯阳之健性外，还代表天、首、君、父、玉、金、寒等十四种事物，而且不止于此，还可增益，所谓"象固不可限旦也"，于此可见一斑。同时，既此也足见，有些人有些书把《易》之阴阳、八卦和六十四卦说成"符号"，是不妥当的。表面看来，为了表达的方便，似乎可称之为符号，而从实质上说，易象与符号完全是两回事，因为严格意义的符号，是标志事物的空洞的信息外壳，是与外界事物并无相似之处的单纯记号，与它所标志的事物之间并无固定的联系，亦即符号本身并无固定的内容，它是事物的外在形式，这是一。其次，由于它是空壳的载体，所以并不蕴涵义理，电报或数理逻辑的符号就是这样，本身并无意义。最后，符号代表的事物和关系，是单一的、固定的，绝无"变动不居"或一个符号代表多数事物的情况，等等。就其只是标志事物的外在形式而不"著其精神"一点来说，多多少少和杭氏所谓的"形"有些类似，和上述象的本质、功能、变化、价值等，都相差甚远，不是同一事物，也不属于同一类。就《易》象来说，无论卦爻象或文辞象都不是作为空虚的载体而被动运行的符号，它是与数理、义易紧密结合，而主动变化的形象，是内容与形式的统一体。由此观之，来知德说："象，镜也。有镜则万物毕照，若舍其镜，是无镜而索照矣。"（《易经集注》原序）这段话认为象是《易》反映万事万物情态的手段，强调它的巨大功能，这是正确的。所差的是，他把活生生的象，比作死板板的镜，则和符号论者犯了相似的错误。符号属于抽象思维，易象属于形象思维中的象数思维，根本不同。此问题，当另文论述。

第五：《系辞下》说："《易》之为书也……其道也屡迁，变动不居，周流六虚，上下无常，刚柔相易，不可为典要，唯变所适。"这一段著名的论述，简明扼要，把周易的精髓说得明明白白。确实，周易的实质是讲阴阳变化的规律，那么，它本身的变化表现在哪里呢？一句话，《易》之变，根本上是象之变。无论筮草之十八变而成卦，本卦之变为之卦，六个爻之变，卦序之变，乃至互卦之变等等，根本上都是象变。卦爻辞之变，是伴随卦象爻象之变而变，卦爻之象不变，则文辞自然不变。同时文辞本身也多是象，文辞变，也是象变。明显的卦变，如《泰》之变《否》，《泰》为地上天下（内卦天，外卦地），象征地气上升，天气下降，阴升阳降，阴阳相交，呈现大通泰和的景象，故名曰《泰》，卦辞为"小往大来，吉亨"。小指阴气，大指阳气，阴气升而阳气降，简言之为"小往大来"。如此大好局势故曰吉而且亨，卦辞所表现的，全是卦象的内涵，如将《泰》卦之内外两小卦颠倒过来，造成天上地下之象，则成为《否》卦。《否》之卦辞为"否之匪人，不利君子贞，大往小来。"意思是，泰不会永泰，泰极则否来，否为塞。否塞的局势，与泰通的局势相反，天气上升，地气下降，天地不交，万物不生，不利于人道，故曰"匪（非）人"。阳气上长，阴气下来，为大往小来，如此反常的局势，对君子坚持正直之道颇为不利。这段卦辞，如《泰》卦卦辞一样。都是对天地关系的卦象内蕴，联系人事，加以阐释。《泰》《否》卦辞涵义相反之变，正缘于两卦卦象颠倒之变，变生于象，而辞则明其变之含义。卦变如此，爻变自不例外。如《遁》卦初爻辞是："遁尾，历，勿用有攸往"（小人得势时君子应及时遁退，以避其锋，如若遁藏滞后，成为遁"尾"，则有危险。此时此际不可前进，以免受害），《遁》卦初爻变，则变为《同人》卦，初九爻辞为"同人于门，无咎"（能够走出私门，与公众求团结，则无咎害）。如此爻象变，则爻辞随而变，六十四卦三百八十四爻，莫不如斯。总之，周易的精髓在于阴阳交变。阴阳之变为象变的根基，而卦爻及文辞之变则缘于象变。所以，归根结底，周易四大内容的辞、变、象、占之变，也如辞一样，以象为本，辞可谓象辞，变亦可谓象变，变之所在，即象之所在。

占以象为本

最后，《易》之占，也植根于象。表面上《易》是占筮之书，而奇怪的是，在辞、变、象、占四大内容的排列中，占却屈居于末位。可见，在《系辞》的思想看来，在几个圣人之道中，占并不占主要地位，但另一方面，《系辞》对四道的排列，似乎也欠斟酌。论正说，其排列次序应该是"象、变、辞、占"，这样才能合理地表达出四道的轻重之序。

为什么说占也植根于象呢？这一点，剖析一下占筮的步骤与过程，就可以了然。简言之，占的过程包含四个步骤：起卦、观卦、算卦、占断。起卦就是以四九根蓍草，经过四营十八变而成卦，蓍草之数变及成卦，皆表现为象，观卦即"设卦观象"，"八卦以象告"（《系辞下》十二章）。观卦即观察玩味卦之象，体会其内蕴，领悟其动静，算卦就是动用卦象爻象间阴阳相反相成的变化法则和其中蕴涵的以及显为爻辞的义理（哲理伦理等），进行演算。占断则是综合观与算的结果，依据义理提供的经验教训，结合占问者的情境，使用占辞，做出吉凶祸福的推断。起卦为偶然，观算为必然，占则归于概然。其间，起卦为以数象立卦象，观卦为观玩所立之卦象；算卦为动用象数（包括卦象的文辞）的法则进行分析，占断则为前三项综合的结果。说来说去，既然卦者象也，那么起卦、观卦、算卦、占断的过程，归根结底，实质上无妨说就是起象、观象、算象、占象的过程。因此，可以说占也植根于象，象外无占。

综上所述，可以明确地见到，"《易》者象也"一语，真正抓住了《易》的精髓。清人吴世尚在《庄子解》序中以感叹的语气说："《易》之妙，妙在象。……《易》冒天下之道，羲皇之图尽之。古今至圣大贤，未有无得于《易》而能见道分明者也。"的确如此，《易》之妙就在于能以"分明"之象现出天下抽象之道，使人得以从"观感"体悟其中奥妙。故此，在周易的辞、变、象、占四个圣人之道中，象应占决定性的首位，是理所当然的。

《系辞》二章"圣人设卦观象而玩辞，动则观其变而玩其占"一节与《系辞》十章"易有圣人之道四焉：以言者尚其辞，以动者尚其变，以制器者尚其象，以卜筮者尚其占"一节，辞、变、象、占之所指，显然是同一对象。其中观象的象与尚象的象，也显然是同一序列的概念。就是说，都是上述作为周易灵魂与躯体之统一的象，都是冒天下之道的象，都是辞所生，变所出，占所由据的"大象"，而不是制器而尚之的具体的"小象"。因此，依据涵义来说，"以制器者尚其象"一句的合理的说法，应该是"以观者尚其象"。这样，才能同"居则观其象"，紧密呼应，才能同尚辞、尚变、尚占，并列为四个圣人之道而无愧。

可是，虞翻、朱熹、来知德、陈布雷等许多易学家却未能对此提出疑问。广大的后学者也往往顺从《系辞》原文和名家注释，将错就错，囫囵吞之。真是一件令人遗憾的事。

《易》生于象

为了弄清"易者象也"和"以制器者尚其象"之间的矛盾关系，

有必要进一步对《易》的生成略加探索。

关于这一点,《系辞》有两个说法。头一个是:"《易》有太极,是生两仪,两仪生四象,四象生八卦。"(《系辞》二章)第二个说法是,上文所引伏羲氏仰观俯察,画出阴阳八卦的一节(《系辞》二章)。前一个说可简称为太极说,后一个说法可简称为画卦说,现在先从前一个说法谈起。

太极说表明,《易》生于太极。

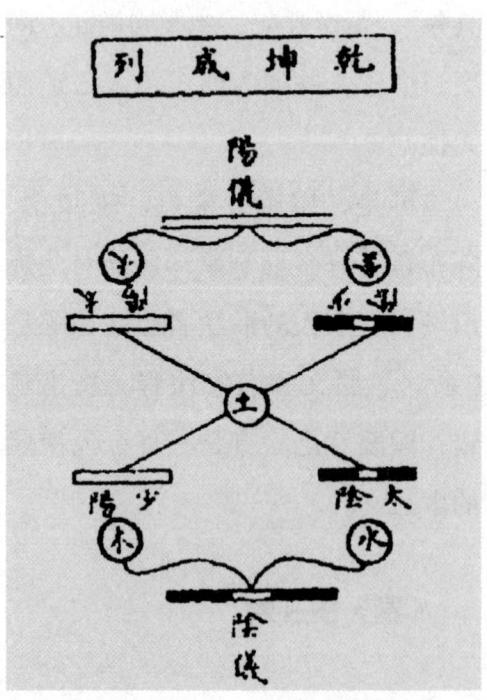

两仪生四象图,出自元·张理《易象图说内篇》

何为太极,说法不一,一说为太乙(太一),亦即所谓宇宙的本体。太极含有正反两面,在运动中一分为二,出现阴阳,是谓两仪。阴阳交互迭变,再生出少阳、太阴少阴太阳,是之谓四象。阴阳继续交叠,遂生出八卦,其演变过程和结构形成,如图所示。

此图号称伏羲先天八卦图。宋人虽名为伏羲之图,但太极说的原文,却只表示八卦的形成,是"太极"自身所含正反两面运动演变的结果,并未表示出自人为的创作。以今天的哲学语言来说,可以说阴阳(乃至六十四卦)的生成,是它的"基因"(太极)合理的逻辑演化的必然产物。也可以说,《系辞》作者是从逻辑演化的角度阐述了卦体(即易体)形成的基因、过程与结果。这是太极说的中心内容。

其次是画卦说。《系辞》(下二章)说得十分清楚,阴阳八卦是由包羲氏仰观俯察,模仿外界情景而画成的,亦即卦象是人为创作的外物的象征。以今天的语言来说，也无妨说，画卦说的主旨是表示，卦象是客观事物在作者头脑中生动反映的产物。

如果将上述两说加以对比，我们会发现一些麻烦而有趣的问题。

（一）前者说卦象是自身演化成的；后者说它是圣人画成的。

（二）前者强调逻辑演化的必然性；后者强调模仿、反映的实然性。

（三）前者着重论理推演的过程；后者着重创作发展的历史。

（四）前者可引出唯心论。如：以太极为理念，以八卦生成为理念演变的结果，则导致客观唯心论。以太极为数，作数理论，则太极是一，一分为二成两仪，二分为四成四象，四分为八成八卦，云云，正是数理论者邵雍的学说，是唯心的。至于后者，无论怎样解释，也只能得出唯物的结论。

当然，从思维科学和哲理逻辑的角度来看，理念的演变也罢，邵雍的数理说也罢，作为一家之言，

都有其积极意义。况且，作为理念或作为"一"的太极，也是源于宇宙在人脑中的反映和人对宇宙的思索，或者说，都是宇宙的"投影"，而非空中楼阁。说到底，并不是离开外界而自生的"思想实体"。

有趣的是，从上列对比中，我们不仅看清了两说的各自为政，同时也悟出了它们的协作有方。就是说，八卦的象（即易象）是宇宙缩影的构图，它的出生、成长和定型，一方面以现实的运动为基础，同时也要以思维的运动为凭借，二者缺一不可。所以在描述这一图像的生成过程时，就应双管齐下，既说明其思维运动的情况，也说其反映外物的情况，这样才可免于一偏。

因此，太极说和画卦说是从不同的方面对卦象的形成作了全面的阐述。其逻辑推理的正确性与事实发展的正确性统合无间，完全可以同时存在，并行不悖。作为易象生成的学说，太极说和画卦说合起来，可谓达到了逻辑与历史的统一。由此看来，那种认为画卦说同太极说

相抵牾的观点（如《周易全解》）似有进一步推敲的必要。

关于易象的生成，《系辞》虽提出了上述两说，但前一说只出现一次，后一说则多次出现，成为贯通全文的思想。除了上述包括画卦的论述外，最显著的还有下面一段话："……天生神物，圣人则之；天地变化，圣人效之；天垂象，现吉凶，圣人象之；河出洛，洛出书，圣人则之。"（《系辞上》十一章）

不管天垂象作何解，河图洛书为何物，这段话的要点是说，外界有物，物有形态变化，圣人效之，象之，则之，而后立象画卦。在这里，仿物画像的思想表现得非常明显，毫无疑问。这一点，《周易集解纂疏》引虞注《易纬乾凿度》的解说，也可资参考。它说："……清轻者上为天，浊重者下为地。……乾坤相与并生。"又说："天地开辟，《乾》《坤》卦象立焉。"意为先有天地之形，而后生出《乾》《坤》之象，把《乾》《坤》（阳阴）之象，视为仿模天地开辟而建立（画出）的图形。这一解说，和上引《系辞》圣人效法神物而画卦之说，都属于传说或猜测，但却是含有积极意义的传说或合乎情理的猜测。与《系辞下》所说的仰观俯察，取身取物的观点，基本精神是一致的，都可归结为象生于物，而非物生于象。用现代哲学的语言来说，则可谓物是第一性的，象是第二性的，物象反映在人的思想中，形成一种观念，画下来成为易象。象之源于物，是实际的常识。为此，从来源上亦足见"以制器者尚其象"之仿象制器的观点，既不合乎易象出生的原理，也违反事实的常识，是颠倒是非的奇谈怪论。

但是，如前所述，《系辞》不但提出了这种奇谈怪论，而且以大量事例加以论证，这既与己身反复强调的"效之""象之""则之"和"仰观俯察"以立易象的观点，自语相违，又违反了史实与常识。具体地说，作为论证理由而举出的十三个"盖取"，没有一个能站住脚。"作结绳而为网罟，以佃以渔"是基于生产经验的发明,并非来自观察《离》卦形象而得来观点,这是人所共认的常识。但《系辞》却说这是"盖取诸(之于)《离》",是从《离》卦得来的创见,这显然是荒唐的说法。

然而奇怪的是,如前所述,历代许多易学大家却只照原意加以疏解。如虞翻曰:"《离》为目(《离》之象为目),《巽》为绳(《巽》之象为绳),目之重者唯罟(眼目重叠成网),故结绳为罟。"(《周易集解纂疏》引汉易语)把罔罟的发明硬说成源于对《离》卦形象(包括其中的互体《巽》)的观察,用以解释《系辞》"盖取诸《离》"。虞氏的语意,比原文更加坚定。原文有盖字,表示大盖如此,有猜测的意思,语气还不十分肯定。虞氏注解之误,较原文更甚。朱熹说:"两目相承而物丽焉。"语意近似虞氏,但未及取象之事,意思含糊不清。

"十三盖取"之中,原文最荒唐而注解更荒唐的当推第五个。文曰:"黄帝、尧舜,垂衣裳而天下治,盖诸《乾》《坤》。"对此,古时有几种解释。《九家易》说:"黄帝以上,羽皮革木,以御寒暑。至于黄帝,始制衣裳,垂示天下。衣取象《乾》,居上覆物;裳取象《坤》,在下含物也。"(《周易集解纂疏》引)以《乾》上覆物,《坤》下含物之象,作为上衣下裳的创制所仿。邵雍说:"垂衣裳而天下治,无为而治也。无为而治无他焉,法《乾》《坤》易简而已。"(《家传易说》)认为垂衣裳的无为而治,是效法《乾》《坤》卦象的易简精神。孔颖达说:"以前衣皮,其制短小。今衣丝麻布帛,所作衣裳,其制长大,故云垂衣裳也。取诸《乾》《坤》者,衣裳辨贵贱,《乾》《坤》则上下殊体,故云取诸《乾》《坤》。"(《周易正义》)等等。这些注解虽然在何谓垂衣裳而治和取诸《乾》《坤》之义上有些不同,但关于《乾》《坤》卦象为衣裳所本,则无异议。如此,原文注释都把《易》象的产生说成在戴羽披革的原始社会早期，把衣裳的发明说成取之于象，以与"制器者尚其象"的论点相适应，这实在是与社会、文化发展的历史背道而驰的奇谈怪论。除此之外，把集市的出现归功于《噬嗑》的启示（虞翻注：《噬嗑》，食也，市井交易，饮食之道，故取诸此也），把书契的创制归功于《夬》卦的启示（虞翻注：书契所以断决万物，故取诸《夬》也），等等，都是硬把器扯到象上，牵强附会，莫此为甚。

但是，如此不合理而浅近的问题，除汉人虞翻、《九家易》等轻义理的象数派易学家自然会肯定原文而后作象数衍说外，向来博学精思、以高见卓识著称的清人杭辛斋，竟而也对原文全面肯定，并依原义引申发挥。在《学易笔谈》第二集中，他专题谈了"制器尚象"。

其言曰：

"系传曰以制器尚其象。又虑后世之无所则也，特举作绳而为罔罟以佃以渔。盖取诸《离》之十三卦，以示其例。"

杭氏易学，兼义理与象数，主要是通过象数发挥义理，其见解多有精辟独到之处。但在这里，他却犯了个死读书不求甚解的毛病。虽然接下来他进一步说："又虑后人之不能通其变也，特于《乾》《坤》二卦明示之，曰通其变传民不倦，神而化之传民宜之，《易》穷则变，变则通，通则久。……"云云，结合"十三盖取"对易理有所发挥，但那是在肯定"十三盖取"之制器取象为正确的前提下所作的衍申，对原文的"可疑"，并无表示。这一点，和朱熹、来知德、陈梦雷等学者，有所不同。

作为宋代儒家的代表人物，朱熹对祖师爷《系辞》中的这段言论，态度似乎不十分明朗。一方面在《周易本义》中在《系辞》"十三盖取"之后注解说："此第二章言圣人制器尚象之事。"以制器尚象说明十三盖取之义，自然是与原文的观点一致。同时，每个盖取之后的注释，也不离原义。如"盖取诸《离》"的小注为"两目相承而丽焉","盖取诸《益》"的小注为"二体皆木(《益》卦之上风下雷,风有木象,雷有竹苇象),上入(巽又为入)下动(雷又为动),天下之益,莫大于此。"对"盖取诸《乾》《坤》",则只注为"《乾》《坤》变化而无为",不知是指垂衣裳而治讲的,还是指尚《乾》《坤》之象而制衣裳之器讲的,含糊不清。"盖取诸《涣》"的注解为,"木在水上也"。《涣》卦由《巽》《坎》组成,《巽》为木,《坎》为水,有木在水上之象。这又显然有把《涣》卦之象解释为舟楫创制所本。"盖取诸《豫》"的小注为"豫备之意"。只是重复原文的意思,注了等于没注。最后一个"盖取诸《夬》"的小注是"明夬之意"。与此类同,注而不释,含糊不清。但总结的注释却说得明白:"此第二章言圣人制器尚象之事。"对《系辞》的荒唐说法完全同意。这是一个方面。

但另一方面,朱熹对同一原文却表示出相反的说法。在《朱子语类》卷六十五中,他说:"十三盖取诸《离》者,言结而为罟有《离》之象,非观《离》而有此也。""把盖取诸《离》"一语解为网象形似《离》象。如此,则结网是一回事,《离》象是一回事,二者之间何来制器尚象的关系?这种注释,完全脱离了原文。原文"以制器者尚其象"的本意是,需要制造器物的,重视其中的卦象。制器与尚象前后相继的两个动作,密不可分。怎么能解为结网有《离》象而不观《离》象?一方面肯定"十三盖取"为制器尚象之事,一方面又否定观象制器,自相乖违,令人捉摸不定,但如进一步看看朱熹对"易有圣人之首四焉"的注释,便可捉摸到个中的消息。他对那段话并未作具体解释,只作了评论。他说:"四者皆变化之道,神之所为者也。"以易道的"变化不测之妙"解释"尚辞、尚变、尚象、尚占"四者,完全是游离原文,文不切题。依据正统的学风,增字解经或减字解经都会伤害经义，是要不得的；而朱熹这种随意解经的办法更会歪曲经义，更要不得。总之，全面看来，朱熹对《系辞上》"君子居则其象"和"以器者尚其象"两象意义不谐的问题，对《系辞下》"仰观俯察"和"制器尚象"及"十三盖取"间的矛盾，乃至"制器尚象"和"十三盖取"同客观实际的乖违，似乎有些觉察。因为观象制器既违反事理，也和自己对《系辞上》第二章"设卦观象"的注释"象者物之似也"（《周易本义》）难以协调。也许为此，他只好采取云山雾罩的办法，以"变化之道，神之所为"来解释辞、变、象、占。这样或可使《易》象脱出制器之小道而隐现其神变之大道。倘若按原文忠实训解，则恐怕不得不将上述《系辞》的有关原文矛盾和不合理处，一一给予揭露，表示疑问，或加辨正。而这或许是理学家朱熹所要避免的窘境。人说宋人治学有疑古精神，但朱熹在这一问题上却未发挥此种精神。

是耶非耶　奇谈怪论

具体说，制器尚象以及十三盖取，合起来构成一个论题，后者为论据。依逻辑规则，如论题概念不实或含糊，或论据不实，不足，则整个论证无效。而制器尚象的论题既不实又含糊（尚象与观象及制器间，关系不明），"十三盖取"的论据又完全不实，且与上文"仰观俯察"矛盾，故而这一整个论证完全无效。限于时代，朱熹未必懂此逻辑法则，但作为思想家，他当然会推想到不忠于原文的训解与阐释会得到什么后果。故而只好脱离原文，任意发挥。试问：朱氏既已承认"十三盖取皆言制器尚象之事"，为何又说"盖取诸《离》"之意为"结绳而为罟，有《离》之意，非观《离》有此也"？也许不这样离文硬解，便不能解除原文的矛盾和不合理之处吧！

"盖取诸《离》"的文意十分

清楚,"盖"是"大盖","诸"是"之于"的合词,是说"大概取之于《离》卦的形象"。试问:"取之于《离》"而"不见《离》"如何可能呢?或者是"非观《离》",或者是"取之于《离》",二者非必居其一。亦即:或者是原文错了,或者是朱熹的注释错了,非此即彼,二者不能同时并存。但千余年来《系辞》原文却与朱注同步并存,这也无妨说是易学史上的一件荒唐事。设若允许改正,把"盖取诸《离》"(其他十二个"盖取诸"仿此)改为"《离》盖取诸此",则可与《易》理、道理及实情完全符合,且可解除与仿物画像之说的矛盾,使前后文意谐和一致。由此,也足见虞翻和朱熹等的上述注释,并未能表达真正的《易》理。虞氏的注解是不计原文义理的是非,硬作象数的推论;朱氏的注释则是脱离原文句意,含糊其辞,甚至反其意作解,虽然不能因此而诮之为"小言",但难免随意解经之弊。

在《周易外传·系辞下》第九章中,王夫之曾对私意解《易》的学风作了批判。有人说:"易者,意也。圣人各以其意遇之也。"对此,王氏反驳道:"圣人有其意,则后之术数异端者,亦可有其意矣。私意行则小智登,小智登,则小言起。……"指出了"以意解《易》"的恶劣影响,倡导求实的学习态度,很有道理。学《易》者应以此种态度衡量上述虞、朱等人不切实际的注释。

在这段注释问题上,朱传的负面影响也波及后代。例如来知德,在《易经集注·易经字义》中说:"(象)其在上古尚此以制器。"意为上古时代,"象"曾被仿而制器,肯定了《系辞》原文之意,而当注解以制器者尚其象时,则说:"制器者结绳之类是也,尚象者罔罟有《离》之象也。"其中"以"、"尚"字无解,制器与尚象何关,亦无解。是为制器而尚象仿象、还是由所制之器尚象思象?模棱两可。

直到开始注释"十三盖取"时,才把话说明。对"盖取诸《离》",他解曰:"离卦中爻为巽,绳之象也。网为佃,罟以渔。《离》为目,风罟之两目相承者似之。"(这类似虞解)"盖取诸《离》者,言绳为罔罟,有《离》象,非者见《离》而始有此也。"(这类似朱注)显然,这是继承古说,归纳虞朱之意为己说,并未从原文中发现问题,亦无创见。而尤其令人莫解的是,接下去他又说:"自此至结绳而治(指十三盖取),有取诸卦象者,有取诸卦义者。"意为有的制器取之于卦的形象(如罔罟取之于《离》),有的取之于卦的意义(如书契取之于《夬》)。如此说来,某器取之于某卦的"取之于",究竟为何意?按字词义训解,无论是取象也罢,或取义也罢,意思都应是从某卦中得到某种启示而后制造某种器物,而绝不会是制造了某种器物而后从某卦中得到某种启示。因为原文文意很清楚,"以制器者尚其象"是说,某器取诸某卦,而非某器形似某卦。"取之于"和"象似"焉能混为一谈!看起来,擅长深思精解的来知德受朱熹影响,一则自语相违含糊不清,一则犯了脱文解经的弊病。

陈梦雷的《周易浅述》晓畅明白,时有精辟见解,但在这一问题上也是重蹈了前人昧于圣言,不求甚解,以致脱文意释的覆辙。他的"浅述",可分为上下二层。上层说《离》有二义:曰象曰理。理谓丽也,禽兽鱼鳖丽乎罔罟也。象谓虚中,罔罟之目虚也,对《离》义的分析具体而清晰。是对的。下层说:"取之《离》者,言为罔罟有《离》之象,非睹离乃有此也。"重复朱、来的办法,脱离原文的字义,以意解《易》,是不对的。同时,他也和虞、朱、来一样,对于原文进行推敲,未能明确指出原文的前后相违和于事不符的疑点。原文明明说制罔罟"盖取诸《离》",何以避此不解,而另以私意谓之"非睹离而有此"呢?如此造作,难免有为原文开脱文责之嫌。在这一问题上,当代一些易学家的态度却于上述一些古人有所不同，不是继承传统的旧说，照原文的样子将错就错，含糊注释或离文意释，为原文开脱，而是在译出原文之后，能够对其不实之弊予以指摘。如，有的说："……第二章主要论述包羲氏始作八卦，后世圣人观象制器物。此均属《易传》作者猜测附会之辞，不完全符合历史实际。重点在于阐发'制器者尚其象。'"（《周易大传新注》）有的说："案，罗网的制作，未必取法于《离》卦，但由于卦象与物象有相符之处，故《系辞传》作此猜测。以下明'盖取诸'十三卦的卦象，均仿此。"（《周易译注》）有的说："（在译解'盖取诸《离》'之后）以下说明卦与物的相关性，相当牵强附会。"（《易经今译》）还有的说："《易》之象来自于实际器物，不是实际器物仿《易》象而作。"（《周易全解》）等等。都对《系辞》原文做了批评。

但另一方面，其中有的态度并不坚决。如《周易译注》一壁说"十三盖取"为"猜测"，一壁又引用《周易口义》所说："'盖者疑之之辞也。'""盖圣人做事立器，自然符合于此之卦象也，非准拟此卦然后成之，故曰：'盖取之诸《离》。'"只释"盖"，不释"取诸"，又陷入旧注的窠臼，离开原文，为作者辩解，令人有模棱两可之感。《易经今译》的做法也有些类似。一方面批评原文相当牵强附会，一面又为之开脱说："这不是说由卦创造出物，而是说《易经》抽象的象征性，优先于具体的器物。"这同原文"制器尚象"和"盖取诸"的文义大相乖离。前言难搭后语，令人费解。在这一点上，《周易全解》的态度却是明朗而坚决的。不但据理驳斥了"以制器者尚其象"的不实，又进一步认为它可能是"后世窜入"的，不是《系辞》原文，从而连带地对《系辞下》第二章，从开始到"十三盖取"完了，表示"不可信据"，全面否定，不予解释。它认为《系辞上》"以制器者尚其象"这一句与《系辞下》的"作结绳以为罔罟,以佃为渔,盖取诸《离》云云,疑出自一人之手,很可能是后世窜入的。"从而持有去伪存真,予以剔除的态度。

此外,佛家的方山易学在这个问题上反倒采取了坚决驳斥的态度。对《系辞》宣扬的"十三个"制器尚象事例,本光法师迎头批驳说:

"以上列举人们生产、生活、战争必用的工具器物,表达思想的语言文字,都归结到取法《易》的卦象,才能创制发明事物之象。此等皆有牵强之嫌,实不足取。"(《禅与易·周易禅观顿悟指要》)

的确如此,《系辞》制器尚象的"十三盖取",实属牵强附会,实不足取。

对《系辞》这部分原文的注释,大约有以上这些类别。其中《周易全解》以明朗的态度定原文内容不切实际,是最正确的。但只根据内容的不切实际而对原文作为《系辞》一部分的真实性,简单地予以否定,却令人感到论据不足。其不实之弊,是缘于错记、错简、错字、窜入,还是由于其他行文问题或思想内容问题,以致如此,恐怕还需深入考察、探索与研究,才有可能弄清真相,得出合理的结论。尤其重要的是,所谓"圣人之道",也便是《易》之道,"圣人之道四",也是《易》之道四,都是辞、变、象、占。来知德说得好:"易之为道不过辞、变、象、占四者而已。"(《易经注解》)辞、变、象、占四者为周易的四大内容,并列言之,缺一不可。倘若认定"以制器者尚其象"一句为伪而除掉之,则辞、变、占顿成为无根之木,而陷于委顿,成为无源之水而趋于干枯。因为,如前文所述,《易》者象也,《易》生于象,《易》之精神与躯体皆是象,卦、爻、数、序无一非象,有象而后有辞,辞生于象。《易》之变亦即象变,卦变、爻变、序变,都是表现为象变,占亦如此。占始于数,成于卦,变于爻,定于断,处处离不开象。象是周易四大内容的根基，不可或缺。——当然，谈到"《易》之道四"时，象之外的辞、变、占也缺一不可。因此，设若断定"以制器者尚其象"一句为伪而去掉之，则其他三句也立即动摇，整个"圣人之道四"一大句，无以成立，便难以处理了。所以，断言其为"窜入"之后，必有以代之，而后始可考虑抽掉。但这是题外之话，留待将来再议。

此处要说的是，上举各种古今注释对《系辞》原文（从观象、尚象、仰观俯察到十三盖取）中尚象之"象"与观象之"象"应是同一序列，制器尚象以及"十三盖取"与"仰观俯察"以取象（"易者，象也；象也者，像也。"）之间的矛盾等问题，都未触及。这不能不说是一个缺憾。当然，事隔两千余年，《系辞》的原始面目究竟如何，有无误记、错简或窜入，无从考定。但作为问题，先从原文内容的逻辑性（包括名实关系）上加以探讨，还是可能的、必要的。

合理调改

依据《系辞》上下全文的思想和基本概念，从理论的逻辑性来做考察时，如果对上述有关原文的文理脉络，试作如下调改，则可顺理成章，珠联璧合："君子居则观其象而玩其辞，动则观其变而玩其占。"（《系辞上》二章）"《易》有圣人之道四焉：以言者尚其辞，以动者尚其变，以观者尚其象，以卜筮者尚其占。"（将"以制器者"改为"观"，以与第二章之"观其象"相应《系辞上》十章）

"古者，包羲氏之王天下也，仰则观象于天，俯则观法于地，观鸟兽之文与地之宜。近取诸身，远取诸物，于是始作八卦，以通神明之德，以类万物之情。作结绳而为罔罟，以佃以渔，《离》盖取诸此。"（以下"十三盖取"皆仿此拟改）

"是故易者象也，象也者像也"（《系辞下》二章）。译成今语，

会显得更明白:

君子平居静处时,便观察周易的象,并捉摸它的文辞,有所行动时便观察周易的变化而捉摸它的占断。

周易具有四个圣人之道:需要议论时,重视它的文辞;需要行动时,重视它的变化;需要观察时,重视它的形象;需要卜筮时,重视它的占断。

古时包羲氏主治天下时,举首观察天间的各种形象,俯身观察大地的各种形态,观察鸟兽皮毛的文彩以及适应地性而生长的花草树木的各种情况;就近则汲取人身的一些形状,远处则汲取各种器物的形态,于是绘制成八卦,用以表达大自然阴阳变化神奇明慧的特性,而将万物的情态归类象征。

(进而)包羲氏又发明了结绳作罔,打猎捕鱼。(罔目连结而使猎物附着),《离》卦大概是取象于此而画成的吧。

(以下"十三盖取"译文仿此,略。)

所以说,《易》就是"象"。"象"是什么?"象"就是近似事物的形象。

当然,经过上述这样的拟改和疏通,人们会十分清楚地看到,《系辞》的基本思想应该是观器("形而下"的器)制象而非观象制器。这一点,其实《系辞》一开始已说得很明白,"天尊地卑,《乾》《坤》定矣。"《乾》《坤》二卦(二象)为"《易》之蕴",是仿天地情况而画成的。后文又说"崇效天,卑法地",把《易》象源于模仿外物的观点,表述得十分清楚。这一基本观点,为全文的主旨所在,贯通前后,并无改变。这样看来,制器尚象以及"十三盖取"的说法,和《系辞》的基本思想完全相悖。可以断言,它不是《系辞》内容的合理的组成部分。大体上《系辞》记录了孔子讲解周易的言论和思想,以他的智力和求实精神,绝不会讲出"制器尚象"和"十三盖取"之类既与自己基本观点矛盾，又与实际不符的荒唐言论。况且，孔子向来"慎于言"，虽身处春秋末季，较汉代距周初近得多，但对周易的作者是谁，他始终不肯说清。只说《易》之兴起，大约在"殷之末世，周之盛德。"可见，孔子发表言论，如何讲求分寸。由此观之，上述《系辞》中的不合理言论，断非来自孔子。至于好端端的一篇发掘与阐扬周易哲理的《系辞》，何以出现这样的奇谈怪论，以及何以两千年来对此尚未见全面彻底的揭露与分析探讨，却是一个难解的疑问，需要今后进一步研究解决。

第八篇 囫囵吞《易》

难解的"利见大人"

解《易》难，读《易》亦难。所谓解《易》，是说对《易》的内容（义理、象数）的动静两态有较为透彻的认识；而读《易》则是指首先把《易》的文字看明白。当然，过不了读《易》的难关，也就不会突破解《易》的难关。

周易的经文，不是常规的语言，不是雅言、俗语或方言。它是一种含有神秘性的特殊语言，即所谓隐语、喻言、寓言，再加上卜筮用的特定术语，是混合而成的不受字句常规拘束的一种含有许多潜在语言的模糊语言。这种语言的天生的含糊性和歧义性，给读《易》解《易》带来了极大的、举步维艰的、甚至无法克服的困难。这也是三千年来众多易学家在大多数问题上争论不休而莫衷一是的重要原因。为此，长期研读周易的同道们都会有一种共感，即许多问题难以弄个水落石出，只好囫囵吞之。

下面仅就几个文字上的枝节难点，谈谈自己学《易》的感受。

在周易中，"利见大人"文句共出现七次。《乾》卦二次，《讼》卦一次，《蹇》卦二次，《萃》卦一次，《巽》卦一次。在六十四卦的卦辞爻辞中虽用得那么频繁，但就文句的定型性及使用情况来看，它应该说是属于占筮的套语（虽然其级别次于吉、凶、悔、吝、无咎等），和"利涉大川"似乎属于同一档次。由于它便于表达所谓时来运转、贵人相助等意义，故而随着占卜象数的发展变迁，它并未被淘汰（例如悔、吝之类），而是一直生存下来。今天庙里的签语或坊间的卜辞中仍然时常可以见到它的踪影。在今天的占卜中，这个短句很容易懂，无非是宜于晋见有钱有势的人物之意，并没有什么歧义。但两千年前周易中的"利见大人"，就不这么简单地一目了然了。这里，让我们从词句两个方面对它试作探讨。

世界上的任何语言，凡是句子，除了借环境之助和习惯之力而造成的无主句、独词句之外，就大体来说，都要有主语和谓语。因为无主语则不知何者为句子的主体，无谓语则不知主体何所云，这是尽人皆知的常识。但另一方面，各种语言有各种语言的特性，中国的汉语在句子结构上相当松动和灵活，不像印欧曲折语那样，句子关系相当严密。所以，比较起来，例如英语，省略主语的句子是非常稀少的。不少句子，如"哪里去？""回家"之类的对话，在汉语极普通，极自然；而在英语里，如果没有你（们）、我（们）这类主语，就不成话了。——即便二人对面不会误解也不成。

是谁"利见大人"

当我们读到周易中"利见大人"的句子时，自然要考虑一下它的主语是什么，亦即利见大人者是谁。在七次出现的"利见大人"句中，在主语问题上，《乾》卦的情况比较典型。下面，我们着重谈谈它的"利见大人"问题。

众所周知，《乾》卦是周易的第一卦，它以刚健之德，开宗明义。它取象于龙，以一条龙在六种时位（局势）中的处境与行为表述对象（三爻的情形特殊，详后），形成龙的潜（初爻）见（二爻）乾乾（三爻）跃（四爻）飞（五爻）亢（上爻）六种形态。在二爻与五爻的爻辞中出现了"利见大人"。

二爻：见龙在田，利见大人。

五爻：飞龙在天，利见大人。

见龙在田的意思是，一条龙出现在大地上。其中的见字，先秦时代有见现二义，在此读为现（现字的出现，在汉代以后），此点诸家认同，并无异议。但利见大人的主语，却说法不一，迄无共识。列举一下，有下列不同的说法。

（一）同后代相比，离周初较近的孔子在《文言》中解释说：

"龙，德而正中者也。庸言之信，庸行之谨，闲邪存其诚，善世而不伐，德博而化。《易》曰：见龙在田，利见大人，君德也。"

意思是，九二爻刚健又居于下卦的中间，与龙的中正之德性相仿佛。（在周易中，"中"虽不正亦正）。虽非君位（五爻为君位），却具有君主之广博而真善的德性，是赋有君德而不在其位的大人。显然，孔子认为"利见大人"的大人，就是指二爻而言。那么，是谁利于见到这位大人呢？孔子没有说明，但暗含之意是说，天下人民得见如此伟人是有利的。后代许多易家都遵循孔子这一学说。例如曹魏时王弼所说"（九二）德施周普，居中不偏，虽非君位，君之德也。利见大人，惟二五焉"（王注《周易》）。宋代程颐所说"（九二）出见于地上，其德已著，舜之田渔时也"。唐人孔颖达所说："（九二）有人君之德，所以称大人"，朱熹所说："（九二）盖亦在下之大人也"。等等都是因袭孔说，并无新意。而究竟是谁利见九二这位大人呢？利见大人的主语是什么？几个大易学家，并未明确触及。但今人金景芳在《周易全解》中却发挥孔子的学说，进一步阐明了这一点。他说："（九二）这位有大德的人既已出世，其思想必将泽及于天下，天下人都高兴见到它，故曰：利见大人。"但这个"天下人"的主语属于潜在语言，令人捉摸不定，需要猜测。

（二）《乾》卦九二九五都有大人，一个在下，一个在上，一个无位，一个在位。利见大人是说九二利见九五之大人，以九二爻为利见大人的主语。汉代的经师郑康成即持此说（见孙星衍《周易集解》）。清代易学家朱骏声在《六十四卦经解》中也说过："大人谓五，九二利见之"，汉代的向秀也曾解释说："圣人在位，谓之大人"，把九二之在野者排除于大人之外。即是说，九二利于见九五之大人。明代易学家来知德认为，二爻五爻都处于上下卦之中，于天地人三才而论，是在人位，都得称大人。他说："利见大人者，利见九五之君以行其道也"（《易经集注》）。把利见大人解释为：九二以龙德出现于大地，利于晋见九五在位的大人，以便借其权力施展自己的政治抱负。如此等等，都是把九二视为利见大人的主语。译成今天的口语便成为："九二爻（仿佛）一条龙出现在大地上，它利于会见（九五爻高位的）大人，（以施展抱负）。"

单从文法上讲，承前省略主语的解法较之第一种以推想的"天下人"为略掉的主语的解法，更合乎文理。但一些易家并不这么看。如清末易家丁寿昌在《读易会通》中就反驳说："案程传（指程颐《易传》）谓九二利见九五之大人。案《文言》以九二利见大人为为君德，无利见九五之义。"这仍是依据上述孔子易传的观点，并无新的见解，并未解决是谁利见大人的问题。丁寿昌继而又引苏嵩坪所说"易以阳为大，阴为小，二五以龙德居上下之中，故皆有大人之象"。这段引语只是解释谁是大人，也未触及谁利见大人。以此，我们可以说丁寿昌只对"利见大人"爻辞表明了一半看法，而却躲开了另一半。

（三）还有一种观点，把九二爻辞的两个见字都看成现字。如今人所著《周易译注》对乾卦九二爻辞是这样翻译的：

"九二，巨龙出现田间，利于出现大人。"

第一个见字读为现，意为出现，自古皆然，从无异议。第二个见字视为现字，于义是否合适，姑且不论。总之，即便如此处理，"利见大人"仍然是个缺少主体的谓语句，意义和结构均不完整。看了这句译文，人们不免要问：是什么地方利于出现大人？是世间？还是民众中？读来读去，总感到意思欠缺。

（四）此外，还有一种纯属占筮的观点，即把占得九二爻的占者，看作九二爻。来知德在《易经集注》中就作了这样的解释。他说：

"九二以阳刚中正之德，当出潜离隐之时而上应九五之君，故有此象，而其占则利见大人也。占者有是德，方应是占矣。"

意思很清楚：占者如有大人之德，即应利见大人之占，而亨其利。这样一来，利见大人的主语就不是上述第一种说法的所谓"天下人"，也不是第二种说法的九二爻这个大人的本身，更不是第三种所含糊意味着的"某某处"，而直截了当地就是指，谁问卦谁就利见大人。来知德更具体说：

"如仕进，则利见君。如杂占，则即今占卜利见贵人之类。"

今天，一般市井间的占卜，其占辞中仍偶有利见大人字样，最多的是"利见贵人"。不管是大人还是贵人，当然都是以占者为主语，众所公认，并不存在歧见，和两千年来诸家对周易利见大人的分歧解说，迥乎不同。

（五）最后，在上述四种说法之外，还有另一种含糊其辞的说法。那就是清代皇家经师陈梦雷在《周易浅述》中对乾卦九二爻辞的"浅述"。他的说法相当有趣，他说：

"（九二爻）虽非君位，而在下卦之'中'，有君之德，故有大人象。泽能及物，故有物所利见之象。"

这段话，是以"物"为利见大人的主语，实质上和上述第一种说法的"天下人"是一致的。物即是人们之意。接下去他又阐述说：

"占者得此，则利见此人。"

这是说，占者如占到《乾》卦九二爻，则占者就是利见大人的主语，而非以泛泛的物（天下人）为主语。换言之，亦即天下人中的任何人，占问时都可能成为利见大人的主体。下面，他又发挥此义说：

"若占者有见龙之德，则可以得君行道，利见九五之大人矣。"

说来说去，又跑了题，陷入了自违和两歧。前边才说完"物"或"物中之占者"利见九二之大人，又转过来说占者如有九二之德，则利见九五之大人。模棱两可，左右逢源，使读者捉摸不定，莫明其妙。

综上所述，可见"利见大人"云者，虽是小小问题，貌似简单，但这四个字的短句的内涵与结构，虽经过两千年的岁月，也尚未探讨清楚、形成共识。由此足见易经读解之难，真可谓难于上青天。

对这一个小小问题，经过深入的思考，本人对上述几种见解都感到不太满意。作为读易心得，本人提出另一种看法：既然《乾》卦所取的比喻形象是一条龙在不同的六种局势（时位）中所应有的态度和由低到高的发展过程，而不是六条龙的六种处境与态度，所以对六爻的爻辞必须有统一的解释，不能分

割。原文的潜、现、乾、跃、飞、亢六个字，鲜明地表现出龙的发展过程的一贯性（三爻为人位，以君子代龙问题，当另文论述）。因此，不能由于二五两爻均有"利见大人"字样，就把它们看作同时存在的两个大人，这是和龙之发展形象相矛盾的。据此，本文认为九二爻辞的两个见，都应读现，是出现与表现之意。原文可译为今语如下：

"九二爻好比一条龙出现在田野上，它利于见到高贵的大人物。"

这样，前后两句俱以九二爻为主语，不仅句子结构完整、自然，而且与爻义贴合。因为，潜龙始现，发展的时机尚未成熟（孔子所谓"时会也"），需要以大德在基层民众中为自己建立声誉，为今后的发展打基础，所以最有利的办法就是在社会上表现自己的德行。这在描述龙的发展阶段的情态上，比较上述几种说法，更为顺理成章。

谁是九五爻中的大人

关于《乾》卦爻辞的主语，不

仅九二爻有问题,九五爻也有。从古迄今,同样是说法不一。

还是首先看孔子的传解。他在《文言》中说:

"同声相应,同气相求,水流湿,火就燥,云从龙,风从虎,圣人作而万物睹,本乎天者亲上,本乎地者亲下,则各从其类也。"

对这段话,唐人孔颖达解释得很明白,他在《周易正义》里说:

"(九五曰)飞龙在天者,言天能广感众物,众物应之,所以利见大人。因大人与众物感应,故广陈众物相感,应以明圣人之作而万物瞻睹以结之也。……圣人作则飞龙在天也,万物睹则利见大人也。……则各从其类者,言天地之间,共相感应,各从其气类。"

大意是说,九五爻仿佛飞龙在天,其大德广感众人,众人则瞻仰其大人的圣容。这种景况,与《红楼梦》里所说"天上一轮才捧出,人间万姓仰头看"的境界颇相类似。按此见解,则《乾》卦九五爻辞可以译为:

"九五爻仿佛一条龙飞在天上,天下民众利于瞻仰这一大人的圣容。"继承上述前人的说法,今人金景芳乃以现代语言作了明确的解说和发挥:

"九五德高位亦高,刚健中正纯粹,已进入圣人的境界。圣人是君子大人中最高明最伟大的,他的修养、智慧、能力和地位,足以对任何困难都应付自如,犹如龙飞天上,圣洁高贵,腾越自由,以至于云雷风雨交集而下,天下感受其利。这样的大人是天下所利见的。"(《周易全解》)

在这里,九五爻利见大人的主语由"万物""众物"变成了"天下人",字面不同,意思无别。

其实,这种解法一直在易学史上占主要地位。如汉代的虞翻说,"飞龙在天,天下之所利见也",干宝说:"五在天位,故曰飞龙,此武王克纣正位之爻也,圣功既就,万物既睹,故曰利见大人矣。"(转引自孙星衍《周易集解》)王弼继而重复解说:"以至德而处圣位,万物之睹，不亦宜乎！"（同上）等等。

但到了宋代，易家却起了纷争。程颐一反孔子的传解，认为九五之利见大人，意为九五利见在下之大人，即利见九二（二五相应）。但朱熹却反对这种说法。《读易会通》案语云："案程传谓九五利见在下之大人，谓九二也。《本义》（朱熹著）不从，以为在上之大人，与注疏合。"所谓与注疏合，即朱熹的看法与传统的说法相同，仍是以天下人为主语，认为天下人瞻仰九五位之大人。

利见大人的主语确成问题，在历史上曾引起怀疑和麻烦。据《朱子语类》记载，宋太祖赵匡胤就曾对《乾》卦九五爻之利见大人产生了疑问。他的疑问是，九五爻是君位，飞龙在天当然指天子，如利见大人是指天子而利于众人仰瞻，那么一般人占得此卦此爻，该如何解释？他对大臣王昭素提出了这个问题。王昭素临机应变，婉转地答说："若臣等占得此卦，陛下是飞龙，臣等是利见大人。"（见《朱子语类》）这个回答，使宋太祖龙心大悦。可是，这个回答虽很机灵，却是个生硬的诡辩。因为无论就周易的内容或筮法来说，把《乾》卦九五爻辞中的飞龙在天限定为皇帝的代名词和专利品，是没有道理的。试问，如果问卦者占得初爻"潜龙勿用"时，又该怎样解释龙与自己的关系呢？所以，实质上这个答语只不过是一个阿谀奉承的转换概念的诡辩而已。但它却得到了理学大师朱熹的赞扬，说："此说得最好。"理由是："易之用所以不穷也。"意思是说，王昭素的答语表现出周易的无穷的妙用，可以随机应变，变化无穷。这是依孔子所谓"不可为典要，唯变所适"的观点所作出的庸俗的解释，并不合乎周易"洁静精微"的性格。

但是，不管怎么说，由此也可见利见大人的主语问题，是个麻烦事，绝不像想象的那么简单。使用传统注释惯用的囫囵法或回避法，是无济于事的。

八面玲珑的观点

对这个问题，来知德的态度很

奇怪，他采取了两面见光的综合法，企图无漏洞地予以解决。他在解释"九五爻"时一方面说，"五，天位，龙飞于天之象也，占法与九二同者，二五皆中位，特分上下耳。利见大人，如尧之见舜，高宗之见傅说是也。下如沛公之见张良，昭烈之见孔明，亦庶几近之。……九五刚健中正，以圣人之德，居天子之位，而下应九二，故其象占如此。"（《易经集注》）

这是说明九五之利见大人是利见九二，以上见下。如此则九五之利见大人是以九五为主语。但另一方面，他在解说孔子《文言》的九五爻时又变了说法。他说：

"惟圣人以圣人之德，居天子之位，则三才之主，万物之天地矣。是以，天下万民莫不瞻仰其德而快睹其光……阳从其阳，故君子与君子同类而相亲；阴从其阴，故小人与小人同类而相亲。然则以九五之德位，岂不利见同类之大人，所以利见者以此。"

在这段释语中，来氏又反过来因袭孔子所谓"圣人作而万物睹"的观点，把九五的利见大人说成以下见上，形成自语相违。但跟着又依据《文言》"同类相亲"的观点，再反过来说九五也利见在下的同类大人。说来说去，等于说上下大人互相看（二、五相应）。如此左右逢源的结果，只得说，九五爻利见大人的主语既是九五爻自身，又是九二爻，同时也是天下人。这是"三面见光"的说法。

这种圆滑的解法，虽有背文理，但传统上却颇受欢迎。宋代的程颐即是如此，明代的来知德不过袭用其说而已。程颐在解释九二爻时，一方面说："以圣人言之，舜之田渔时也。利见大德之君，以行其道。"同时又说："君亦利见大德之臣，以共成其功，天下利见大德之人，以被其泽。""利见大人"的主语忽而为九二，忽而为九五（君），忽而又为天下人。一句三变，令人难以捉摸。他在解释九五爻之"利见大人"时，也持这种两可态度。明代的来知德之后，清代的陈梦雷也承袭这种观点。他说:"二与五皆刚健中正,而五居尊位,以圣人之德,居天子之位,故万人乐得而见之。……然使有德位者占此,则所利见者,九二在下之大人,如尧之得舜可也"(《周易浅述》)。三人的说法虽小有不同,而大体类似。其主语之解,皆飘忽不定。

除上述外,还有另种处理方式。如《周易译注》,把九五爻辞译为:"巨龙高飞上天,利于出现大人。"读见为现。《周易大传新注》也如此,它在解释象辞"飞龙在天,大人造也"时说:"孔颖达'造,为也。'见读现。……龙跃起而飞上了天,这一物象比喻乾阳已发展到了鼎盛时期。如就人事讲,这又反映了正是大德大才之人登上了高位的大有作为之时。"和《译注》的说法,内容相同,都把"利见大人"解作"利于出现大人"。这种解法,虽非传统的主要解法,但不失为另一种处理方式。只是这样一来,利见大人的主语到底是什么呢?应该怎样表述才好呢?恐怕只好以"此时""天下"之类为主语,比如译成"此时利于出现大人"或"此时,天下利于出现大人",等等。但这种解法,却不免有把大人同九五爻分开之嫌,同一九五爻,仍不免变换主语。

经过反复思量,本文认为对九五的"利见大人,"也无妨以对九二的"利见大人"同样办法",加以诠释,译作:

"九五仿佛一条龙飞在天上,它利于表现出大人的德行。"

但这样一来,"利见大人"的主语固然形式上可以统一,但总有削足适履之感,不大自然。也许,周易义理的渊奥非科学语言之可存储,必须依赖模糊语言为其神秘的外衣。在这方面孔子的体会很深,他说周易"其称名也小,其取类也大。其旨远,其辞文。其言曲而中,其事肆而隐"(《系辞下》六章)。若想达到这一高深地步,正常的表达方式是无济于事的。只有充分发挥古汉语的高度灵活性与多义性,才能成功。"利见大人"句也许正是这种灵活性与多义性的表现。

程颐于此,则走得更远。他感叹说:"虽然,《易》之有卦,易之已形者也;卦之有爻,卦之已见者也。已形者可以言知,未形者不可以名求。则所谓《易》者,果何如哉?此学者之所当知也。"(《易序》)按此观点,也许"利见大人"句是《易》爻辞之"已形者",其主语则是不可以名求的"未形者"。这样一来,对其主语的追求,便成为不谙易道的表现。

但话又说回来了,读书不得其解,不能谓读懂,终是憾事。怎么办好呢?恐怕也只好借助王弼的名言:

"言者所以明象,得象而忘言。象者所以存意,得意而忘象。……得意在忘象,得象在忘言。"(《明象》)

"得"之在心,"忘"之在外,——囫囵吞《易》者,此之谓也。

司马迁在《史记·司马相如传》里对周易的语言风格作了如下的评论,他说:"《易》本隐之以显。"以今天的话来解释,意思是说周易根本上就是以模糊的隐语来显露自己的涵义。司马迁说得很对,周易的语言风格就是如此。不仅个别爻辞、句式如此,全卦也是这种情况。《临》卦即其中较为显著的一卦。

由于卦辞爻辞本身具有深奥的道理和含糊的语言,故而自古以来易学界对它的解释,也便出现分歧,难以统一。这里,仅就下列一些说法,说说本人的意见。

(一)以孔传为基础的观点;

(二)今人高亨的观点;

(三)今人李镜池的观点;

(四)今人闻一多的观点。

下面,分头作简单的介绍、分析,然后申述一下本文的看法。

孔传及以孔传为本的观点

《临》卦䷒的卦辞是:"临,元亨利贞,至于八月有凶。"

在彖辞中,孔子对《临》卦的

卦名、卦体、卦德从整体上作了这样的解释：

"《临》，刚浸而长，说而顺，刚中而应。大亨以正，天之道也。"

意思是说，《临》是监临之意，它表示此时初二爻所代表的阳气日渐增长，有上逼四阴之势。而下体表现欣悦，上体表现顺从。欣悦表示阳气上进的心情，顺从表示阴气后退的态度，阳长阴消，并无乖违。同时，九二爻以阳刚之质居中不偏，能与上体居中的九五阴爻互相应合，阴阳合德，利于监临。这是一种大为亨通而利于守正的局面，是合乎大自然的运行规律的。

承袭孔子的象辞，王弼注释说："阳转浸长，阴道日消，君子日长，小人日忧，大亨以正之义。"（《周易》王注）基本上未越出孔传之意，尚不及孔传详细。孔颖达的注解则是："以阳之浸长，其德壮大，可以监临于下，故曰《临》也。刚既浸长，说而且顺，又以刚居中，有应于外，大得亨通而利正也。故曰元亨利贞也。"（《周易正义》）大体上仍是依据彖辞而作的解说。程颐所谓"化育之功所以不息者，刚正和顺而已，以此临人临事临天下，莫不大亨而得正也"（《易传》）。还是孔子彖辞精神的延长。对孔子彖辞的精神体会得最好的，恐怕非来知德莫属。他说："浸者渐也，言自《复》一阳生至《临》，则阳之进也，不逼；顺，则阴之从也，不逆。刚中而应者，九二刚中应乎六五之柔中也。言虽刚浸长逼迫乎阴，然非倚刚之强暴而逼迫也。乃彼此和顺相应也。此言《临》有此善也。刚浸长而悦顺者，大亨也。刚中而应柔者，以正也。天之道者，天道之自然也。言天道阳长阴消，原是如此，大亨以正也"（《易经集注》）。这样，他依孔传作了深入一步的解说。

接下来，在象辞中孔子又针对卦象结构进一步阐释《临》卦的义理，说：

"泽上有地，《临》。君子以教思无穷，容保民无疆。"

意思是，《临》卦的结构是泽

（兑）上有地（坤）。意味着"泽卑地高，高下相临"（孔星衍《周易集解》引荀爽曰），居上而临其下。君子从此卦的卦象中悟出，居上临下时，应效法此卦的精神，像地容泽、泽润地那样，相临相亲，教化民众，思念民众而无尽无休，如广大的《坤》地那样，保民容民，而永无止境。

对这段象辞，王弼认为，君子所以能从《临》卦卦象中悟出"教思无穷，容保民无疆"，是由于卦中表现出，"相临之道，莫名说（悦）顺也，不恃威制，得物之诚，故物无违也"（《周易》王注）。他着重从孔传中汲取的是，监临之道在于上下顺悦，而不在于强制与暴压。孔颖达讲解说："泽上有地者，欲见地临于泽，在上临下之义。君子以教思无穷者，君子于此临卦之时，其下莫不喜悦和顺，在上但须教化思念无穷已也，欲使教恒不绝也。容保民无疆者，容谓容受也。保安其民，无有疆境，象地之阔远，故云无疆也。"（《周易正义》）朱熹解释说："地临于泽，上临下也……，教之无穷者《兑》也，容之无疆者《坤》（地）也。"（《周易本义》）来知德的注释是："教者，劳来匡直之谓也，思者，教之至诚恻怛，出于心思也。无穷者教之心思不至厌斁而穷尽也。容者，民皆在统驭中也。保者，民皆得其所也。无疆者，无疆域之限也。无穷，与《兑》泽同其渊深。无疆，与《坤》地同其博大。二者皆临民之事，故君子观临民之象以之。"（《周易集注》）陈梦雷的说明是："不曰地下有泽，而曰泽上有地，主泽之二阳而言也。地临于泽，上临下也。……教思无穷，泽润地之象也。容保民无疆，地容泽之象也。不徒曰教，而曰教思，其意念如泽之深。不徒曰保，其度量如地之广。"（《周易浅述》）

好了，无须再引。历代易家之佼佼者，就是这样继承孔子易传的观点而加上自己的解说，虽然文辞不同，细微的差异也有，但基本上并未脱离孔传的窠臼。其要点有三：

（一）临卦是表示阳长阴消的卦。（二）阳悦阴顺，阴阳合德，以进行监临。（三）上以德政临下，竭尽关怀教化之能事。

简言之，以孔传为依据，在传统易学中占主要地位的观点，就是《临》卦是关于政治统治的卦，而实行仁政是监临的中心思想。

另外，关于卦辞中的"至于八月有凶"，孔传认为其含意是"消不久也"，亦即此时此际《临》卦中二阳方进方兴，阴正方消方退；但物极必反，不久的将来，阳气必将消退，阴气必将长进。应该早为之备，以免受害。这是一种所谓警戒之辞。"八月"有好几种说法，主要的说法是，从相当于十一月一阳生的《复》卦算起，算到翌年六月二阴生的《遯》卦建未之月，共八个月。《临》卦是二阳生，《遯》卦是二阴生，由阳盛变为阴盛，阳消阴长，按周易阴阳消长的理论来说，当然有凶。为了保持中道以避凶，故而卦辞的作者提出"至于八月有凶"的警戒。后代多数易学家对孔传"消不久"的解说，均无异议，只是具体内容的说法有所不同而已。

对于爻辞，孔子也是依据对卦辞解说的精神逐条加以讲评的，内容如下：

初九："咸临贞吉。"对此爻，象传说："咸临贞吉，志行正也。"

汉代易家虞翻解释爻辞说："咸，感也，得正应四，故贞吉也。"荀爽对象传解释说：阳始咸升，以刚临柔，得其正位而居是吉，故曰志行正。"（《孙星衍《周易集解》）

意思是说，咸是感应之意，初九以刚居阳位，与上卦以柔处阴位的爻，俱履正位，互相感应。初爻如此，是志行正道。以此态度临物（人与事），自然正正直直而获吉。

九二爻："咸临，吉，无不利。"

象传谓：咸临吉，无不利，未顺命也。

荀爽注释说："阳咸至二，当升居五，群阴相承，故无不利也"（同上）。程颐解释说："九二与五感应以临下。盖以刚德之长，而又

得中，至诚相感，非由顺上之命也，是以吉而无不利。"（《易传》）

大意可归结为，二五俱居中而上下感应，行中道以临物，不是奉命行事。

（关于"未顺命也"，有几种不同的说法，此处从略。）

六三爻："甘临，无攸利。既忧之，无咎。"

象传："甘临，位不当也。既忧之，咎不长也。"

对此，王弼和程颐的注释合到一起便把文义表现得全面而清楚：

王说："甘者，佞邪说媚，不正之名也。（六三）履非其位，居刚长之世，而以邪说临物，宜其无攸利也。若能尽忧其危，改修其道，刚不害正，故咎不长。"（同上）

程说："三居下之上，临人者也。阴柔而说（悦）体，又处不中正，以甘说临人者也。在上而以甘说临下，失德之甚，无所利也。……邪说由己，能忧而改之。复何咎乎？！"（同上）

简言之，就是居上治下，不能靠花言巧语。若感内疚，则咎误不长。

六四："至临，无咎。"

象传说："至临无咎，位当也。"

虞翻说："至，下也。""至临"，意为六四得正位（柔居阴位）下至初位，与初九阴阳相应，而监临于下，当然没有差错。（同上）

六五："知临，大君之宜，吉。"

象传说："大君之宜，行中之谓也。"

先秦时代，知与智通用。据朱熹《周易本义》解释，这是说，六五爻"以柔居中，下应九二，不自用而用人，乃知（智）之事，而大君之宜，吉之道也。"他和王弼、程颐的看法一样，都认为"选贤任能"是大君君临天下的聪明办法，即所谓执行中道的"知临"。这对于大君来说，是最适宜的治国之道。

上六："敦临，吉，无咎。"

象传说："敦临之吉，志在内也。"

荀爽认为"敦"是敦厚之意（同上）。朱熹解释说："居卦之上，处《临》之终，敦厚于《临》，吉而无咎之道也。"（同上）孔颖达疏通说："志在内者，虽在上卦之极，志意恒在于内之二阳。意在助贤，故得吉也。"（同上）

就是说，上六虽高高在上，但能与下边相应合，尊贤取善，这是一种敦厚的监临态度。所以吉而无咎。

总而言之，正如王夫之所说："临者，治也。"（《周易外传》）孔子为临卦作传时，就是像上述这样，认为其意义在于指示临人治国者，要以扶阳抑阴、阴阳合德、守正祛邪、亲临敦厚、关怀教化的态度去施行亲民的仁政。这是孔子对《临》卦的解释，也是其后学者继承和发挥的基础。简言之，也无妨说这是传统的注解。

高氏的说法

在关于《临》卦的众多解释中，今人高亨的说法与众不同。他以文字的训诂和考证为依据，对《临》卦经文和孔传作了阐释。虽未离开孔子的思想范畴，但具有独特性，需要单独提出来加以探讨。

高说的内容，详见《周易杂论》中的《周易卦爻辞的哲学思想》一文。为便于探讨，兹将其简要内容摘录如下：

卦爻辞里也反映了作者（指易经原作者）的简单的政治观点。《临》卦六爻爻辞是他的政治观点的集中表现：

《初九》：咸临，贞吉。

《九二》：咸临，吉，无不利。

《六三》：甘临，无攸利，既忧之，无咎。

《六四》：至临，无咎。

《六五》：知临，大君之宜，吉。

《上六》：敦临，吉，无咎。

"这六个临字当即《尚书·顾命》'临君周邦'的临。国君统治臣民称临。《六五》指出'知临'是'大君之宜'，当然是指政治，《象》传也认为这一卦是讲政治

（原文从略）。"因此，我说这一卦反映了作者的政治观点，不为无据。《初九》和《九二》的咸临是个问题。《象》传解释初九的咸临说："志行正也。"解释《九二》的咸临说："未顺命也。"可见两个咸临含义不同。根据《象》传，加以考察，我认为《初九》的咸当读为諴与和同意。諴临是以宽和的政策统治人民。这是对待志行正的人民的政策。作者对此是肯定的。……《九二》的咸……刑杀为咸，（也可能是威字之误）。咸临是以刑杀的手段统治人民。这是对待未顺命的人民的手段。作者对此也是肯定的。《六三》的甘临，我认为甘是严酷之意。优即《诗经·长发》"敷政优优"的优，也是宽和之意。甘临是以严酷的手段统治人民。作者对此也是反对的。认为改为宽和才可"无咎"。由此可见，作者虽主张采用刑杀，而仍强调宽和。《六四》的至临是亲身管理政治。《六五》的知临是以明察处理政治。《上六》的敦临是以忠诚对待人民。作者对于至临、知临、敦临都是肯定的。总之，作者六临的政治思想是主张实行宽和的政策，也采用刑杀的手段，但反对严酷的统治，并要求统治者明察、忠诚，亲身管理政治。确已抓住重点，可惜语言过于简单，仅仅提出观点，并无理论。

高氏对临卦爻辞的政治主张作了如此解释之后，又引用孔子"政宽则民慢，慢则纠之以猛；猛则民残，残则济之以宽；宽以济猛，猛以济宽，政是以和"（《左传·昭公十二年》）的观点指出，"諴临与咸临相结合，便是宽猛相济，恩威并用的统治方法。……这是古人自发地提出惠政与刑政达到矛盾统一的朴素的辩证的政治观点。"简言之，高氏完全是以孔子宽猛相济的统治方法的两手策略，对《临》卦的爻辞乃至全卦的主旨作了自己的诠解。

但是，这一诠解却含有一些值得推敲之处。

首先，孔子所倡导的恩威并用的统治方法，是以德政为主的。他所说的"为政以德，譬如北辰，居其所而众星共之"，以及"道之以政，齐之以刑，民免而无耻；道之以德，齐之以礼，有耻且格"（《论语·为政》）。这两段话，清楚地表明，在孔子的政治思想中，主体是德治、礼治，刑政只是逼不得已的手段。故此，孔子在阅读《临》卦时，从卦辞卦象上体会到两点：一是阳长阴顺，大亨以正，但阴不长消，必有反复。二是当此之际，当政者对人民应教之念之，无有穷尽，容之保之，无有止境。这两点恰恰符合孔子以德治礼治为主的仁政思想。接下来，孔子对《临》卦爻辞的逐一解释，也都是以阳长阴消，教民保民的仁政思想为基础而加以发挥。这里，孔子何以未涉及"齐之以刑"的治术，其原因应该说是在于，在阳浸长而阴顺从的局势下，孔子可能认为厚施德政，疏通民情，防止或缓解阳消阴长之反复，是值得强调与倡导的临民理论。依据这一分析，可以看出，孔子的统治理论，并不是恩威平行，而是以恩为主。同时，孔子在《临》卦的传解中，只强调恩治，并未讲恩威并用。高氏认为《临》卦反映孔子恩威并用的政治理论，是和孔子对《临》卦象辞的内容格格不入的。一读便知，无须赘述。

其次，高氏的说法是建立在文字训诂的基础上，是从爻辞的字辞诠解中导引出来的，它离开了《临》卦（实际是抛开了或避开了）卦辞的"八月有凶"，以及彖辞和象辞，单就爻辞的字义作出解释和推衍。可谓根据部分而论述整体，是见树木不见森林的论理方法。当然，解释古经时训诂之学是必要的，但离开经文主旨而迷于训诂，则难免坠入歧途。

李氏的说法

前述高亨之说，对阐释临卦大义，虽较之传统的传辞不无新意，但并无大差异。在众多易家诸说中，对《临》卦的诠释真正异军突起，另立别说的，乃是近人李镜池。李氏在《周易探源》中首先开宗明义，指出《临》卦的主旨：

"关于处事，可以《临》卦为例。'临'是临事，即处理事情。"

然后逐爻解释说：

"初二两爻都说'咸临'，'咸'当有不同的意义：一个是皆、悉义（说文），'咸临'是大家来做。'众擎易举'，大家合力做，没有做不成的事。一个是'諴'的假借，'諴，和也'（说文），平心静气，不急不躁，自会把事办好。'甘'意为美、乐，乐意去做，就能做得成功。但光乐意做还不够，还要细心做，不能粗心大意，所以说：'既忧之，无咎。''既忧之'，等于'临事而惧'。'至临'，'至'，极也，善也。'至临'就是做事要求做到完善。'知临'之知即智，做事要开动脑筋，找窍门，巧干。'知临'等于说'好谋而成。''敦临'之'敦'，即淳，淳朴，忠厚，'敦临'是说做事的态度要老老实实地干。"

对《临》卦各爻辞作了这样解释之后，李氏便对《临》卦的意义和价值，作出了判断，他说：

"周易编者从社会实践中总结出这样的理论，非常宝贵。"

接着，又对超出一般处事范畴的"大君之宜"爻辞，特别补充说：

"至于'大君之宜'，是编者特别提出来有关政治的具体问题。意思是说，大君临民理政特别需要有知慧，以理智来办事。"

如上所引，李氏的说法，是把《临》卦的临字解作临事，对事、办事，把《临》卦的内涵视为办事经验的总结。这是与孔传及其后学众易说之解临为统治、解《临》卦为政治统治（而且是在阳长阴顺的政治局势下）的观点，迥乎不同的。虽然在解释"大君之宜"时，也不得不把一般办事提高到政治问题的高度，但实质仍是解作办事处事的态度与方法。

这种异军突起的《易》说，是否符合周易《临》卦的真义，或者是否为《临》卦义蕴的引申发挥，是令人不得不产生疑问的。

首先，和前述高氏的说法一样，

都是脱离《临》卦的卦辞（全卦大义），单就爻辞来作合乎自己创见的解释而建立新说。故而同样也避开了"至于八月有凶"以及阳进阴退的卦义，仍难免断章取义、勉作创见之嫌。

其次，读了李氏解释《临》卦爻解的语言，不禁使人感到一种现代化群众化的办事作风。如"大家来做""不急不躁""乐意去做""细心做""做到完善""开动脑筋、找窍门，巧干""老老实实地干"，等等。从这里，很难嗅到三千年前古代哲人的语言气息和思想韵味。但出现这种情况并不奇怪，因为李氏在同一篇文章里批驳李景春的观点时，已经表述了自己研究易经的态度。他引用李景春的话，说：

"如李景春先生说：'引伸是对原来事物的引申，发挥是对原来事物的发挥。如果周易不含有哲学思想，那就不能从周易经文中引伸发挥出哲学思想。'"

对此，李镜池坚决反驳说：

"这话是不合逻辑的，时代不同，作者异见，本来没有这种思想，到了另一个时代，就会有这种思想，作者可以根据他的思想来'托古改制'，引伸发挥。既然是'托古'，则古所没有的，他可以说成有，既然是'引申发挥'，则原来没有的思想，又何尝不可以'引申发挥'呢？引伸发挥的只能是引伸发挥者的思想，不能说就是原来事物已经含有。"

看罢这一段话，我们就会对李镜池解释《临》卦时那种以今解古，任意发挥的做法充分理解，而解除了疑问。不过，我们还得认真地说一句：李氏这种态度不是研究周易，从中钩玄索隐，而是利用周易，为"我"说话。这是一种牵强附会的主观主义方法，而不是实事求是的科学方法。因此，前述把《临》卦解作办事的学说，用李氏自己的话来说，那只不过是"引申发挥者的思想"而已，绝不是周易《临》卦的本义。

《临》具《乾》德之说

除了上述几个说法之外，关于《临》卦，还有另一种义理发微。那就是，把《临》卦视为《乾》卦的演变。这个观点来自汉代。汉代易家虞翻、郑康成对此都有阐释。

虞氏说："阳息至二，与《遁》旁通（《临》之错卦为《遁》）。刚浸而长，《乾》来交《坤》，动则成《乾》，故元亨利贞。"

意思是说，《临》卦与《遁》卦阴阳相反，《遁》为二阴长起，《临》为二阳长起，恰好相背。二阳浸长，上交于《坤》（地），再一动，三爻之阴亦变为阳，三阳为天。天即是《乾》，《乾》之德为"元亨利贞"，故而《临》之德亦为"元亨利贞"。这种阐释，是把《临》卦的卦德说成"元、亨、利、贞"四德，和《乾》卦的四德一样，也就是说，《临》卦也赋有《乾》卦同样的"天德"。

郑康成对此说得更清楚，他说："临，大也；阳气自此浸而长大。阳浸长矣，而有四德，齐功于《乾》，盛之极也。"他认为《临》卦具有与《乾》卦同等的功能。（孙星衍《周易集解》）

清代学者陈梦雷继承古说解释道："……元亨利贞者《乾》道之变化，阳长之卦。独《临》与《乾》同者，易道贵中，二阳方主于中，《乾》之体用全备于此，故四德咸归之也。"（同上）

陈氏之说，并非新创。只是把上述虞郑之说，和孔子象传之说结合起来，加以阐述而已。他说明《临》卦之所以具有《乾》卦之四德，是由于二爻阳刚为一卦之主，具有乾（阳）的本质和功能，亦即元亨利贞，四德齐备。这段话的内容，可以视为象传所说"刚中而应，大亨以正，天之道也"的延长。

再往下看，还有清末民初的易家杭辛斋对《临》卦德性的进一步发挥。杭氏认为，《临》卦不仅具有《乾》卦的体用，而且具备《乾》《坤》合体的德性。这较之上述说法，又更进一层。

他在《学易笔谈》中以感叹的口气说："惟《泰》《否》之为《乾》《坤》，人易知之，若……《临》卦之为《乾》《坤》，人皆不省也。缘《临》有《坤》而无《乾》，内卦为《兑》，《兑》未可以当《乾》也。不知《临》之初二，皆曰咸临。六（当为四之误）曰至，四（当为五之误）曰大，皆指《乾》《坤》也。《乾》曰咸宁，《坤》曰咸亨……至哉《坤》元，见之《临》之六四。大哉《乾》元，见于《临》之六五。故《临》之一卦，乃天地合德……实具《乾》《坤》之大用者也。"

杭氏以《临》为《乾》《坤》之合体。理由是，《临》之初二爻皆曰咸临，和象辞之《乾》曰咸宁，《坤》曰咸亨，其"咸"相同，德性如一。《临》之四爻曰至临，五爻曰大君之宜，与《乾象》之大哉《乾》元，《坤象》之至哉《坤》元，性亦相类。据此推断，《临》卦乃具《乾》《坤》并合之体用。

杭氏此说，颇有独到之处。可惜所据理由，极不充足。第一，以《象》辞为据，即以孔子之说为据，而非以《临》卦原文为据。换句话说，并非以第一手资料为依据，恐与探讨对象的本义有出入。第二是不从解释《临》卦爻辞本身出发来寻求爻辞的含义，而是以发掘《乾》《坤》两卦的象辞来解释《临》卦的爻辞，其强加于人，断章取义之弊，异常明显。如从五爻的"大君之宜"中摘取一大字，不计至临为何意，而硬与《坤》元之'至哉'相比符，牵强附会，实难令人首肯。因此，杭氏此说实质上，并未给《临》卦体用的解释增添光彩。

闻氏的说法

蔡尚思在《我与中国二十世纪思想文化界》所载《我与中国20世纪》中谈到易学问题。他认为，易学"似可概括为下列各派"：一、尊孔化、尊经化……。二、迷信化……。三、玄学化……。四、烦琐考据化……。五、现代科学化……。六、革命化……。七、辩证法化……。八、百科全书化……。

　　蔡氏的易学研究派别分类，是否合适，姑置不论。但他所举出的一些周易研究的偏向，却是不容否认的事实，"烦琐考据"即是其中之一。而咬文嚼字以期创新的训诂学派，更是"烦琐考据"当中的明显表现。前述高亨、李镜池的《临》卦学说，就有这种表现的迹象，虽然，并不十分典型。

　　这一派中堪称典型的应推今人闻一多的《周易义证类纂》(《古典新义》之一，见《闻一多全集》卷二)。对《临》卦的一些训诂考证，可见一斑。

　　闻氏于此处未对《临》卦作全面探索。只是对其中的卦辞以及爻辞中的六三、六四、六五、上六，从文字上作了独具慧眼的训诂考证。

　　对临字的解释，闻氏一反旧说。他认为"临读为淋"而"淋与霖同"，通过同音假借之途，把临字解作霖雨，从而把"三爻的甘临"解作"甘雨"，亦即历久不晴的淫雨。既然是连绵的阴雨，当然"无攸利"。但何以"既忧之，无咎"呢？于理不通之处，又只好对"忧"字进行考证，认为"忧"读为穮而"穮"义为锄。于是，"既忧之"即成为既已锄之在前，则虽有"甘雨"，亦不足为害，故断曰"无咎"。就这样，闻氏以霖解临，以穮解忧，以临、忧二字的训诂，对临卦三爻辞作了独特的解释。接着，依据这一见解进行推论和训诂，认为上六敦临之敦，案说文可训为怒，怒义近于暴，故"敦临"可训为暴霖，亦即暴雨。至于六四的哉"至临"、六五的"知临"，闻氏认为也如"敦临"。"至"是"銍""怪"的假借，是忿戾之意，近于怒义。由此可见至临、知临也者，统统是暴雨之义。另外，经考证，知临之知，亦可读为疾，疾临亦即疾雨，仍不离暴雨范围。这样，至、知、敦三个字，都经由同音假借的训诂之途，而为临字的霖义，作了推论的注脚。

　　对卦辞的"八月有凶"，高、

李二位都不得不避而不谈。而在闻先生这里，恰好是承卦名为临（霖）之义，顺流而下，解作八月间大雨为害，故曰"有凶"。

总之，如上所述，闻氏的临卦新说，完全是建立在文字训诂上。主要是训临为霖，以此为出发点，通过同音假借的途径，推论式地解释四、五、六爻，或者说，把霖义加于四、五、六爻，从而建立了霖雨新说。

但是令人莫解的是，闻氏并未将新说贯彻到底。对卦辞的"元、亨、利、贞"以及初、二爻的咸临，则避而不谈，听任其新说半途而废。显然，如果临为霖，甘临为淫雨，至临、知临和敦临皆为暴雨，而且造成八月间大水泛滥，成为凶灾，何以卦辞开宗明义即说"元、亨、利、贞"？前后矛盾，实难自圆其说。所以，避而不谈自然是建立新说之初顺理成章的无可避免之计。实际上"《易》以道阴阳"，离开阴阳，《易》即无从谈起。闻氏也和高、李二位一样，舍《临》卦之阴阳问题而别立《临》卦新说，使人难免产生一种似乎"离《易》说《易》"的感受。

结语

最后综合看来，上述关于《临》卦的几种学说，有个共同点，就是离开《象》辞的主旨，离开卦象之义，单以字辞的解释为立论的基础，以致未能对《临》卦的全局做出令人信服的诠释。回头看看，仍不得不说，孔传的解说是结合象数讲义理，既不失《临》卦本义，又有所发挥、创建。也许比其他各说较为平允。但一卦一爻而生出如此繁多的解说，始终难以达成共识的现象，却为其他经典所无。读起来，有使人如入五里雾中。于是，难辩之处，也只好囫囵吞之而已。

解《易》难于上青天

宋儒朱熹说："《易》于六经，最为难读，穿冗太深，附会太巧，恐转失本指。故尝顷为之说，欲以简易通之。然所未通处极多，未有可下手处，只得阙其所不知。"（《文集·答方宾王》）周易最难读、不可解处应予存疑：这两点，朱熹是说对了。但以简易通之，以求其卜筮本旨，却是走错了路——辞象未能全面贯通，却伤害了周易的义理本旨。须知，周易象数文辞如此难解，欲从某一侧面简单疏通，实难做到。看一下朱熹的《周易本义》便会了解，仅就文辞来说，也是似通非通和未通之处，多不胜数。

与朱熹同一时代的儒家大师程颐与朱熹的观点不同。对难读的周易，不是以卜筮之旨简易贯通，而是从玩辞入手，以求其意。他认为，"（周易）吉凶消长之理，进退存亡之道，备于辞，推辞考卦，可以知变，象与占在其中矣。"主要意思是说，《易》理寓于辞，解辞为通《易》之门。所以他又强调说："得于辞，不达其意者有矣，未有不得于辞而能通其意者也。"（《易传·序》）他把读通文辞作为掌握周易义理内涵的前提，并针对周易隐晦难解的文辞作了较为浅显的传注，意欲借此为后学者启开读《易》的难关。

但是，事实上无论是朱氏的简易通之也罢，程氏的传辞通意也罢，都远未能破解《易》的难关，未能通过文辞象数取得六十四卦三百八十四爻内涵之"解"。可见读《易》之难真是难于上青天！千古以来，多数卦爻的文辞象义，都是歧说并存，难成共识。对于后学来说，往往莫衷一是，只好囫囵吞之，以待其自行消化。

下面谈几个例子，以见一斑。

《蒙》卦初六爻辞怎么讲

首先谈谈《蒙》卦的初六爻辞。爻辞为：

"初六：发蒙，利用刑人，用说桎梏，以往吝。"

对这句爻辞的涵意，孔子在《象》辞中解释说："利用刑人，以正法也。"

原话是模糊语言，孔子的解释也是模糊语言。原话中有三个难点：一是何谓"刑人"，二是"用说桎桎"与"刑人"之间是何关系，三是"以往吝"指何而言。同时，所谓"正法"是什么意思，也是个难点。

要想解开上述这些难点，首先必须确定"发蒙"的对象，否则难免陷入混乱。

发蒙是启蒙之意，这不难达成共识，但启蒙的对象是卦辞中的蒙童呢，还是所谓一般的蒙民？照理说，既然卦辞中已明确地提到"匪我求童蒙，童蒙求我"，那么发蒙的对象应是童蒙，这似乎不成问题了。但实际并非如此。不少易家却认为发蒙的对象是蒙民，如干宝说："此成王始觉周公至诚之象也。《坎》为法律……故利用刑人矣。"把发蒙的对象释为刑人的对象，显然不是指童蒙而言。金景芳亦持同一看法，他认为，"发蒙"之蒙，可以理解为社会下层群众。"（《周易全解》）

虞翻说："《坎》为法，初发之正，故正法也。"王弼说："以正法制，故刑人也。"（转引自《周易集解》）都把发蒙正法的对象，视为一般蒙民。这一点，说得最清楚的是程颐和来知德。程说："初以阴暗居下，下民之蒙也。"（《易传》）来知德进一步说："蒙在下民之蒙，非指童蒙也。"（《易经集注》）明确地把卦辞所说的"非我求童蒙，童蒙求我"的童蒙，排出于发蒙、刑人，正法的对象之外，这是一类观点。

另一类观点是贯彻《蒙》卦卦辞的思想，把初爻发蒙、刑人、用说桎梏以及以往吝等的对象，解作接受教育以启愚昧的蒙童，不解作经过刑罚、正法从而沐浴教化，得以启发昏昧的蒙民。陈梦雷即作此解。他说："初六以阴居下，蒙之甚也。欲发其蒙，利用刑人，谓痛加惩责，使知敬学也。"（《周易浅述》）把发蒙、刑人的目的说成"使知敬学"，可见对象不是一般的蒙民，而是受教的蒙童。《周易·尚氏学》也持相同看法，认为刑人是"树之模型，使童蒙有所法式"，也是不把发蒙、刑人等的对象解为一般蒙民，而解作接受教化的蒙童。

对发蒙对象的理解不同,当然对爻辞下文"利用刑人""用说桎梏"等的理解,也便不同。

在发蒙之际,以"刑人"为有利的"刑人"是什么意思呢?大约有四个说法:

第一个说法是,刑罚昏昧犯法的蒙民,犹如今日惩处"法盲"似的。上述虞翻、王弼、程颐、来知德等均持此说。

第二个说法是对不守学纪的蒙童实施责罚,以所谓"夏楚收威,朴作教刑"(朱骏声《六十四卦经解》),使其向学。陈梦雷之外,孙振声也认为"刑是惩罚,有纠正的含义……教育开始,应当严厉,但不可过当……"。

第三个说法是,刑人不是以刑罚罪,"刑"与"型"同,是模式、法式之意,亦即《诗经·大雅·思齐》篇所谓"刑于寡妻"之刑,《左襄十三年》所谓"一人刑善,数世赖之"之刑。以今日的话来说,正是负面的榜样之意。"刑人"的意思是,树立模型,使童蒙有所法式。

第四个说法是把"刑人"解作以法规约束蒙民,使其"有所戒惧",然后引导他们接受教化。金景芳即如斯说。

"用说桎梏,以往吝"是什么意思呢?

一般认为,说为脱之借字,是"解"的意思。"桎梏"为刑具,"木在足曰桎,在手曰梏"(《集解》引郑康成)。"用"是关联词,相当于"以"。

对此句,王弼的解释是"以正法制,故刑人也"。但"刑人之道,道所恶也",故而"刑说(脱)当也,以往吝,刑不可长。"译成今语就是,为了端正法纪,所以对蒙民实施刑惩,但刑罚的办法是大道所厌恶的,所以在蒙发之后应即解除刑罚,而不可长期用刑。他把"以往吝"解作:继续用刑下去,便会产生错误。亦即《尚书》所谓"刑期无刑"之意。

王安石的理解则与此相反。他认为:

"当蒙之初，不能正法以惩其小，而用脱桎梏，纵之以往，吝道也。"（转引自《周易折中》）

他这段话的大意是，当蒙民违法之初，倘不能端正法纪以惩处其小恶，而解除刑罚（刑具），如此放纵下去，是错误之道。

一个认为刑不可长，刑期无刑。

一个认为不可除刑，以免放纵。

朱熹的看法与王弼类似，但有不同。他认为"……当发其蒙，然发之之道，当痛惩而暂舍之，以观其后。若遂往而不舍，则致羞吝矣。"（《周易本义》）

他对爻辞的解释是，发蒙的办法，应当是痛加惩处后暂时解除刑罚，以观后效。倘不如此而一味惩罚下去，那将导致羞吝之误。

他给王弼"刑不可长"的道家思想，加上了一个"以观后效"的儒家策略。用以解释原文，也可自圆其说。

程颐的说法，与上述大有不同。他说："治蒙之始，立其防限，明其罪罚，正其法也。使之由之，渐至于化。立法制刑，乃所以教也。盖后之论刑者，不复知教化在其中矣。"（《易传》）

程颐的理解与上述刑罚的观点完全不同。他认为"刑人"不是施刑罚于人，而是宣布法纪，明示法禁，使蒙民遵循正路，接受教化，以免违法而陷于"桎梏"。他强调法禁、教化，而不谈刑人、刑罚。这一观点与王弼，朱熹不同，而与王安石的观点则恰恰相反。王安石认为刑蒙有利，否则不利。程颐则认为先刑禁而后教化，是对爻义的最善理解。他把"用脱桎梏"解作"脱去昏蒙之梏"，以"桎梏"为比喻词意，即使蒙民明于法禁，以便脱掉昏蒙之桎梏，"桎梏谓拘束也"。意思犹如今天所说的脱掉法盲的缠绕。虽然清代易家丁寿昌在《读易会通》中对此加以否定，说"以桎梏为比喻似非"，但程传毕竟是别具一格，可备一说。

对此爻辞，陈梦雷的解说又另有新意。他一直认为此爻的内容是教育蒙童，而不是处罚蒙民。所以他一方面解释上句说，"利用刑人，谓痛加惩责，使知敬学也"，接着又解释下句说，"用脱桎梏，谓暂去拘束，以待自新"。到此为止，与朱说之"以观其效"有相似之意，但下文则表示与众不同的见解。他说："桎梏用之未刑，刑时未有不脱桎梏者。若既刑又桎梏，往而不舍，拘束太苦，则失敷教在宽之义，必致羞吝矣。"（《周易浅述》）

陈氏之意是，发蒙时需要刑责，但不可过严，责罚之后，要暂去拘束，以待自新。这是一层意思。但又说"用刑"之时，即痛加惩责之时，必须脱去桎梏，不能既带刑具又加以惩罚，以免管制过苦，失去教化从宽之主旨。这是又一层意思。合起来看，陈氏的意思可能是，对蒙童之蒙行，要加惩责，但不宜过重，应适可而止，以待其悔过自新。这里，刑罚应脱去刑具的观点，是陈氏的"创见"。

在这一问题上，来知德的解说是这样的："……发蒙之初，利用刑人以正其法，庶小惩而大诫，蒙斯可发矣，若舍其刑人，惟和悦以教之，蒙岂能发哉！吝之道也。"（《易经集注》）

这个观点，基本上来自王安石。但也略有差异。王说"纵之以往，则吝道也。"来说："惟和悦以教之，蒙岂能发哉！"差异之处在于，一个是"纵之以往"，一个是"和悦以教之，"总的看来，分歧不大。

在这一问题上，分歧最大的是南怀瑾的解说。在《易经杂说》里，他是这样阐述的：

"利用刑人，是说用刑法不一定是一件好事，但是有利。因为人类中有些人不听好的教化，打他一顿就听了。用说桎梏，'说'亦是《论语》'不亦悦乎'一样悦的意思，人受了桎梏，还有什么快活？因为这是教化过来，就是很高兴的事……。"

南先生把用说桎梏的说，解作悦，与传统的以及今天的一般学说，迥乎不同。当然，这也可讲得通，也是一说。

以上所举，是代表性的见解，

另外恐怕还会有些不同的看法。但仅此亦足见《易》蕴的深厚，即使一句简单的爻辞，也难求其甚解，往往是"瞻之在前，忽焉在后"，只能观其琳琅满目，而心领神会。

《蒙》卦初六《象》辞的涵义

回过头来，再看一下孔子的象辞。他说《蒙》卦初六爻辞之所谓"利用刑人"，是"以正法也"之意。怎样从爻象上看出爻辞含有正法之义，孔子没讲。他的《象》辞《彖》辞，特别是《小象》辞，大半只讲结论而不讲理由。其理由只作为内部语言而蕴含在结论的外部语言的背后。因此，"正法"究竟指何而言，令人莫得确解而难免扑朔迷离。当然，在先秦时代，所谓正法，并没有"杀头"之意。所谓"人即正法"指人即处决，是唐宋以后逐渐形成的语义。但无论杀头与否，"正法"一词总是与法纪的执行有直接关系。或宣布纪律以整肃法禁，或按照法纪予以惩罚，怎么理解都可以讲得通。这便使本来

古奥隐晦的经文，更加"云山雾罩"，众说纷纭。在这方面，来知德独辟蹊径，颇有贡献。他认为"孔子没而《易》已亡。四圣之《易》为长夜者二千余年"，原因是，"自王弼扫象以后，诸儒皆以象失其传，不言其象，止言其理，而《易》中取象之旨，遂尘埋于后世"（《易经集注》来序）。用他的观点来说，周易原来就是"即象言辞"，孔子作传，亦复如此。故而研究孔子的传辞时，必须给合卦象爻象，阐发其理。所谓"象数言于前，义理言于后"（同书序）。只有这样，才能了解孔子解《易》的真谛。来氏的易注，正是在这种思想指导下撰写的。

那么，为了深入探索《蒙》卦初六爻辞的真谛，这里应不吝笔墨，引录来氏的注释，看看他是怎么理解孔子的象辞的。他先说："治《蒙》之初，故利用刑人以正其法。桎梏者，刑之具也。《坎》为桎梏，桎梏之象也。在足曰桎，在手曰梏，中爻《震》为足，外卦《艮》为

手,用桎梏之象也。"这个意思,汉代的虞翻早已说过,不算新的体会。接着又说:"因《坎》有桎梏,故用刑之具即以桎梏言之,非必至于桎梏也,朴作教刑,不过夏楚而已。"这个看法也是古已有之,并非新创。接下去,他又解象说:"本卦《坎》错《离》,《艮》综《震》,有《噬嗑》用刑之象,故《丰》、《旅》、《贲》三卦有此象,皆言狱。"这段话从四面八方即象观察,确有独特体会。下面他又说:"说者脱也,用脱桎梏,即不用刑人也,变《兑》为毁折,脱之象也。往者,往发其蒙也。吝者利之反。变《兑》则和悦矣,和悦安能发蒙,故吝。"就这样,他即象阐义,解释初六,表达了类似王安石的观点。以继承孔子易学自居的来知德,他所作的这段即象阐义,是否与孔子作传时的思路一致,无法断定,但本文觉得来知德往下解释初爻的一段话,似乎和孔子的象辞有所接近。他说:

"初(指初爻)在下,近比(靠近)九二刚中之贤,故有启发其蒙之象。然发蒙之初,利用刑人以正其法,庶小惩而大诫,蒙斯可发矣。若舍脱其刑人,惟和悦以往教之,蒙岂能发哉!吝之道也。故其象占如此。"说到这里,按理说文意已毕。但他仍不放心,又叮嘱似地加了一句:"细玩小象自见。"

可见,他对小象是用心玩味而后阐发其义理的,与孔子的做法,似乎路数相同。所以,接下来对孔子"利用刑人以正法也"的象辞,便顺理成章地加以解释:"教之法不可不正,故用刑惩戒之,使其有严惮也。"(同上)

虽然,此种即象阐义之法,也许符合孔子的思路,但来氏所阐发的"正法"之义,是否与孔子一致,仍无从判断。何况,来氏的解说中还有闪烁不定之点:既说对蒙民要用刑正法以惩戒之,又说桎梏不一定是刑具,夏楚(打板子)之朴作教刑,也算桎梏,这又像是对受教育的蒙童所作的处罚,而非对蒙民用刑的正法。意思飘忽,令人捉摸不定。结果,我们也只能像对待其他易家的说法一样，东瞻西顾，心领神会。

本来周易内在的奥义就是多角多歧的，再加上解说者的理解条件不同，以致仁者见仁，智者见智，公说公的，婆说婆的，甚至反正都是理，令人无所适从。但大《易》原来就是个神秘的"天书"，后学者又何必苦求其一致的面目，奚如囫囵吞枣，神领神会，反而更妙！还是程颐说得好："已形已见者可以言知，未形未见者不可以名求。则所谓易者，果何如哉！"

这段话可以说是表现出程颐沉沦《易》海多年之后突然闪现的大彻大悟。然则，《蒙》卦初六爻辞的真义果何如哉？

第九篇　大《易》是否不言有无

孔老二子的有无

张载在《正蒙·大易篇》里劈头便断言："大《易》不言有无，言有无，诸子之陋也。"在《易说·系辞上》中，他又进一步阐述说："大《易》不言有无，言有无，诸子之陋也。人虽信此说，然不能知以何为有，以何谓之无。如人之言曰自然，而鲜有识自然之为体。"理由是，以他的气一元论和气之聚散论的观点来看，"气聚则离明得施而有形，气不聚则离明不得施而无形，方（其）聚也，安得不谓之有？方其散也，安得遽谓之无？故圣人仰观俯察，但云知幽明之故不云'知有无之故。'"

以上，是张载对大《易》不言有无这一命题的论证。所谓大《易》，当然是指易经本身及孔子对其阐释而言。就论证自身的逻辑来说，张载的这一论证是有毛病的，毛病之一在于偷换概念，以'幽明之故'代替'有无之故'。孔子在系辞中所说的"幽明"，"幽"是指暗中存在的不可见的无形境界，"明"是指明显可见的有形境界。这两个概念是与人们感知相联系的认识世界的概念，它们和表示宇宙形成及万物存在的本质的"有无"一对概念，是根本不同的。"幽"未必无，有未必"明"，这是显而易见的道理。

这一问题，此处姑置不论。单就大《易》是否不言有无及其相关问题，略抒己见。

张载熟通六经，尤精于周易。他说大《易》不言有无，当是深思熟虑的结论。但如果就此问题进一步深入探索和思考，便会发现，事情并非如此简单，这里面大有文章。

就常识来说，众所周知，老子讲求有无，以无为本，从而建立了以道为宇宙本体的哲学。他的著名的命题有："无名天地之始，有名万物之母。"（《道德经》首章）"天下万物生于有，有生于无。"（《道德经》四十章）他认为天地始于无，成于有，有是从无中生出来的。与老子的观点相反，孔子在谈到天地万物之生成时，却只讲有而不讲无。语及人间关系时，也是如此。故而魏代玄学家裴徽曾对王弼说过：

"夫无者，诚万物之所资也。然圣人（指孔子）莫肯致言，而老子申之无已……"。点明了孔、老在有无问题上的对立。虽然王弼不以为然，而申辩说："圣人体无，无又不可以训，故不说也。老氏是有者也，故恒言所不足。"（《三国志》锺会传注）但硬说孔子以无为本，只是由于无字无法解释，故而不说；老子是主张有的，故常说无以补有之不足，这毕竟是混淆概念的诡辩，不足为凭。老子体无，孔子重有，这是二人思想体系的性质所决定的，毫无疑问。

老子不言周易，他对周易之是否言有无的看法，不见经传，无从知晓，只好付之空白。与此不同，孔子大谈周易，为之作传，做到了以《易》解《易》，进而以孔解《易》。所以，周易（包括孔传）之"有无"问题，则有迹可寻。

在探索《易大传》的"有无"思想之前，应该追本溯源，先看看代表孔子思想的论语当中"有无"思想的表现。遍观论语二十卷，涉及有与无之处，多达一百二十几处，但除了生活范畴不计之外，也只限于政治范畴与伦理范畴。如有道、无道、有德、无德，等等，超过政治、伦理范畴的有与无，一个也没有。换言之，高达宇宙范畴的有与无，如老子所讲的关乎宇宙本体的有与无，并不存在。可见王弼所谓"圣人体无"之说，无非是"以老解孔"的一种强辩而已。

但是，这只是就表达孔子仁学中心的论语而言，并不表现孔子的全部思想。如果将视线扩展到"与天地准"的周易大传，那么，自然会从孔子的学《易》心得与解《易》成果中发现有无问题的更高的涉及天人之道的新迹象。

无和無有何区别

在探讨本题时，首先碰到一个引人入胜的问题，那就是无字的形体。在《易》、《书》、《诗》、《礼》、《乐》、《春秋》六经中，除周易（包括易传）外，其他五经之无字，皆写为無字。唯有周易，无论经传都将無写作无。这是什么道理呢？对此，杭辛斋有一解释。他说：

"《说文》天屈西北为无，言'无'即天字屈其西北之一笔也。"这是按字形来源的训解。但这一训解和周易有什么关系呢？就此，他继续解说：

"西北为《乾》卦方位。《乾》为天，《乾》圜往而《坤》方来，往屈来信（伸），故曰屈。天屈西北，即《乾》居西北。……斯时也，静极而动未生，阴极而阳未形，孕育万有而未见其朕。欲以一字尽其状而赅其义，故特以一无字概之。"

这是用后天八卦图中的《乾》卦的方位来解释无字形成于《乾》天的运行状态。大意是：《乾》天为万物资始，运行至西北时，正处于阴终阳始的中间，说阴非阴，说阳非阳，无形无声，无嗅无味，故而以无字表示之。杭氏继续说：

"此无字与有无之无，训诂虽同，而意义殊别。有无之无，与有相对，而无则無对，超乎有無之上。盖有無相对，则一阴一阳，已成两仪。而無则立乎两仪之前，为群动之根，开万有之宗，非后天之《乾》卦，不足以当之。"

（以上引文均见《学易笔谈》二集卷二《释無》）

杭氏的上述说法，如把無字作为表示宇宙本体的概念，结合八卦方位来看，当然不为無理，但周易中的无字，都仅只作为否定词来用，并未达到宇宙观的高度。经文中卦名有《天雷无妄》，爻辞有"无妄之灾""无妄之药""无祇悔"等。占词有"无咎""无悔""无攸利""无不利""无咎""无誉"等。其所有无字，都止于否定作用，并无所谓"天屈西北"那样的哲学意义。孔子的传文大体上亦复如此。如《系辞》中的"神无方而易无体""无有远近幽深""贵而无位，高而无民""乾坤毁，则无以见易""无有师保，如临父母"，等等，都只是对有的否定而已，可以直译为今语而无须诠释。换言之，如果我们把上述经文和传文中的无字，一律换成無字，在内容的表达上可以说完全无碍。只有系辞中的"《易》，无思也，无为也，寂然不动，感而遂通天下之故，非天下之至神，其孰能与于此！"把易经视为处于动静有无之间的"至神"，此处的无，不是表示一般的否定，倘换成無字，则丧失其奥义而索然乏味矣。但这只是个别的例子，不能借以代替一般。一般的无字，只表示语言上的否定，别无奥义。

那么，既然如此，《易》作者和传文作者始终以无代無，又是为了什么呢？是否受了道家思想影响？看来也不是。因为《道德经》五千言以無为本，却无一处将無字写成无字（据《四部备要》影印本）。这是否出于偶然？也恐不是。因为满怀忧患与极尽"精微"的《易》作者不会盲目地随意用字，素以慎言辨辞为能的《易》传作者孔子，更不会不动脑筋地随声附和。看来，此中必另有缘故。此处姑置不论，留待大方家点破个中奥秘。

　　返回本题，且说"大《易》不言有无"。在这个命题中，言字是个关键。如果认为言字只是"说"的意思，则此命题可以成立。但如果言字之义不仅是"说"，还具有"表现""探讨""涉及"等含义，则此命题还可推敲。笔者以为，如从周易之整体精义思考，则应说大《易》不明言有无，而并未放过有无。因为，如漏掉有无，则"有"无其侣，亦难成立。而"有"，正是《易》之哲学基石，无"有"，《易》及《易》传何得问世？何能存在？所谓伏羲画八卦、文王演八卦和缀卦辞、周公缀爻辞，及至孔子（及其他人）为之作传，等等，实际上都是"有"的表现，说是"从无到有"，当然无可非议。就事实来说，是这样，进一步就周易内容来说，亦在此彀中。

　　上举例句："易，无思也，无为也，寂然不动，感而遂通天下之故。非天下之至神，其孰能与于此。"这是孔子对周易的精妙性质及其神妙作用的判断与赞颂。虽是短短的两句话，却透露出周易最深的本质，——它作为反映宇宙本体的存在，外表是无声无息，静默不动，似乎既无所思，又无所为，但静寂并不是死寂，无思无为并不是不能思不能为，而是处于阴阳之间、动静之间，含机待发。一旦阴阳交感，则胎力迸发，以其智理，通达天下之万事万物。周易这种无思无为的"无"，并非兔角龟毛式的"不存在"，而是内在机能之尚未发作的无，所以不能把无思无为，改写为無思無为。在这句话里，无思无为是"无"，感而遂通天下之故是"有"。这虽是孤例，但确在证明大易不是不言有无，而是也言有无，只是言的性质与表达方式，有异于老子和常态罢了。

《易》有太极是什么

　　至于作为宇宙范畴或社会范畴，与"无"相对的"有"，则周易言之甚明。——虽然，全文并无"有无"

相对而论的词句。这一点,与《论语》迥乎不同。在《论语》中尽管没有涉及"天道"的有无之论,但仅次于天道的政治范畴"有道""无道",则多达十二对之多。还有伦理范畴的"有耻""无耻""有德""无德"等,有无并论,彰明较著。而对有无的态度,当然以崇有为其特征。故而晋代裴顾写作《崇有论》以驳斥王弼等的体无之论,借以发扬孔圣的名教而攘退老子的虚无观,是合乎逻辑的行为。在易传中,孔子多说有,而极少说无,尤其是不并论有无,不明论有无。

孔子赞《易》之以有立说,有下面两段话可资证明。一是:"易有太极,是生两仪,两仪生四象,四象生八卦。"(《系辞上》十一章)二是:"有天地,然后有万物;有万物,然后有男女;有男女,然后有夫妇;有夫妇,然后有父子;有父子,然后有君臣;有君臣,然后有上下有上下,然后礼义有所错。"(《序卦》)

头一句是对《易》象核心的八卦出生及其过程的叙述。同时,孔子认为"《易》与天地准。"(《系辞上》四章),故而也是对天地万物的根源及其生长过程的叙述。从根本性质来看,这是关于宇宙本体的论断,亦即古人所谓关于天道的论断。

后一句是关于万物产生的根源以及政治社会结构形成的论断,亦即古人所谓关于人事的论断。

这两个肯定命题的共同特点是有字当头,是孔传以有立说的最鲜明的标志。

现在我们先分析第一大句。

这句话里有两个值得注意之点。一点是"有"字,一点是"是"字。此处的有,不是表示所有格的有,意思不是说《易》具有太极,而是说*,《易》象的产生过程是,(先)

———————
*《周易大传新注》(438页)认为,"易,为变易,非《易》书之易,此句是说,宇宙的变化是从太极开始的。"这是脱离上下文的解释。系辞于此讲八卦的产生,当然直接是指易经,但易经同时反映天道,所以间接也是讲宇宙万物的生成。

有个太极，然后如何如何。有字表示存在之意。接下来的是字，并不是表示肯定的判断词，而是个指示代词，相当于此字，也就是它字。大意是：有那么个太极，它生出两仪，两仪生出四象，四象生出八卦。这样诠解和翻译，才合乎原意，顺理成章。但主要问题不在这里，主要问题（也是难题）在于，何谓太极？太极的背后（之前）是什么？它来自何处？关于这个老大难的问题，自古迄今，易学界并无共识。

伏羲仰观俯察，近取诸身，远取诸物，始作八卦。这一传说，自远古即有之。但画卦作卦的具体过程和始末情况，却无文献可徵。所以，《易》有太极而生两仪、四象、八卦云云，恐是孔子潜心学《易》而发现的奥秘。学《易》者可从中发现八卦是由阴阳两爻组成，而纯阳之《乾》卦与纯阴之《坤》卦正居八卦之首，如此必然推想《乾》《坤》阴阳的来源。周易本身于此并无说明。于是为解决这一悬空的难题，孔子也许是依据对八卦图象的观察与思索，便以其富于哲理思维的头脑设想在天地阴阳未判之前，有个宇宙最深的本体存在，从而生出阴阳八卦，无以名之，遂名之曰太极。从字面上讲，太亦作大，义同大而更甚于大。按说文段注，"凡言大而以为形容未尽，则曰太。"一切至高无上，至大无外，至尊无上者，皆可以太名之。如道教所尊之太上老君，即上至极点的真神。极有穷尽之意，俗所谓顶点者，也和太一样，表示无以复加。这样，太字和极字合到一起，字面意思就是至尊无上。孔子用它来表示和形容在天地未判之前，阴阳未分之先，存在一个浑沦无端的宇宙本体，无以名之，只好以世界顶端之意，名之曰太极。这种煞费苦心的命名，颇似老子的做法。老子发现"有物混成，先天地生，可以为天下母"，但难以名之，乃曰："吾不知其名，字之曰道，强为之名曰大。"（《道德经》廿五章）虽然思想体系的性质不同，但仅就上述情况来看，孔老二子对宇宙本体之探索、描摹和命名，其苦心经营之情状，不是十分仿佛么？

汉魏易学家注解周易，对太极有不同的说法。马融说："太极，北辰也。"虞翻说："太极，太一也。"郑康成说："极中之道，醇和未分之气也。"韩康伯说："夫有必始于无，故太极生两仪也。太极者，无称之称，不可得而名，取其有之所极，况（形容）之太极者也。"如此等等。另外，汉代以前，太极与太一并称，这源于《礼记》礼运篇。其言曰："夫礼，必本于太一，分而为天地，转而为阴阳，变而为四时。"这段话，未必出自孔子之笔，却符合孔子的思想。看来，这里所谓阴阳天地之前的太一，其地位恰好相当于易传所谓"太极"。或许孔子研《易》时，将《礼》之太一加以改造，创出太极之名，也未可知。总之，太极这一概念对表示宇宙本体来说，其哲理意味似乎优于太一。

但是太极的文字意义虽是至高无上，至大无外，而哲理意义却不能到此罢休。把握了太极之后，人们必然要问，太极是从何而来。孔颖达解释说："太极谓天地未分之前，元气混而为一。"（《周易正义》）《周易乾凿度》说："易始于太极，太极分而为二，故生天地。"郑康成注曰："轻清者上为天，浊重者下为地。"《庄子·天下篇》说："建之以常无有，主之以太一。"等等，都只涉及太极的"去脉"，而未涉及它的"来龙"。宋儒说："太极者理而已矣。"但理自何来，也说不清。依照韩康伯的注解说的，既然太极为有之极点，而有必始于无，则太极之前必为无，太极自无而来，应无疑问。故此，宋儒周敦颐由此得到启发，而在太极的背后树立了无极，建立了自无极而太极的学说。但无极绝非宇宙之巅，其背后又是什么，如此推衍下去，势必跌入"无限大"的循环逻辑的空间，最后只能获得概念游戏的疲劳，泛泛空言，并无实义。在这里，语言逻辑完全无谓：或者以太极为最后真理而陷入宇宙有限论的言诠，或者以太极为阶段的开始而坠入宇宙无限的空间，总而言之，要在这里寻求最终答案，实属枉费心机。倒不如按《列子》的办法，暂以"终则有始，始则有终"的"原始反终"（《系辞上》四章）之说，解答了事。这样看来，来知德所谓"太极者，至极之理也"，杭辛斋所谓"太极者至极而无对之谓"，等等，实在是枉费口舌，说了等于没说。

可是，话又说回来了。既然孔子断定"易有太极"，太极为有，那么韩康伯所说的"夫有必始于无"，乃至周子循此而以无极接太极之前，不论其是儒是道，从逻辑上来看，倒是合乎道理的。太极也罢，什么也罢，总有个开始，开始之前当然是无，开始之后才成为有，这是无可辩驳的真理。所以周子从有极想到老子思想的无极，自是理所当然。王夫之也说："……易有太极，无极而太极。"（《周易外传》）

但是，杭辛斋对此极表异议。在《学易笔谈》中他反复对无极之说，进行驳斥。他的主要理由是，"极者，至极而无对之称。……极既无对，极而益之曰太，则更无可以并之而尚之者矣。是以太极者，立乎天地之先，超乎阴阳之上，非言词拟议所可形容。盖状之言则有声，有声非太极也，拟之以形则有象，有象亦非太极也。诗曰：上天之载，无声无臭，庶或似之。然无字为有字之对，有对亦非太极也。孔子于无可形容拟议之中，而形容拟议之太极，可谓圣人造化之笔，更无他词足以附益而增损之矣。然而有太极之名，似亦非太极之真谛，乃无碍其为太极者，则以太极二字均无物质无精神可言，更无其他之词义，足以相并相对，可以谓之名，亦可谓之非名，此圣笔之神化，所以不可思议也。"（《易楔》卷一）

这段话赞颂和解释太极，颇有神秘的宗教说教的色彩。第一，他说太极为无上无对，即是说无物在它之前，亦无物与之相对。这是不合乎实际，也不合乎概念的运动法则。事实上事物无限大，任何事物亦无尽头，正如宇宙无边无际一样。恰似列子所说，"终继之以始，始继之以终"，也如周易之《既济》卦又接《未济》卦一样，此物之始，即为它物之终，始与终为一体之两面，绝不可能脱节。太极既号称天地之始，则其前边必为某物之终，孔子所说的"原始反终"，就含有这个意义。所以太极尽管在文字上有无上之意，而在物质和精神运动的长河中，却只是空想的存在。同时，无对之说，亦不合理。世间万物万事，包括精神现象在内，全是对立的统一，绝对的单一是不存在的，没有矛盾，则何由得动，何得生两仪？如果说无极"不可"与"太极"为对，那么"非太极"与"太极"为对，是否可以？所以无对之说，只是空想的强调，不能落实。

第二，杭氏形容太极云者，无声无臭，无形无状，既非精神，亦非物质，可谓之名，亦可谓之非名。

这和道家所说的"有物混成，先天地生""道可道，非常道，""道常无名"等等的道的概念，十分相近。杭氏曾说："老子曰：有物无形，先天地生，即谓太极也。"他干脆断言："使老子得见孔子易有太极一语，必舍其名（指道而言——笔者）而从之。"可见在他心目中，孔子的"太极"也就是老子的"道"。这是混淆儒道两家思想体系的一偏之见。儒家尊有，道家体无；儒家重阳刚，道家重阴柔；儒家讲有为，道家讲无为。等等，其差异非常明显，其对立的基本概念岂容混淆！

第三，杭氏认为太极超出物心之上，可谓之名，亦可谓之非名。这种说法，无疑来自佛学。金刚经所谓"所言一切法者，即非一切法，是故名一切法"，这种扫除名障解《易》的做法，绝非太极作者孔子的思想，殊不可取。

总之，孔子所创造的太极这个概念，虽未超出物心的界限，但作为描摹大《易》本体（同时也是描摹宇宙本体）的理念，是具有挈领哲学体系的价值。孔子肯定了它的存在，即它的有，而并未涉及这个有之先的无。依据"有无相生"的辩证关系来看，相对于太极的无极之出现，是合理的，也许是必不可免的。但另一方面，孔子也没有明确否定太极之相对性，对此，他可能是"书不尽言，言不尽意"，像对鬼神一样，抱着"存而不论"的两可态度吧。

以上所述，是关于易传中孔子所提出的第一个有——有太极。这个有，是关于天道的有。

孔传的第二个"有"

易传中孔子所提出的第二个有，是继天道之后关于人道的有。即："有天地，然后有万物；有万物，然后有男女；有男女，然后有夫妇；有夫妇，然后有父子；有父子，然后有君臣；有君臣，然后有上下；有上下，然后礼义有所错。"（《序卦》）从天地开始，一连串的有，展开了人类社会结构乃至意识形态形成的图式。虽然是简单的推论，但大体上表现出逻辑与历史的合理的统一。如把其中的有字都换成无字，也会形成一个必然性的条件论式。但处于春秋时代的孔子的文风与处于战国时代诸子（如《韩非子》）的文风不同，他不运用那种反复强调的论式。

这个关于人道的有，源于天道的有，亦即"有天地"之有，源于"有太极"之有。如试在第一个有前补上第一个有，以表明这个有的来源，形成"有太极，然后有天地；有天地，然有万物，然后有男女…"，这样的推论也是完全合理的，合乎孔子的思想。因为在孔子思想中太极生两仪，正是指天地而言。故此，可以说，前个有表天道，后个有表人道，人源于天（大自然），以人道继天道，合乎宇宙与人类的运动规律，这也是在《易》学的基点与尊有的观点上鲜明地表现出孔子天人合一的思想。

综上所述，可以得出这样的结论：孔子的《易》传，不是笼统地

"不言有无"，而是以"入世"为起点，以有立教，多言有而罕言无，但对无并未否定，只抱着存而不论的态度，付之于言外之意，也许是留给后学者自行摸索吧。

但是，周易之有无问题，到此并未画上句号。除了经传的文辞以外，周易的象在表意上还起着特殊重要的作用。孔子所谓："书不尽言，言不尽意…圣人立象以尽意，设卦以尽情伪。"对《易》象在达意上对语言的不足所起的补充作用，作了恰当的说明。下面试从《易》象方面对有无问题，作一探索。

众所周知，《易》的基础是八卦，八卦是由"—""— —"二爻的排列组合所构成的《乾》《兑》《离》《震》《巽》《坎》《艮》《坤》八个形象，成为《易》的原始形态。不论阴阳八卦之象的来源如何，总是先有象而后有卦辞、爻辞乃至传文。所以，以王弼为首的扫象谈《易》的义理派，难免在许多问题上陷于空谈，不能完全发掘出《易》的深赜奥义。

八卦生来有象，但是否自来有图，则无从考察。不仅所谓伏羲画卦时未曾留下图表，后经推演，缀以卦辞爻辞，流行世间，再由孔子等加以翼赞，将其哲学化，传诸后辈，又衍为象数，义理等派别，经两汉、魏晋、隋唐到北宋末季之前，也无所谓八卦图流传下来。八卦图是宋代理学开山祖之一的周易象数学家邵雍首先公诸于世的。其图主要有先天八卦图与后天八卦图两种。邵氏认为先天图为伏羲八卦（见图3），后天图为文王八卦（见图4）。

先天八卦系本《说卦传》第三章，原文为"天地定位，山泽通气，雷风相薄，水火不相射，八卦相错。"《乾》天在上，《坤》地在下，《艮》山与《兑》泽互相通气，《震》雷与《巽》风相互搏击，《坎》水与《离》火不相厌弃，如此形成八卦阴阳互相反对（错）的局面。

这段话绘成图像，恰恰是上列先天八卦图模样，一点也不错。由于它所表现的是天上地下日东月西这样的宇宙本体,故而名之曰先天八卦图。孔子在《系辞》伊始便说:"天尊地卑(天上地下),乾坤定矣。卑高以陈,贵贱位矣。动(《兑》为泽)静(《艮》为山)有常,刚柔断(分)矣。在天成象,在地成形,刚柔相摩(交感),八卦相荡(互相推动),鼓之以雷霆润之以风雨(《震》雷与《巽》风相冲击)日月(《坎》月《离》日)运行,一寒一暑。"这些话与先天八卦图的影像有几分相似,或者当时有这个图,孔子从中得到启示而发出这样的论述,这种可能性也是存在的。

所谓后天八卦,其所本者,是《说卦传》第五章。原文为"帝(万物生机的主宰)出乎《震》(居东方,时为春),齐(整齐生长)乎《巽》居东南,时为春夏之交),相见乎《离》(居南方,时为夏,万物明盛显现),致役乎(委托养育万物),《坤》(居西南,时为夏秋之交),说言(喜悦收成)乎《兑》(居西方,时为秋),战(阴阳搏斗)乎《乾》(居西北,时为秋冬之交),劳(疲劳而归息)乎《坎》(居北方,时为冬),成言(万物成终而复始)乎《艮》(居东北,时为冬春之际)。"这是以八卦的形成描述春夏秋冬四季呈现出的生、长、收、藏等阴阳之气流行循环的情况,恰好构成一幅始而复终,终而复始的圆图。它所表现的是阴阳二气交变所造成的季节和生产的运行情状,故而名之曰后天八卦图。

先天图表达八卦对待,后天图表达八卦运行,一现宇宙本体,一现人间致用,但两者之间有个共同点,即:四周为八卦,中央为空白。看见此图,人们不免要问:由八卦围绕而造成的中央的空白是什么东西?它是单纯的空白,无所谓的空白呢,还有另有所指,别有洞天?是否就是生出两仪四象八卦的所谓太极,或太极之所居?对此,孔子未曾谈及。也许由于"书不尽言,言不尽意",只好本着"立象以尽意"的精神,让图像自己来暗示,由学易者自己去领悟吧。

太极图

孔子之后，当然有人对此作过探索。南宋易学者蔡季通受朱熹委托，于蜀中搜得秘图三帧，其中之一即后代流传民间的太极图。图为先天八卦图，但与既有的先天八卦图不同之处在于，中央不再是空白，而是添上了一黑一白两鱼交尾状态的东西，流行民间，俗称"阴阳鱼"。其图如图所示。

图5既名为太极图，显然太极云者，即指图中央的阴阳鱼而言。在作图者的思想中，太极是由阴阳二气混成，二气首接尾，尾接首，拥抱交接，犹如一体，循环无端。而且白鱼中有一小黑点，黑鱼中有一小白点，表示阳中含阴，阴中含阳，实为一而二，二而一，既对立又统一的存在。它就是所谓"易有太极，是生两仪，两仪生四象，四象生八卦"的太极。作图者无疑是抱着这种认识，发明此图的。此图来由，不得而知，看样子大约来自道家。

有人推测，老子出函谷关西去流沙，其所创秘籍有可能散播于蜀陕一带。蔡季通获此图于蜀，也许是老子的遗物。从图中的太极模样来考量，此传说似亦未为无因。《老子》二十五章曰："有物混成，先天地生，寂兮寥兮，独立不改，周行而不殆，可以为天下母。吾不知其名，字之曰道。"这个"周行而不殆"的"先天地而生"的"混成"之物，其面貌与生出两仪（天地、《乾》《坤》）万物的太极，确是十分相似。道家人物从周易中获得灵感绘制此图，并非不可能之事。

《老子》首章曰："无，名天地之始。有，名万物之母。……此两者同出而异名，同谓之玄，玄之又玄，众妙之门。"此段话中的无和有，比照太极图，可以解为，无为阴而有为阳，无为黑鱼，阳为白鱼，两者同处于玄中，玄即太极。这样解释，如以道家思想来看待周易，也未尝不能成立。另外《庄子·齐物论》提出了"道枢"的概念，其言曰："彼是真得其偶，谓之道枢。枢始得其环中，以应无穷。"彼与是不同而对立，又是很好的一对伴侣，叫作"道枢"。而道枢（道之枢纽）得到"环中"，则法力无边。什么叫环中呢？郭沫若解为"得到了循环的中心"。《庄子》郭象注说，"夫是非反复，相寻无穷，故谓之环，环中，空矣。今以是非为环而得其中，无是无非也。"以今天的话来讲，道枢之环中，就是对立面统一的中心，对立面相反相成，互为其根，其中有个无形的往返的桥梁，此即谓之环中。以庄子的这一思想来看太极图，则其中央的圆心可比作道枢，道枢之环中则为阴阳之对立统一，互相矛盾，又互相渗透，法力无边，为天地万物之始祖。这个道枢及其环中，其面貌和作用不是和太极图中的太极及其包含的阴阳鱼颇为相似吗？

从上述这些蛛丝马迹来看，周易的太极图可能来自道家人物学《易》的体会，这种传统说法，并非无稽之谈。然则，太极图中央由阴阳鱼构成的圆形物，究竟是什么呢？日本学者中野美代子认为，它是"把雌雄两性关闭在一个圆形体的宇宙卵"（岩波新书《中国的妖怪》47页）。当然这是从宇宙发展史的角度，以现代科学的目光对太极图像的含义所作的观察，对回答周易中的太极为何物，是否就是太极图中央包含阴阳鱼的圆形物一点，不能起到直接说明的作用，但确有深入的参考价值。不管来自儒家也罢，道家也罢，太极图的出现是有其必然的客观依据，那就是《说卦传》所描述的八卦图。无论先天后天，都是八卦环绕四周而中央为空白的圆形。这个空白的圆形，其中无物，里面究竟藏着什么，不免成为研究者追索的对象。当然有的会照原样认为是"无"，但有的却不肯就此罢休，而进行"探囊取物"。太极图于是应运而生。不论是耶非耶，自是事有必至，理有固然。

太极图的价值如何，姑置不论，

它的出现，至少对探索周易太极的实质，提供了启示。就是说，它告诉人们"易有太极"的有是对的，它是存在的，它存在于八卦图的中央，中央的空白的圆形，就是太极之所在。它好比数学上的"〇"，由"〇"生出—和--，即《乾》和《坤》，由《乾》《坤》为父母，再生出《震》《坎》《艮》《巽》《离》《兑》六子，八卦即从此生成。同时，它进一步表示，太极本身不是空白的虚无，而是蕴涵阴阳二气的实体。从有或无的角度，就整体来说它肯定太极是有，而不是无。两仪四象八卦等天下万物，不是生于无，而是生于有。由此也使人可以领会到，孔子所说"《易》有太极"的有字，具有多么微妙的意义。

但是，孔子赞《易》时，只说八卦生自太极，未说太极的内容如何。对《说卦》所描述的八卦图，只在行文中表示肯定之意，而对图中央的圆形空白，却未赞一词。在他的思想中，这个圆形物是否就是他所说的太极，或者这太极本身是否就是个虚无的空白，他毫无表示。至于这个空白圆形，有何内容，起何作用，来自何处，他更是在话里言外也没透露。以今天的哲学观点来观察，这个生出天地万物的始祖，并不具有人格性，它和作为客观存在的黑格尔的"理念"，倒有些相近之处。但这也仅仅是相近而已，并不是等同。易学家也有类似观点，如南怀瑾就说过："这个图（指十二辟卦图）的中心是空的……其实这个中心最重要，它代表了太极，亦即是本体，是空中无物的。"（《易经杂说》）他所谓本体，当然指的是宇宙本体。这样说来，既然"太极"是个空中无物的宇宙本体，而孔子却在《系辞》中独创地提出它来谈论，说"易有太极"，这岂非"言有说无"又是什么？这样一来，这个太极倒有点像佛家所说"真空妙有"的宇宙本体了。

其实，仔细看看，便可悟到，八卦图中心的圆形物，其本身的空圈并不是绝对的无。圈内空白处为阴，圈的本身为有，它是阴阳、有无的统一体。形之于画为阴阳鱼，形之于文为阴阳或有（阳）无（阴）。所差的只是形与未形而已。这样，既然太极是有无的统一体，那么说有太极，实质上可视为言有说无，也未尝不可。在哲学史上视太极为无的观点，早就有过。《周易正义》引何氏曰："上篇（指易经上篇）明'无'，故曰《易》有太极，太极即'无'也。"可见，太极问题和无有问题的关系，早已成为人们注意的标的，只是尚未展开论述而已。

综前所述，关于"大易不言有无"的问题，可以得出如下结论：作为宇宙观，大易不"言"有无而"现"有无，也可以说，它明言有而暗现无。如果说，《易》以道阴阳，一阴一阳之谓道，而有为阳、阴为无，则有无相生而不能相无；言有的背后必有存无的阴影。太极是孔子首创的概念，围绕它的有无问题，看来还得用他的观点来解决。他认为"书不尽言，言不尽意"，怎么办？只好"立象以尽意"。也许在他看来，八卦图及其中央的虚无的"○"象，就是把言有之后的未尽之意加以默现的最好形象吧。为此，本文仅以下面两句话作结语。大易是："立言以尽有，立象以存无。"

附注

《社会科学战线》1995年第三期载有《关于空间维数的几点思考》一文，其中有言曰："太极图的中心不是纯粹的'无'，它是相当于物理学所谓'零维空间'，它是真实的，因为正是它，可以正确地反映物质无限可分性。"

这段现代物理学对太极图空白中心的解释，对认识"大《易》是否言有无"问题，具有直接的意义，谨录以为进一步探讨的参考。

第十篇 象乎 辞乎

在古代经书中，尚书比较难读，

其难处端在文字古奥，不易理解。但只要过了文字关，内容便晓畅明白。对比之下，诸经中周易最不易解。自孔子以来，两千余年言《易》者无虑数千余家，而经文训解，众说纷纭，学术上莫衷一是，初学者难以入门。

周易难读的原因有二：一是文辞多隐语、比喻，含义模糊。又富于占筮语言，句式不整。如以常规的语言习惯读之，则会坠入五里雾中，彷徨莫解。二是不仅文字关难过，更令人伤脑筋的是除咀嚼文辞之外，还必须思索象数，玩象观数，配合文辞，从中体会其深理奥义。不彻底了解象数，即无法吃透文辞。这一问题，看似简单，实很复杂。由于对此认识不同，易学史上遂造成分歧的宗派，延续至今，尚无趋于一统的趋势。

汉《易》与宋《易》

对此，杭辛斋先生曾有一段评语，他说："自来言《易》者，不出乎汉宋二派，各有专长，亦皆有所蔽。汉学重名物、重训诂，一字一义，辩析异同，不惮参伍考订，以求其本之所自，意之所当……严正精确，良足为说经之模范。然其蔽在墨守故训，取糟粕而遗其精华……隘陋之诮，云胡可免。宋学正心诚意，重知行之合一，严理欲之大防……所谓和顺于道德，而理于义，穷理尽性以至于命者，亦未始非羲经形而上学之极功。但承王弼扫象之遗风，祇就经传之原文，以已意为揣测。其不可通者，不惮变更句读，移易经文，断言为错简脱误，此则非汉学家所敢出也。"（《学易笔谈·汉宋学派异同》）

汉学重训诂，宋学重义理，学术史上早有定论。但就《易》学来说，上面这段评语，并未击中要害。简言之，汉易的主要特点在于以卜筮为主的象数探索，宋易的主要特点则在于以阐发易蕴的为目的的义理发挥。汉易之蔽主要在于形式化而坠入迷信。宋易之蔽主要在于脱离形式而纵谈哲理，往往流于空虚。学派的发展如此，学《易》读

《易》的道路亦复如是。——既玩象数，又玩文辞，使两者融合，从中体会周易的本义与真髓，这才是学《易》研《易》的最佳方法。

孔子的体会

在易学史上，学《易》而收获最大的，首先应该说是孔子。在《系辞上》中他曾这样谈到自己的学习体会：

"书不尽言，言不尽意。……圣人立象以尽意，设卦以尽情伪，系辞焉以尽其言，变而通之以尽利，鼓之舞之以尽神。"（十二章）

这段话的大意是，文字无法完全表达语言，语言又无法完全表达思想。为了克服这种缺欠，圣人便制作图像借以完全表达思想，设置卦形借以表达善恶真伪，附缀文辞借以完全表达语言；又使卦与爻极尽变化而互相融通，完全发挥其有利作用以鼓舞人们，并能充分发挥其神妙莫测的作用。简言之，孔子的体会是，周易通过象数与文辞的结合与互助，充分表达人间的善恶真伪及其变化，从而起到鼓舞人们的有利作用。

孔子对周易的功能作了这样极高的评价，是否确当，这里姑置不论。值得我们注意的是，这段话为后学者提出了一个学《易》的正确途径，即：从象、数、文辞的结合中学《易》，而不可偏废。汉易之烦琐牵强而推演象数，是对孔学的一个反动，而自王弼扫除象数，以老解易以来，直到程颐为首，以发挥儒理为主的宋学，又是从另一极端对孔学的一个反动。

象辞之辩

作为例子，象数派的问题与一般学《易》读《易》，关系不大，这里略而不谈。仅就义理派的宋代《易》学大师程颐的治《易》方法，略抒己见。

在《周易程氏传》序言中，程颐首先说："前儒失意以传言，后学诵言而忘味，自秦而下，盖无传矣。"对不重义理的象数派及其他《易》注，作了否定。然后说："予生千载之后，悼斯文之湮晦，将俾后人沿流而求源，此传所以作也。"表明了自己阐发周易本义以引导后学的写作目的。接着又说："君子居则观其象而玩其辞，动则观其变而玩其占。得于辞，不达其意者有矣，未有不得于辞而能通其意者也……予所传者辞也，有辞以得其意，则在乎人焉。"说明了所写《易》传的主要目的和内容。

这段序言中有两点值得注意：第一是程颐对象与辞的看法。所谓"观象玩辞"，这是继承孔子的说法。但实际上程颐是以辞为重点。二是清楚说明注《易》的目的在于阐发义理，所传的在于文辞。简言之，就是解释文辞，阐发义理。至于如何观象玩辞，则只字未提。

千余年来，学《易》者的主要教材（或标准教材）是程颐的《易传》。为此，千余年来读《易》人大都以解辞为主，甚至单从解释文辞中学习《易》理，如此说，未必过分。

但是，如前所述，若想学通周易，必须玩象玩辞，双管齐下。单传其辞而欲使人通其意，必将与《易》意游离，难得真髓。

这一问题，说来不难明晓，做来却十分艰难。直到明代，来知德先生潜影深山，苦心钻研周易二十九年之久，方才了然醒悟。在《易经集注》序言中他断言：

"自王弼扫象以后，注《易》诸儒皆以象失其传，不言其象，止言其理。而《易》中之取象旨，遂尘埋于后世。本朝纂修易经性理大全，虽会诸儒众注成书，然不过以理言之而已，均不知其象。不知文王序卦，不知孔子杂卦，不知后儒卦变之非。于此四者既不知，则《易》不得其门而入。不得其门而入，则其注疏之所言者，乃门外之粗浅，非门内之奥妙。是自孔子没而《易》已亡，至今日矣。四圣之《易》如长夜者，二千余年，不其可长叹也哉。夫《易》者象也，象也者像也，此孔子之言也。……《易》与诸经不同者，全在于此。"

在如此强调断言易象重要性之后，又陈述其理由说：

"有象，则大、小、远、近、精、粗、千蹊之理，咸寓乎其中，方可弥纶天地。无象，则所言者止一理而已。何以弥纶！故象犹镜也，有镜则万物毕照，若舍其镜，是无镜而索照矣。"

如此，以比喻方式阐述《易》象重要性的理由之后，他得出了一个坚定的结论：

"不知其象，《易》不注可也！"

这个排他性的结论，虽未指名道姓，但其矛头直指宋《易》尤其是程颐《易传》，则是不言而喻的。但从学《易》的门径来说，过分强调玩象而轻视解辞，也未始不是一偏。

观象玩辞

本文不拟对《易》学学派之争，进行评论。只是想从学派的治学方法中吸取一些前车之鉴，以为学《易》解《易》探索一条合理的有效途径。基于这一目的，在作了上述开宗明义之后，再举出若干例证，以说明问题。

例一 《乾》卦初九："潜龙，勿用。"

程传为：

"下爻为初。九，阳数之盛，故以名阳爻。理无形也，故假象以显义。《乾》以龙为象。龙之为物，灵变不测，故以象《乾》道变化，阳气消息，圣人进退。初九在一卦之下，为始物之端，阳气方萌，圣人侧微，若龙之潜隐，未可自用，当晦养以俟时。"

这段注释讲了四点：一、"九"数的阳性。二、借象显理。三、龙性象乾道。四、圣人潜隐时当晦养以待。文辞解得明白，但象义只限于圣人，过于泥凿。

来注为：

"潜，藏也，象初。龙阳物，变化莫测，亦犹乾道变化，故象九。且此爻变《巽》错《震》，亦有龙象。故六爻即以龙言之。所谓拟诸形象，象其物宜者此也。勿用者，未可施用也……《易》不似别经，不可为典要。如占得潜龙之象，在天子则当传位，在公卿则当退休，在士子则当静修，在贤人则当隐逸，在商贾则当待价，在战阵则当左次，在女子则当愆期。万事万物，莫不皆然，若不知象，一爻止一事，则三百八十四爻止作得三百八十四件事矣。何以弥纶天地。此训象训字，训错综之义，圈外方是正意。三百八十四爻做此。"

在训辞上程来之说大体类似，但在训象上却大有差异。差异在于，来说讲"变《巽》错《震》"（初爻动则为《巽》，《巽》之反卦则为《震》），是汉易之遗绪。程传不讲。另外，程传把潜龙只训为圣人，不脱孔子文言的窠臼。来氏虽以绍孔自居，在训象上却有所超脱。他把君臣上下各类人，包括少女、战争等在内，凡是时机不利应当晦隐待时的人，都纳入潜龙勿用的象意范围，使人读来不仅明白辞义，尤能对《易》象的包蕴性与灵活性有所领悟。显然，较之程传高出一筹。至于其采取汉易之错变说而有牵强附会之嫌，则应当说是过分"着象"之蔽。

例二 《乾》卦九三"君子终日乾乾，夕惕若，厉无咎。"

这一爻，爻象爻辞本身意义明晰，不难训解。但就全卦来看，却出现一个爻象不统一的难题。本来乾卦以龙取象，应是如孔子所谓"时乘六龙"，六爻皆以龙为象才是。但偏偏三爻却直接取象于人，以君子代龙。这是什么道理？

这一点，程传未加解释，仍只按文辞，发挥其理学大义。来氏则谓：

"以六画卦言之，三于三才为人道，以乾德而居人道，君子之象也。故三不言龙。"

来氏此说，是袭用晋人干宝的观点。干宝说："爻以气表，繇以龙兴，嫌其不关人事，故著君子焉。"（《周易集解纂疏》《乾》三爻注引）

这种解释初看似乎有理，但放眼全卦就不能自圆其说。因为，同是就六画卦而言，四爻也属于人位，爻辞却返回来又取象于龙说："或跃在渊，无咎。"这不是自相扞格么？！故此，来说难以成立。

对此，王弼早有解答，他的答词是："余爻皆说龙，至于九三，独以君子为目，何也？夫《易》者，象也，象所生，生于义也，有斯义，然后明之以其物。……统而举之，《乾》体皆龙，别而叙之，各随其义。"（《周易》王注）

王说的根据是象由义生，象随义变。但何以余爻取象于龙合于斯义，独三爻之义不能以龙为象？他却略而不谈。直到清代陈梦雷的《周易浅述》问世，才把这一疑问解开。陈说："六爻取象三才，则三为人位，故不取象于龙，而称君子。"说到此处，其训解仍不出干氏来氏之说。但他接下去又说：

"处危地而以学问自修，君子之事，非可言龙也。"

后面这句话，颇有道理，说到了是处。显然，既然义为君子修身之理，所谓终日"乾乾，夕惕若，厉无咎"云云，其主语如龙，即成怪话，令人难以理解。为此，《乾》三爻以君子设象代替龙象，既合乎龙德一贯之义，又使取象贴切原义，其缀辞之高明，实令人钦佩。

设想一下，便会晓悟，正如"君子乾乾"不能改为"龙乾乾"一样，"见龙在田"也不能易为"见君子在田"。"或跃在渊"也只能指龙，而不能指君子。"飞龙在天"，绝不能易为"飞君子在天"。同样，"亢龙"也不可写成"亢君子"。可见原文主词的安排（包括省略），确实煞费心机，十分精当，另一方面，三爻虽以君子为主词，但这是具有龙德的君子，实质上仍是一条龙所处六个时位当中的一位，换言之，亦即一条龙活动所经过的潜、见、乾乾、跃、飞、亢六个阶段之一。

如上所述，来氏玩象解义的办法对学《易》释《易》大有帮助。但其中所用汉《易》的变卦错卦之法，却是有时通有时不通的人为解法。在《乾》卦初爻，以变《巽》错《震》来释潜龙（《说卦》以龙象震）虽嫌烦琐，还说得通，但对二爻，却行不通。如说二爻变《离》错《坎》，则《坎》象水（《说卦》）而水与田难成一体，与见龙在田之义，无法沟通。也许有鉴于此，来氏只好用暗示的句法，把田字释为"地之有水者也"，以使水与田结合，暗地贯通变卦错卦之法。大约来氏也感到贯通为难，故而在九二爻注中未敢明面提出变错。九五爻上九爻注中亦复如此。即此亦足见，玩象解易也要避免历史教训，不可过分。

例三 乾卦九四爻"或跃在渊，无咎。"

对此爻辞，程传说：

"渊，龙之所安也。或，疑辞，谓非必也。跃不跃，惟及时以就安耳。"

大意为：龙或跃入渊（龙宅）中以安身，或不跃入，端在把握时机。此注与孔子《文言》之意略有出入。《文言》注说"上下无常"，意为或者上跃，或者在渊，即或跃或伏，随时而定。显然，《文言》之注，优于程传。实际上此句经文甚易解，只不过其文法异常，带有隐语兼卜语性质，令人易生误解而已。一般经书，不宜增字解释，但读《易》时则必反其道而行之，倘不增字，则处处遇阻，无法疏通。最明显的是许多句子缺少关联词，读时必得加上，才能懂得文意。如"厉，无咎"一句，是省了转折连词"虽"字。加上虽字，成为"虽厉，无咎。"文意便豁然开朗。九四爻辞亦复如是，增补或字，成为"或跃或在渊"，意思便完全清楚，孔子注此爻时，虽未明说如此，而说"上下无常"，但其内心语言显然就是如此。历代不少易学家袭用孔子的解释，似乎已不成问题。但以私淑孔学自居的来知德，对此却作出了另一种注释。其言曰：

"或者，欲进未定之辞，非犹豫狐疑也。或跃在渊者，欲跃犹在渊也。"

或字不表示狐疑，这是对的。它是所谓选择性连词，用以表示可进可退，跃处随时，审时度势，以定行止之意。这一点来氏的话是正确的。但往下用"欲跃犹在渊也"来解释"或跃在渊"，就脱离文辞而游于意解，与孔子所讲的"上下无常"，意思不同。但另一方面，来氏往下所作的分析，却有可取之处。他继续说："九为阳，阳动故言跃；四为阴，阴虚故象渊。……九四以阳居阴，阳则志于进，阴则不果于进。居上之下（指上卦之下），当改革之际，欲进未定之时也。故有或跃在渊之象。"（《集经集注》）

此注从爻象上对九四作出分析和阐释，较之单从字面注解爻辞，要深刻得多，有助于充分理解经文的奥义。如拿来配合《文言》的解释，便可对此爻的意义和作用产生充分全面的认识。

由此例也可看出学《易》解《易》之难，不仅观象难，玩辞亦难。程、来二大家于此亦不免有闪失，足见古人之皓首穷经，可谓良有以也。

例四 《坤》卦初爻"履霜，坚冰至。"

此爻辞象意明显，一望即晓。其防微杜渐之戒义，自古诸家说法，大体一致，但深度却有所不同。程传谓：

"阴始生于下，至微也。圣人于阴之始生，以其将长，则为之戒。阴之始疑而为霜，履霜则当知阴渐盛而至坚冰矣。犹小人始虽甚微，不可使长，长则至于盛也。"

来传谓：

"霜，一阴之象；冰，六阴之象。方履霜而知坚冰至者，见占者防微杜渐图之不可不早也。《易》为君子谋，《乾》言勿用，即《复》卦闭关之义，欲君子之难进也。《坤》言坚冰，即《姤》卦女壮之戒，防小人之易长也。"

程、来两家的释辞大意类似。不同点是：第一，程对阴象活动的分斩，只言其始，未及其成。来则从一阴言及六阴，使霜长致冰之象与全卦阴象结合，给人以贴切之感。当然，这不是来氏的创见。孙星衍

《周易集解》引褚氏的话，早就说过，"履霜者从初六至六三；坚冰者从六四至上六"，以全卦的阴气发展解释初爻，颇有见地。第二，程传止于就一爻释义，来传则联系《乾》《复》《坤》《姤》四卦，阐释周易爱君子、防小人、扶阳抑阴之微意（《乾》初爻嘱君子晦养待时，《复》象有安静养阳之义。《坤》初爻戒君子防阴长，《姤》卦辞诫君子防阴壮）。如此融会贯通未讲，会使人进一步领会《坤》初的精神实质。即此一例也可看出，离象解辞是讲不透也学不好周易的。

难解的"以"字

读周易，在观象玩辞上难点很多。有的地方，许多名家都说不准或说不清。如《大象》中的"以"字，便是如此。

古人解经，只是解意，并不像现代这样，逐字译解。故而有些辞语，尤其是虚字，多半一疏而过，并无实解。对《大象》的注释，大多如此。这里仅引程、来注释，略及其他。

《乾》象：天行健，君子以自强不息。

程传："乾道覆育之象至大，非圣人莫能体，欲人皆可取法也，故取其行健而已，至健固足以见天道也，君子以自强不息，法天行之健也。"

此注对以字未直接作解。仅指出"取法"之意，似与以字相关。末句"以自强不息，法天之行健"，表明以字为"用"之意。从文法上分析，应理解为：君子用自强不息来效法天行之健，大意虽然不差，但原文并无效法字样，且以自强不息为以字的介词宾语，后无谓语，语意不足。所以如此，端在注者对此处的以字究竟当什么讲，有何含意，并未说清。

再看来传：

"天行者，天之运行；健者，运而不息也。……以者用也。有所因而用之之辞，即'箕子以之'之以也，体《易》而用之，乃孔子示万世学者用《易》之方也。"

此注较程注细致，对原文逐字作了解释，把以字的语法意义及其作用，总结为"有所因而用之"，即"体易而用之"。以今语来说，就是孔子学易有所体会而用此体会之意，此解十分精当，恰合原意，较程传为优。显然，孔子作象辞时，顺当时行文习惯，在以字前后作了省略。如果试作补充，则可说成"天行健，君子（体之）以自强不息"。如此，则全易六十四个大象辞，全可疏通无碍。倘如程注直用以字后边的话作宾语，则不少地方难以说通。但在这一点上，来氏的解说也出现前后矛盾之处。如对《坤》卦象辞的解释，他说：

"厚德载物者，以深厚之德容载庶物也。"

这样一来，又陷入将之以字视为普通介词，将"厚德"视为其宾语的浅见。以字如此和后续成分直接构成介宾结构，那么，它与前文"地势坤"又是什么关系呢？又有什么联系呢？在语法意义上势必前后脱节。所以这句话如能解作"地势坤。君子（法之，而以之）厚（其）德（而）载（其）物"，则来氏的以字解"有所因而用之"，可前后一致而免于自相矛盾。

单将以字释为用，视为普通介词，而将其后文视为宾语的观点，在大部分象辞中是说不通的。如《屯》卦象辞："云雷，屯，君子以经纶。"意思是君子体之，用以经纶之意。经纶是全句谓语，而不是以字的宾语。《需》卦象辞："云上于天，需，君子以饮食宴乐。"意思是君子体之，而用以饮食宴乐。饮食宴乐是全句谓语，不是以的宾语。全句之意不是君子以饮食进行宴乐，而是君子实践卦义，进行饮食与宴乐。《小畜》的象辞表现得更明显。所谓"风行天上，《小畜》，君子以懿文德"。懿是动词，美化之意，全句大意是君子观风行天上卦象，体会其涵义，用以美化文德。亦即君子依此卦意义的体会来美化文章、才艺与道德。六十四个象辞全部可作此解，并无例外的以字。

需要补充说明的是，六十四上

大象辞当中，有十一个不以君子为主词，而分别以先王（七）、后（二）、上（一）、大人（一）为主词。如《比》卦象辞为："地上有水，先王以建万国、亲诸侯。"对此象辞，程、来二氏（还有其他易家）俱把先王视为主词，都解作先王观《比》之象，建万国，亲诸侯。亦即先王观《比》之象，有所体会，而用以封建万国，亲近诸侯。字面上当然是这个意思，但实质上对《比》卦象有所体会的仍是君子，亦即撰象辞的君子，也就是孔子。是孔子观其象而有此体会，有此体会而后写成象辞，这是不言而喻的。这一点《易》注家当然知道，只是未具体讲清而已。

以上所述，只是一些简单的道理和无系统的例证，并非全面论述学《易》释《易》的方法与门径，更不是对易学大师的名著妄加訾议，不过凭借一些注例，谈谈学《易》解《易》过程中的一些困难而已。

第十一篇 《易》苑漫步

入门未必易，升堂至今难，若问升堂后，入室难又难。

日本老同学的孙女山口芳子，专攻汉学，尤喜周易。趁访华之机，来我"三易书屋"，漫谈《易》道。自晨抵晚，兴犹未尽。乃于晚餐小酌后，漫步庭苑，在月光朦胧中，继续畅谈。偶有心得，则相视大笑，乐在其中矣。爰志其大要，以为雪泥鸿爪之念影云尔……

难过的文辞关

芳子：说来说去，话又说回来了，还是从头说起吧！学什么都应该从易到难，循序渐进，学周易似乎也不例外。初学时，除了记一记阴阳八卦、六十四卦的结构之外，第一步应该从哪里入手呢？程颐先生讲文辞是要点，也是近处，"善学者求言必自近"，学周易应从文辞入手。看来，似乎这是学《易》先易后难的第一步，一般也都是这样做的。但我学《易》好几年，感受却是另个样子。我感到学文辞虽是第一步，是近处，但并不容易，甚至比象、占更难。所以我学《易》的实感之一是，不是"先易后难"，而是"难之又难"。先生以为如何？

笔者：你的实感有道理，听起来倒有些过来人的味道。程先生的《易传》，主旨在传辞。他认为在辞中理象占融会变通，"无所不备"，善学者从文辞入手是一条近路，亦即通晓文辞即可达到通晓全局。他是强调辞的重要性和学辞为学《易》的捷径，并不是说学《辞》是由易到难的第一步。可以说，解辞不是学《易》之易，而是学《易》之难。最简明的例子，六十四卦的卦名多为一个字，最多两个字，总共只有八十个字。看似简单易解，其实很难讲明白。

你信不信？如果你真明白了这八十个字，你就明白了全部周易的大意。这样说，绝不算过分，过来人是心里清楚的。再举一个例子，把学辞看作学《易》近路的程夫子怎么样？他研究周易半辈子，有些文辞却搞不通，有的则解的并不恰当。如《坤》卦辞："元亨，利牝马之贞。"他的断句是"元，亨，利，牝马之贞，"为的是和《乾》卦辞"元、亨、利、贞"的四德保持一致，这显然是牵强的。其他学者，如干宝、虞翻、孔颖达、俞琰、金景芳等均断为"元，亨，利牝马之贞"，文从字顺，表意恰当，均较程传为优。这一点，来知德讲得很明白，很对。他说："与《乾》卦元、亨、利、贞同，但《坤》则贞利牝马耳。程子泥于四德，所以将利字作句。"对程传作了批评。由这一例证可见，通晓《易》辞是如何之难。

芳子：确实是这样。许多文辞是比喻、双关、隐语之类，而且语法上残缺不全，又没有句读，所以不少爻辞含义隐晦，可作多种解释，难以判断哪个是正解，是表达本义的。只好并存，不了了之。这个拦路虎一开始就出现在我的面前。六十四卦之首的《乾》卦卦辞"元亨利贞"，怎么断句？春秋时代以来大多断为并列的"四德"，即乾天的四种德性。但也有的易学者断为两句。如来知德说："……文王言筮得此卦者，大亨而宜于正固。"又驳斥他人说："此文王占卜所系之辞，不可即指为四德。"朱熹也说过这四字的意思是"言其占当得大通，而必利在正固"，都把元亨利贞解释为两句，而且朱、来二氏都认为这四字不是表示《乾》的四德，而是作为占辞，"大亨"表示吉卦，利贞表示占者应持守正态度。这两种分歧的意见，哪个正确，初学文辞的人，实在无从分辨。学六十四卦文辞，头一卦就碰到这么难的东西，委实让人头痛。

先生，你看这个学习难关，怎么才能闯过去？

笔者：这真是个难关。不能凭力气硬闯，只能耐着性子慢慢地"磨"，磨来磨去，才会有朝一日，豁然贯通，回头看看，已经过了关。只能如此。回头想想，周易文辞的特点，可说在于它的模糊性。想要把它完全弄清，如同数学公式那样，恐怕永远也不可能。不要说我们一般人，就是朱熹那样大学者也搞不明白，还出了错解。例如"元亨利贞"的"元"应是"始"的意思，朱氏却把它解作"大"。许多名家都认为是讲错了，这已成定论。所以，周易的文辞难讲并不奇怪。

你举的《乾》卦卦辞，还不能说是学解周易文辞碰到的第一个难题。第一个难题乃是周易的名称。"周"字好讲，《易》是周代作成的，所以叫周易。也有人说，所谓"易道周普，无所不备"，周是普遍的意思。《易》的道理可以普遍应用于人间天上，故名周易。比较起来，多数学者赞同第一个说法，我也如此。但《易》字的讲解就不这么简单了。它的含义，我在《易名辨》时举出了"变、简、不、交、日、月、蜥蜴、目彩"等八个说法，但还不足。其中说《易纬·〈乾〉〈坤〉凿度》认为易字是日与月的合字，表示阴阳推移。这种说法不对。易字是由"日"与"勿"二字合成，勿不是"月"，应是"夕"，日与夕交替，以示时间的轮流，这才是易字的本义。这八个学说还不够，另外还有个说法，说易字的本诂是占卜，古书上的"易之"，有时是"占一占"的意思。著名的《周易尚氏学》就是这么说的。除此之外，宋代哲人明道先生还有个关于易字的界定。他说："盖上天之载，无声无臭，其体则谓之易。"朱熹在《近思录》里阐述说："体是体质之体，犹言骨子也。易者阴阳错综，交换代易之谓。……天之载……虽是无声无臭，其阖辟变化之体，则谓之易。"这是从哲学的角度对易名作此解释。本质上仍是在上述变易说的圈子里打转转，并不是独具一格的创新。这样总计起来，便有十种说法。至于哪个说法算是正解。审察起来，非常繁难。

芳子：那么，在先生看来，哪个说法比较合适？

笔者：各有各的根据和道理。依我看来，还是变易说比较好，因为它符合周易的本性，能把其他八种说法的基本精神穿连起来。总而言之，由此足见读《易》解辞之难。学《易》也许不得不从解辞入手，但绝非由近及远、由易到难。

芳子：很多文辞，尤其是爻辞，不是越读越易解，而是越读越繁难。真令人头痛！先生，您看这个难关怎样才能过去？

难解是周易的本性

笔者：这个难关确实不容易过。但你要知道，难解是周易此经的本性所决定的。表面看来，周易是预占吉凶的卦书，骨子里却是讲义理讲修养的书，和前代的龟卜、后代的占课之类的肤浅的数术，根本不同。它的躯体与灵魂统一地蕴涵在《易》象中。从往古的所谓伏羲画卦，或进一步演卦，直到周初文王缀辞为止，在漫长的时代中，《易》也许是有象而无文。就是说，只有以阴阳八卦为基础而展开的六十四卦的卦象体系，没有卦辞爻辞。至于夏有《连山》，殷有《归藏》，虽和周易有很大区别，但一定也是先有象而后有文。就周易来说，文王是先读《易》象，领悟其中深藏的道理，而后缀以文辞，加以表达的。所谓"辞自象出"，就是这种情形。辞，不过是表达象意的手段或工具，和其他经书，如《诗》《书》《礼》《春秋》之类纯以文字为思想感情载体的，迥乎不同。附着象体的文辞，本身并没有独立自足的性能。打个粗陋的比喻，《易》辞有些像文物的说明书，离开其附着的文物就不知所云，毫无意义和价值。更何况所缀的是隐譬语，离开母体就像七零八碎的谜语一样，更不知所云了。

芳子：是的。《易》体就是象体，象意晦而且奥，难以体会。文王以他圣明的智慧，钩玄索隐，表之于文辞。虽然文王深解《易》象的内涵及其演化，但他没有使用浅显明白的语言，所以后人读了，理解不了……

笔者：文王缀辞时使用难懂的语言，也许有他的苦衷或深意。但即使他使用当时的通俗白话，恐怕也难以明确地表达《易》象的奥义，也就是作《易》者的创作意图和《易》象客观意义融合为一体所形成的奥义。所以伊川先生把他的《易传》交给人看的时候，曾经说过"只说得七分，后人更须自体究"这样的话。对此，江永先生解释说："此程子不足之意。然义理无穷，非可以言尽。"的确如此。义理非可言尽。因为，从根本上说，这牵扯到语言文字自身功能的局限性问题。

象的优缺点

芳子：我想起来了，孔子在《系辞》里说过，"书不尽言，言不尽意"，是不是指的这一点？

笔者：大体上是这样。孔子以其高超的思维能力，看透文字不能完全表达思想。同时他从周易发现，只有象能够完全表现思想，他所说的"立象以尽意，设卦以尽情伪"，就是指此而言。意思是，周易的内在思想和思想的虚虚实实的变化，只有凭借卦象和爻象才能完全表达出来，而语言则不能完全表意，文字更差，连语言也不能完全表达。那么，给周易缀上文辞又有什么好处呢？孔子认为："系辞焉以尽其言。"加上文辞，是力求尽量表述解释周易的语言。换句话说，孔子的想法是，以象为主，加上语言文字的解释，以期尽量完美地表达周易的内在思想。

《易》象的表意功能

芳子：请您谈谈象在表达思想上的优缺点。

笔者：《易》的象，基本上是由阴（--）阳（—）两个形象组成的，《易》体原是（--）（—）两象组成的形象网络。象的优越性很多，主要有四个：象征性、广阔性、多样性和双重性。宇宙人间的万事万物，包括物质与精神，无所不包。《乾》、《兑》、《离》、《震》、《巽》、《坎》、《艮》、《坤》八个卦象，象征天地水火风雷山泽构成的大自然。《咸》卦象征男女之爱，《谦》卦象征谦虚之德，《同人》卦象征团结之利，《师》卦象征战争之道，《困》卦象征处困之道，等等。孔子赞叹说："《易》之道，广大悉备，有天道焉，有地道焉，有人道焉。"道出了《易》象内涵与外延的广阔性。其次，《易》象适于表现千变万化、五花八门的事物的多样性。象的取义是多样的、灵活的，仅据《说卦传》的记载，八卦的每

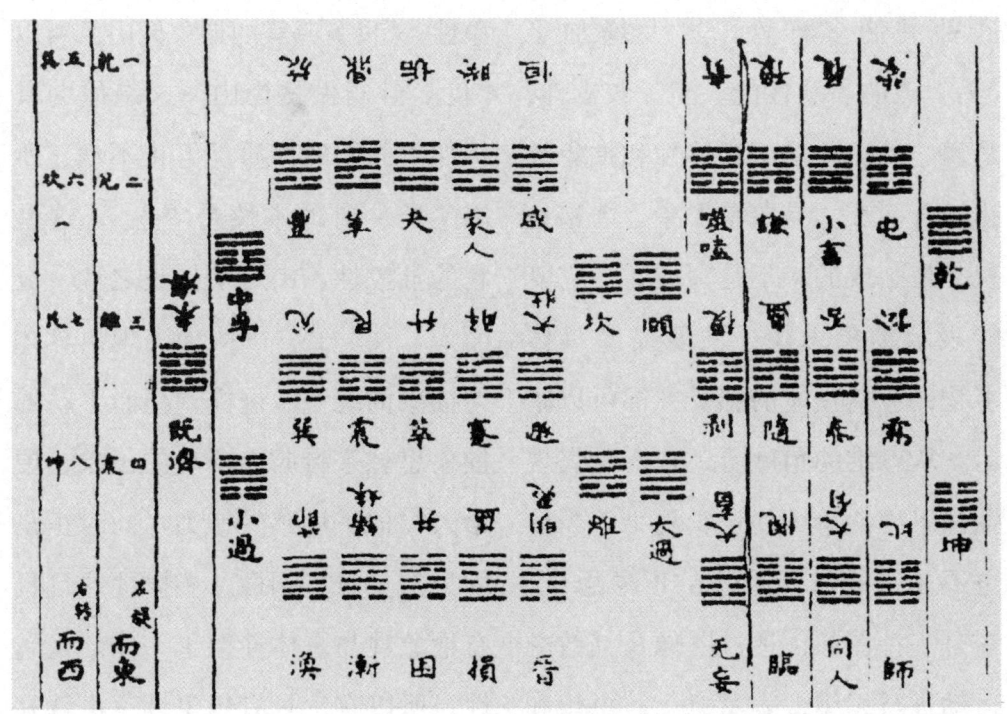

三十六卦变六十四卦图，出自宋·王湜《易学》

个形象，都代表一二十种东西。如《乾》卦在代表天、君、父、马外，还代表金、玉、冰等其他七种东西。《坎》卦以象水为首，共代表二十种东西，等等，多种多样，取象繁杂。而且取象还有灵活性，并不固定。依据情况，《乾》也可以象征龙，《坎》也可象征云，等等，后代的所谓《梅花易数》所以能把八卦的取象数目较《说卦传》增加了几倍，就是因为《易》的取象有很大的灵活性。另外，象还有虚实之分，《井》卦是水在上木在下，从木造井中打出水来。《需》卦是水在上天在下，象征水（云）在天上，尚未成雨，需要等待。《鼎》卦是火在上木在下，焚木成火，用以炊食，等等，都是模仿实际的物象。至于《山天大畜》卦，山在上而天在下，山中藏天，象征宝藏丰富。《泰》卦是地在天上，表示地气下降，天气上升，二气融通之类，与实际不符，是为虚象。如此等等，灵活多样，一时之间，说也说不完。

这种灵活多样性，大大增加了《易》象的表意性能。至于双重性，是说《易》象是由具体性和抽象性相结合而成。易象是形象，严格地说，是画成的，不是写成的。它既能表示抽象思想，又能描摹具体事物，包括具体的感受，都可以暗示。从思维的角度看，它不是表现抽像思想的单纯的逻辑思维，当然也不是表现生活形象的形象思维，它是一种图像，透过图像及其数的运动进行思维，表示意念、思想和感受。我无以名之，暂且呼之为图像思维或象数思维。这种思维所构成的图像，具有逻辑思维与形象思维相统一的优越性，也就是抽象性与具体性相统一的优越性。最简单的例子是阴（--）和阳（—）两个图像。有人说"--"像女阴，"—"像男根，也有人说"—"是一根竹棍的（卜筮用的）图像，"—"是两根竹棍的图像，"—"像天的单纯，"--"像地的多样，等等，这是象的具体性。"—"像天性的"健"，"--"像地性的"顺"，这是象的抽

象性。《艮》卦☶的形象像山，所以《艮》卦叫做艮为山，这是他的具体性。而山的性质是停止不动，所以《艮》卦的本性是"止"，这是它的抽象性。山之象加止之性，合而为《艮》卦，鲜明地表现出具体与抽象的统一。这样，止而不动的抽象思想来自岿然不动的山象，便给人以似乎可感的魅力。同时正是因为象具有广阔性、多样性并且具有抽象性与具体性融于一体的优越性，所以它也具有想象性，也就是能给人以驰骋想象的广阔天地。简单的例子，如《乾》《坤》二卦的初爻。《乾》☰初爻是纯阳阳始生于之象。始生是萌芽状态，虽生意勃勃，但力量柔弱，柔弱的嫩苗，最要紧的是静养，吸收外部营养，安心地等待时机成熟，再破土而出。若不自量力，盲目行动，必受挫折。当初文王观看这个爻象，发挥想象，便写下了"潜龙勿用"（龙是阳物，所以借以譬喻）四个字，作为表达《乾》卦初爻象意的爻辞。《坤》卦也是这样，通体是阴，初爻是阴

气的始生,生则不已,阴气必从小到大,从弱到强。不达满阴绝不会停止而转化。文王看到初阴之象,便想象到全卦六阴(满阴)的趋势与后果,所以用"履霜,坚冰至"来比喻初阴必然向满阴发展的趋势,借以告诫世人,慎始知终,以趋吉避凶。这是《易》的图像的涵意给玩象缀辞者提供出来的驰骋想象、尽情猜想的谜团。所以周易中充满了一题多解,难以为典要。例如《需》卦的图像是水在天上,水如何上天?细想便会领悟,含水的云在天上尚未成雨,岂不是水在天上?为什么水在天上而不下雨?古人想象,这是阴阳二气尚未融合的缘故。联想人事,恰似施展抱负的客观时机尚未成熟。怎么办?不可急躁盲动,应该耐心等待。等待的过程中要养精蓄锐,涵养精神,保养身体,以便时机到来(比如天上的乌云阴阳谐调,水落成雨),有所作为。依据这种水在天上的图像,文王发挥想象,便冠以需字,作为卦名。需有等待与需要二义,

依据卦象,文王有所体会,说:"云上于天,需。君子以饮食宴乐。"以饮食宴乐等待出世的时机,这个象意的表达,不可拘泥。所谓饮食宴乐,不一定是吃喝玩乐,只要是耐心养生,静待时机,便都包括在内。先秦时代垂钓于东海的姜尚,甚至为人奴而谋生的五羖大夫,其耐心谋生、静待时机的情况,都属于"云上于天"而"需"的范畴之内。再如,《蒙》卦的图像是山上水下,山中有水。文王首先给它加上个亨字,以表达他对此象意的体会与猜想。水在山中是尚未出山的山泉,正以涓涓始流的弱小姿态冲开山石的阻拦,流向山下的远方。虽然弱小,却有强劲的生命力,是新生事物,前途远大。文王的亨字,就是表达这种象意。还可以不厌其烦,再举个例子。周易第三卦是《屯》卦,卦象是水下有雷。周易卦序是从《乾》《坤》二卦开始的(不是单从《乾》卦开始,后详),《乾》《坤》(阴阳)相交而开天辟地,宇宙诞生。可以想象,

宇宙初生时的情况当是激雨暴雷，洪水滔滔。所以周易以水加雷的图像表示这种原始状态。那么，在原始时代为了生存发展，人类首先应该做什么来克服困难呢？文王乃依据这种象意，在卦辞中提出了"利建侯"的口号。如果从字面讲，应是"利于树立君主"。但从象意看来，意思绝不是这么单纯。《易》象允许人们发挥合理的自由的想象或猜想，以充分开展与表达它的内蕴。应该说，"利建侯"的意思不仅是树立首领以领导活动，凡是建立组织、法规和秩序，以利于共同行动、战胜困难的思想，都符合《水雷屯》卦的象义。《易》象允许观者想象、联想、猜想，参之悟之。这是《易》象本质的性格。

由此联想到所谓"互体"之说的正误问题。你知道，互体是把六画卦分为上下两个三画卦之外，又把二、三、四画和三、四、五各算作一卦，使一个六画大卦成为四个三画小卦。但不少易学家反对互体之说，认为这种分法不是周易的本义。是否如此，我们暂且不去管它，反正两个三画卦所组成六画卦，就图像本身的结构来说，当然含有分成四个三画卦的可能性与现实性。互体不是外加的而是卦象内在的体制。以古人的话来说，可谓"此亦《易》之一义"。换句话说，《易》象本身的象征性、广阔性、多样性、抽象性与具体的统一性等，允许观者在象界的范围内，发挥想象、联想、引申乃至猜想。总而言之，可以说，这是作为逻辑思维与图像思维相结合优越性。

除此之外，《易》象还有一个其他图像或文字所没有的优越处，就是它的演变性，所谓"易以道阴阳"，阴阳二象的组织和变动，构成了《易》象的各种形态，蕴涵或表露出《易》的千变万化、丰富多彩的情态和义理。它不像其他图像（如《河图》、《洛书》）那样，保持固定的静态，它是灵活的、流动的、由阴阳两爻相反相成、交替流变而形成的。《系辞》所谓"周流六虚，变动不居，上下无常，刚柔相易，不可为典要"，就是指这一点说的。另外，《易》象的演变性还突出地表现在卦序和卦间的关系上。六十四卦从《乾》《坤》二象开始，止于《既济》《未济》。全经以不终（未济）告终。其卦象成双成对，各种各样的变化，形成了表达天人之道的有机的系列。同时，卦象与卦象的互相渗透和互相会通，如《乾》自《坤》来和《坤》自《乾》来，以及表示一年中季节推移的十二消息卦象的演变，等等，都是《易》象所特有的阴阳演变性。其他任何领域的图像，无论古今中外，都没有这样辩证式展开的演变性能与结构。《易》象的性能，内容很多。今天谈的，是它的概况。不足之处，以后在其他文章里再进一步补充。

芳子：这样看来，是否可以说，《易》的全部奥义是深藏在象中，并由象的运动而表示出来。语言文辞只是由圣明的头脑参悟后加以表达的工具。所以不懂象便不懂《易》。王弼扫象论《易》的做法有很大的偏颇。是不是这样的？

笔者：是的，可以这么说。正如孔子所说，书（文字）不尽言（语言），言不尽意（思想），语言、包括记录语言的文字，具有局限性，不能完全表达作《易》的思想。只有《象》才具有这样功能。不过，象也有缺点，就是它的内涵过于含蓄多变，以致表意模糊。所以还要配上文辞，千方百计，委曲婉转地力求把作者的思想表达出来。这才便于世人阅读、领会或运用，才能达到义理教化的目的。

至于王弼，这个天才的哲人不幸早逝，令人惋惜。他也看到"象者，出意者也……意以象尽"，这是正确的，但另一方面又说："象者所以存意，得意而忘象……犹'筌者所以在鱼，得鱼而忘筌'……"。这显然是用庄子的道家思想来解释《易》象，不仅比喻不恰当，观点也是错误的。在易学发展史上他反对汉易象数派的形式主义，是对的，但扫象解《易》的做法，却未免偏激。你想想看，抛开《易》象而谈《易》理，怎么能够真正全面领会《易》中的奥义？其实，王弼注《易》，也如他人一样，不可能离开卦象光啃文辞。因为离开《易》象，文辞即不知所云。举个例子，《乾》卦第二爻是"见龙在田。出潜离隐，故曰见龙。处于地上，故曰在田，利见大人"。王弼讲："德施周普，居中不偏，虽非君位，君之德也。"一卦六爻，按三分法，自下而上，初、二爻为地，三、四爻为人，五、六爻为天，六个爻象表示天地人三个层次。初二爻为地，初为地下，二为地上，龙（比喻《乾》天）在初爻如潜隐于地下，龙至二爻，便似出潜离隐而升到地上，田就是地，见（现）龙在田，就是潜龙现于地表的意思。所谓"居中不偏"，是说按照易例（易的原则），爻有所谓"位"，最好的位是初爻与三爻之中的二爻和四爻与五爻之中的五位，这叫做"中"。"中"是卦爻象里最优越的自然地位，不偏不倚，不缺不过，孔子说"二多誉""五多功"，指出了爻象"中"位的得天独厚之处。王弼的注释，就是依据对爻象的这种分析，而后讲解了文辞的义理。和一般《易》家的做法大体类似，也是依象解辞。不过它不像象数派那样玩弄《易》象的形式，硬讲烦琐的卦变之类，牵强附会，任意引申而已。这个问题的轮廓大体是这样，详细的情况，以后有机会再谈。下面，我们回过头再来思索一下文辞的问题。刚才你说，文辞是表达象意的工具。这里我们需要探索一下这个工具的效能。孔子认为它的表意（语言的记载）功能有局限性，不能完全表达《易》的涵意。但没有说出理由何在。关于这一点，我想我们只好借鉴一下他山之石。

语言表意的局限性

关于语言（包括文字）的表现能力问题，外国哲学史上不乏论述。最著名的当首推德国大哲学家黑格尔的论断。在《逻辑史讲演录》里他曾说：

"语言实质上只表达普遍的东西，但人们所想的却是特殊的东西，个别的东西。因此，不能用语言来表达人们所想的东西。"

辩证法家列宁在《哲学笔记》中对这段话很欣赏。他加上批注说："注意，在语言中只有一般的东西。"同时写下自己的感想，说："这是谁？是我。一切人都是我。感性的东西？这是一般的东西等等，等等。'这个'？不论什么都是'这个'。"上面黑格尔的论述是极其深刻的，它道破了语言（包括文字）在表意上的局限性。列宁的体会也很深刻，令人深思。的确，事物是具有多角多层多面的规定性的，是具体的、可感的，反映具体事物的观念以及具体的活生生的思想，也是如此，但辞语却是单层的、抽象的，由词语组成的语言，也是如此，正如列宁指出的，"这"是个近指辞，可用来指示五花八门的任何具体的不同事物，包括思想。其单一性与抽象性，和事物本身的多重性、具体性，相距甚远。比如在日常生活中，我们对一朵花、一只蝴蝶的美丽姿态，或者一种厌恶的，乃至留恋的情感，都难以用语言表达。"可意会而不可言传"的事物、心情或境界，在生活中比比皆是。原因主要在于黑格尔所指出的，事物的具体性与语言的抽象性之间存在着矛盾。这就是孔子所说的"书不尽言，言不尽意"的根本原因。《易》作者的解决办法是"立象以尽意"，借助于可感可变，含有抽象思想的具体的"象"，来表达自己的意思。是创造了一个极其良好的表现手段。

但另一方面，《易》象在表意上又有很大的模糊性，一般人根本看不明白。所以不能不借助语言，和衷共济，以求比较完美地表达深奥的意义。缀辞的文王，似乎也感到语言本身的抽象性一般性的局限，所以缀辞时好像也尽量利用隐语、比喻、寓言、故事、诗歌之类的艺术描绘手法，通过形象语言，以期"状难言之景"，启发读者，把图像思维与逻辑思维结合，从而使周易的义理深入人心，达到洁、静、精、微的教化目的。这样，象与辞扬长避短，互补共济，把周易内涵的天地人三道，从深层中一步一步具体地表现出来。适应这种艰难繁杂的情况，我们后代学《易》的人，也只有遵照孔子的学习经验，"居则观其象而玩其辞"，在钻研《易》象中学习、咀嚼《易》辞，一点一滴，克服困难，开拓前进。这样，久而久之就能真正迈入周易的大门，继而不断努力钻研，才能有希望升堂入室。这里不存在什么由近及远、由易到难的捷径。

芳子：您的教诲，使我心悦诚服，我过去受程颐的影响，以为过文字关是个捷径，对"观象玩辞"的重要性认识不深，甚至以为明白文辞便可以明白周易。今天看来，这不仅不是由近及远、由易到难的捷径，而且，从根本上说来，倒是一条偏斜而迂回的道路。这样看来，以坚强的毅力，不懈的努力，观象玩辞，自始至终，不断战胜困难，稳步前进，才可说是学易的正确态度。

百忙之中，耽误了先生的宝贵时间，衷心感谢！

笔者：你学《易》难，我学《易》也不易。让我们共同在艰难的征途上，奋勇前进！

时当戊寅年初夏，傍晚时分，芳子陪伴笔者，在武汉东湖之滨信步而行。晚霞淡淡，暖风习习，绿波浩渺，幽静宜人。笔者不禁诗兴发作，遂口占一绝。诗曰：

绿波荡漾自悠然，长岸浓荫漫无边；
不仅苏堤明月好，东湖景色亦婵娟。

正当笔者为东湖美景所陶醉之际，芳子突然又把思想转向周易。

她问道：先生，有个问题时常萦回在我的心里。我们日本人住在狭小的海岛上，自古以来，每天望着青天碧水，过着简单的生活，心情淡泊，胸怀并不宽阔。于是，在我们的传统思想中，似乎形成了一种以单纯为美的风尚。所以男女之间的所谓"纯情"，乃至由纯情而导致的"心中"（共同殉情），默默中很受到大众的赞扬。长话短说，在您看来，世界上有没有"纯粹"的东西？以周易的观点来看，这个问题应该怎样回答？

世上没有"纯粹"的事物

笔者：好哇！你学《易》理，能够联系实际生活，是一大进步。至于所谓纯粹也罢，单纯也罢，或者纯洁也罢，据周易来看，世界上根本没有"纯"的事物。纯，只是不切实际的愿望或理想。无论是物质世界，或是精神世界，都没有完全纯粹的东西，没有以纯粹之体独立自足的东西。你所说的男女间的爱情也不例外……

芳子：是么？真是这样么？我可不这么想。我觉得，难道殉情不正是由纯粹的爱情引起的么？！

笔者：问题的中心恰恰就在这里。正如周易里的阴阳互为其根，互依互交互变的规律一样，爱与恨是对立统一、相反相成的关系。有阴才有阳，无阳即无阴。单纯的阴不存在，单纯的阳也无法存在。你知道，太极图里的阴阳鱼头尾相交，并且阴鱼中含一白点，是阴中有阳；阳鱼中含一黑点，是阳中有阴。阴阳互依互含而存在，运动，交流，变化。清代《易》学大师李光地说《易》有交易、变易二义。"交易者阴中有阳，阳中有阴，互藏其宅者也。变易者，阴极而阳，阳极而阴，互为其根也。"他讲出了阴阳关系的主要内容。阴阳之道是宇宙的根本大法，任何事物都囊括在其内，爱情当然也逃不脱。没有恨，哪里来的爱？男女的殉情么，那是互相他杀的自杀。男女双方的爱，恶性发作，而互将对方推入死亡的惨境，把所爱的人，包括所爱的自己置之死地而后快，倘不是出自最大的憎恨，怎肯如此狠心？蒲洁先生的女儿被恋人所迫，丧失了年青的生命，是爱的结果，还是恨的结果？或者是由爱转恨的结果？再不，就是爱之纯、爱之切、爱之极，物极必反，爱中所伏的恨爆发出来，就造成了杀人遂心的可怕悲剧。拿周易来说，《乾》阳《坤》阴是对立面统一的典范。《乾》阳可代表光明，代表白昼；《坤》阴可代表黑暗，代表夜间。可是因为彼此的关系是互倚互含互转互化，所以《乾》阳之光明虽好，但走到极点，即转为《坤》阴的黑暗，白昼到头，就变为黑夜。因此，周易依据这一《乾》阳《坤》阴对立面互相转化的宇宙规律，对《乾》卦九五爻缀以"亢龙有悔"的爻辞。九五爻在《乾》卦六爻之中处于中而且正的最佳地位，再往上去，到上九，便达到满盈的过亢状态，由《乾》阳而转为《坤》阴。这一点，在季节演变的过程中，表现得最明显。依周易的十二消息卦来看，《乾》卦相当于四月，阳气最旺，长到顶点，

进入五月夏至时，阳气旺极而消，成为一阴初生的《姤》卦。继而，六月二阴生成《遁》卦，七月三阴生成《否》卦，八月四阴生成《观》卦，九月五阴生成《剥》卦，十月六爻全阴成《坤》卦。如此阳消阴息，到这时阴气呈满盈状态。满则必变，进入十一月则一阳复生于下，成为《复》卦。阳息为二，是为十二月《临》卦；阳息为三，成《泰》卦，是为正月。继而阳息到四，成二月《大壮》卦。阳息到五，成为三月《夬》卦。阳息到六，长到最高峰，又复返为《乾》卦相当于四月。如此阴阳互为消息，交流循环，就表现出季节的推移周流。其中特别使人感兴趣的是，夏至是一年中阳气最旺的盛夏之始，而同时阴气却已悄然而生于底层，表现为五阳一阴的《姤》卦。同样道理，十月《坤》卦，全体都是阴气。十一月时，进入数九，一年中最冷的节气，冬至开始降临，而同时阳气却从底层悄然复兴，成为《复》卦。从这里可以清楚而

具体地看到阴阳互相包容、互为消息的形象。宋代学者朱熹说的好，他说："譬如阴阳，阴中有阳，阳中有阴，阳极生阴，阴极又生阳，所以变化无穷。"这是他在《近思录》里谈自己对张载哲学的感想时说的话，把个中的道理说得明明白白。

由此看来，爱之极（恐失掉对方）而转为恨（杀掉对方，以期永远独占）是势所必至，理所当然。这种"心中"的殉情行为，正是爱的过头而转化为恨的恶性发作。由此，我们应该看到，正因为爱中有恨，恨中有爱，爱恨互为其根，在一定条件下（过亢是条件之一）会互相转化，所以恋爱上也要戒盈戒满。

存在和无的统一

这一点，儒道两家在两千年前都有深刻的认识。

老子在《道德经》里说："天下皆知美之为美，斯恶已。皆知善之为善，斯不善已。"又说："福兮祸之所倚，祸兮福之所伏。"

他说的很对，世上没有离开恶而独立自足的纯粹美，也没有离开不善而独立自足的纯粹的善。福为祸所倚，祸中藏有福。没有纯粹的祸，也没有纯粹的福。

孔子在《系辞》中谈周易的体会时说：

"危者安其位者也，亡者保其存者也，乱者有其治者也。是故，君子安而不忘危，存者不忘亡，治而不忘乱，是以身安而国家可保也。"在《文言》中他又说："亢之为言也，知进而不知退，知存而不知亡，知得而不知丧……知进退存亡而不失其正者，其唯圣人乎？"

孔子以周易阴阳相反相成、互相转化的观点来认识安危、存亡、进退、得失，而不是片面地认为安就是纯粹的安，存就是纯粹的存，进就是纯粹的进，得就是纯粹的得，这是他学习周易辩证法两点论而得到的重要收获。

我们今天也无妨效法老子和孔子，这样说：

"爱兮恨之所倚,恨兮爱之所伏。"

"亢之为言也,知爱而不知恨,知纯而不知杂。知爱恨纯杂而不失其正者,其唯深于易道者乎!"

拉拉杂杂讲了这么多,怎么样?你认为是不是合乎道理?

芳子:大体上我是听懂了,但还多少有些疑问。关于阴阳、爱恨这类概念间的关系和演变,我同意先生的论述。可是,有的事物却不好理解。比如"—"这个东西,就数字来说,它是个壹,就奇偶来说,它是个奇,就阴阳来说,它表示阳。可我依据先生所讲的《易》理来分析,总是想不明白:在它单独存在的时候,他似乎就是个纯粹的"壹"、纯粹的"奇"或纯粹的阳。怎么也看不出它含有别的什么,看不出含有与它统一的对立面。

笔者:哲学是思维的学问,学周易要靠深思。孔子认为"学而不思则罔","罔"就是糊里糊涂。程颐的经验是"学原于思"。朱熹引申说:"思所以发其聪明。"你的感受表明,你对"—"这个形象思索的不够深入,你再仔细全面想想,"—"这个形象,拿数字来讲,是个单纯的"壹"吗?

芳子:除了"壹",还能有别的什么呢?

笔者:哈,哈。你再仔细端详端详,不要只看到"—"是个单纯的横杠,还要进一步注意,横杠两边有两个端,一杠有两端,这不是"—"中之二么?一中有二,便不是纯一。对不对?

芳子:(大笑)真的,是这么回事,真有意思!我明白了,"—",含有两端,作奇来看,便是含有偶,是奇中有偶。不是纯粹的奇。作为阳的形象来看,—阳的"—"含有两头,两是偶,是阴,藏在一阳的体内。阳体藏阴便不是纯粹的阳,不是独立自足的单纯的阳了。进一步说,阴的形象"--",也是同样的道理。

它是由两个"-"所组成的,"—"是阳,所以说阴中有阳。单纯的独立自足的阴也不存在。

笔者:好极了!举一隅而以三隅反——你的悟性很不错嘛!这样思之悟之,学《易》就可打破难关,升堂入室了。

芳子:不敢当,先生过奖了。现在离天黑还有一会儿。趁热打铁,您能不能进一步讲述一下关于世上没有纯粹事物的道理?

笔者:其实,这个基本道理古人早已发现了,并不是什么新鲜事儿。我们不过是应用这个道理来观察、分析某些具体现象而已。

在这方面,探索最深,思维最精,概括得最妙的是德国古典哲学的最高大师黑格尔。他曾在《逻辑学》里说:

"在天地间没有任何东西不在自身中包含存在和非存在。"

"存在和无的统一……"

这些高度概括的命题告诉我们一个真理:世界上任何事物自身都含有两个对立的方面,没有完全纯粹的事物。他又举例说,"据说黑暗就是没有光明,但在纯粹的光明中就像在纯粹的黑暗中一样,看不清什么东西。"仔细玩味一下,这个例子说得真是深刻极了,非常恰当。的确,正如没有黑暗的光明和没有光明的黑暗都不存在一样,没有恨的爱和没有爱的恨也都不存在。在认识到"存在和无的统一"的大前提下,就可顺利地认识到阴与阳的统一,乃至爱与恨的统一。

芳子:道理是这样的,世上不存在绝对的纯粹。但您刚才引述的名言是欧洲哲学家说的。我很想进一步了解,周易对这个问题的具体看法是怎样的。

所谓纯阳者,即非纯阳,是名纯阳

笔者:周易的经文没有具体谈到这一问题。但象里却蕴涵着这方面的丰富思想。举个简单的例子,

《乾》卦的卦象是六个阳爻……

芳子：人们常说那是纯阳之体，有阳无阴。这么说，对不对呢？

笔者：可以仿金刚经的口吻，回答你的问题。所谓纯阳者，即非纯阳，是名纯阳。纯阳是《乾》体的特性，是它的一个方面，它还有另一个方面，就是阳体内含的非阳性。从数的角度看，"初、三、五"三个爻是奇数，奇属阳，"二、四、上"三个爻是偶数，偶属阴。《乾》体由六个阳爻组成，作为表象是清一色的阳，而这清一色的阳象内部，却这样地蕴涵着偶数的阴。这一点也不奇怪，其实由六个阳爻组成的《乾》卦的纯阳之体，全面看来，已是阴性而不是阳性。——因为由数理来论，六爻的"六"就是偶数，就是属阴的嘛！

芳子：先生的分析真好，可谓曲尽阴阳之妙，使人有恍然大悟之感。

笔者：既然这样，我给你一个作业：你试试，用这样观点、方法，对《乾》卦再作进一步的分析，好么？

芳子：好难的作业……我试试看，错了请您即时纠正。您刚才说过，"—"是—，但它同时含有两端，"两"是阴。《乾》体六个阳爻都各有两端，加起来总共有十二个两端，十二这个数字仍是阴性。所以，从这个角度来论，《乾》卦的纯阳之体，也可以说是纯阴之体。是不是？先生。

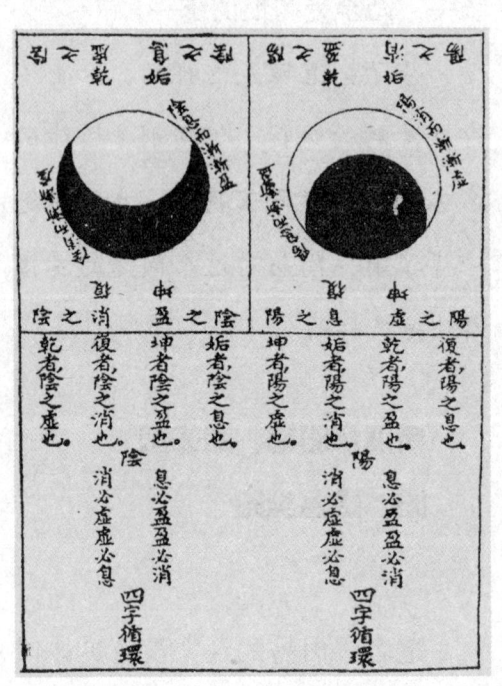

阳直图、阴直图，出自明·来知德《易经来注解图》

笔者：分析得好，正是这样。《乾》卦可以说即是纯阳之体，也是纯阴之体，是纯阳与纯阴的统一。借用王夫之的话来说，这可以说是"纯有杂，而杂不失其纯，""杂统于纯，而纯非专一也。"

芳子：进一步看，每个阳爻"—"，有两头有中间，两头是阴性，中间是阳性，是阳在阴中。但合而为"三"，三又成为阳性，这样，阴中之阳，复返而为阳。可是这一段阴阳之变到这时还没有完结，如果每个阳爻都是三，六个阳爻便成为"十八"。而"十八"这个数却是属阴的，于是，《乾》卦总体又是成阴性了。不过，这个十八来自三乘六，三是根本，所以《乾》卦的根本气性仍是阳性，如此阳阳阴阴，变化多端。真是妙不可言！

笔者：年轻人头脑灵敏，从这段分析来看，你的进步很快。你再想想，还有什么可以补充的没有？

芳子：一时间还想不清楚……

笔者：还有"位"的问题需要探讨。依照《易》例，就是周易的原则，一卦的初、三、五爻之位属于阳位，二、四、上之位属于阴位。王弼说初、上无位，可备一说，先不去管它。《乾》卦从爻象说都是阳性，而从位数来说，则是奇偶各半也就是说阴阳各半，仍然不算是纯阳。可是话又说回来了，周易的爻位有个相应与否的原则，初与四、二与五、三与上各爻间，如《既济》卦☵☲，初为阳，四为阴；二为阴，五为阳；三为阳，上为阴，这三对爻位完全构成相应关系。而《乾》卦六个爻位都是阳爻，所以不能构成相应关系，从这一点来看，《乾》卦的主体性质，还属于阳性。

从卦的情况，我们可以悟到宇宙间没有纯阴纯阳的存在。《乾》卦的情况大体这样。你是不是已经体会到其中的道理？

芳子：是的，听了先生的讲解，我已经在思想中抓住了其中的要领。

笔者：那么，你何妨发挥一番独立思考的工夫，用上述的观点方法，对《坤》卦试作一下分析。

芳子：好，我试试看，有不对的地方，请先生及时指点。

《乾》与《坤》是一物两体

《乾》《坤》二卦是分不开的伴侣。《乾》为天，属阳，《坤》为地，属阴。《乾》由六个阳爻组成；相反地，《坤》由六个阴爻组成。各自的基本性质表现在卦象上，是泾渭分明，毫不含混的。看了卦象就一目了然。

☰——☷前者是《乾》，后者是《坤》。

从整体上看，《乾》只有阳爻，没有阴爻；《坤》只有阴爻，没有阳爻。《乾》的情况，先生已作了详尽的分析，不必重复。《坤》卦怎样呢？是不是纯阴呢？当然不是。我觉得明眼人一下子就可以看出，《坤》的阴是阴中含阳。是含阳之阴，不是什么纯粹的阴。请留心看，《坤》卦的卦象，不是由两个《乾》卦合起来组成的吗？《乾》是六个横杆，《坤》则是一对儿六个横杠，形象鲜明，不需要解释。这种形象，可否说成"一阴含双阳，双阳成一阴"？

笔者：怎么说合适，是个语言表达问题，反正实际情况就是那么回事儿。王夫之在《周易外传》的序卦部分里说过："有时阳成基以致阴，有时阴成基以致阳。"意思是，阴阳互为根基，借以成立。这两句话，对理解乾坤的阴阳相反相成的微妙关系，很起作用。你的观察相当深入，请继续说下去。

芳子：《坤》卦的数、位和阴阳的关系，也和《乾》卦类似。它也是初、三、五的奇数阳位和二、四、上的偶数阴位互相交义的混合体。和《乾》卦及其他卦一样，初、三、五为阳位，二、四、上为阴位，而《坤》卦的初、三、五位都为阴爻所占据，阴占阳位，是为不正。二、四、上位也为阴爻所占，阴占阴位，是为正。所以，从数和位的关系来看，

《坤》卦也是阴阳之位所形成的正与不正的混合体。当然，《坤》卦的主体仍然是阴性的，阳性则是隐含的成分。说来说去，反正《坤》卦也和《乾》卦一样，都不是纯粹的阴性或阳性。如果这一点体现出宇宙的规律，那么，由此即可推论出世间万物中没有什么所谓纯粹的东西。

笔者：是的，你对《坤》卦的分析是正确的……。关于爻位正和不正的问题，还可作进一步的探讨。如果要求爻位都正，《乾》卦就会成水火既济䷾，而与之相反的《坤》卦就会变成火水未济䷿。《既济》卦的阴阳关系应该怎样认识呢？它的下体是火，上体是水，初、三、五为阳爻，阳爻占阳位，二、四、上为阴爻，阴爻占阴位。阴阳各得其所，互相对应，三阳三阴，平衡交流。阴阳纯正，各占一半，给人一种平衡纯正的感觉。所以周易用它来表示事物的完成。你对这一卦中阴阳的平衡性与纯正性，有什么想法？

芳子：哎呀，越来越难了，一时间也想不出什么名堂来。还是请先生多多指教吧。

笔者：初看起来，《既济》卦的阴阳关系，平衡纯正，似乎无可非议，但仔细研究一下，却又发现相反的成分。全卦的卦象是钼，初、二爻象喷是少阴，三、四爻爻象喷和五、上爻爻象喷也是少阴，三个少阴重叠，阴多于阳，而三却是奇数，全卦阴阳并不平衡，三是阳性，也与少阴矛盾。这样看来，虽然《既济》卦在形式上是阴阳各半，不多不少，初爻（阳）与四爻（阴）、二爻（阴）与五爻（阳）、三爻（阳）与六爻（阴）都是阴阳相应，各占一半，整整齐齐。可是它的内部情况，却仍然是阴阳驳杂，欹轻欹重，既不纯正，也不平衡。正因为它不是绝对的纯正和平衡，而是含有内在的矛盾，所以《既济》卦在表示事物"完成"的同时，也就诞生出表示事物"开始"的《未济》卦——而《未济》卦则位皆不正，表现得极不平衡。

芳子：演《易》的人，真是个超凡出众的圣人！他能孕《未济》于《既济》之中，道破了宇宙的奥秘，确实了不起。

笔者：最后，我再就这个问题作一下补充。刚才我们分别就《乾》《坤》两卦的阴阳纯杂问题做了一些粗浅的探讨。下面我想把两卦合起来说说它们之间相反相成的关系，这样，会使我们对世上没有"纯粹"之物的原理，获得更深刻的体会。

你知道，孔子在他的读《易》心得《系辞》中曾经说过，"《乾》《坤》，其易之蕴邪？"他看到，《乾》《坤》两卦是易经六十四卦的父母，其他三十一对卦都是由《乾》《坤》两卦所生。所谓"周易首《乾》《坤》而非首《乾》也，"就是这个意思。前边说过，《乾》《坤》是互反互依互交互变、二而一、一而二的伴侣。它们这种分中有合、合中有分的关系，表现得最具体的是，《乾》自《坤》中来，《坤》自《乾》中来这样一种学说，叫作《复》《姤》小父母说。《乾》卦六爻，是《坤》卦六爻自下而上、一爻一爻地阴消阳长而转变来

的。具体地说，《坤》卦初爻阴变阳，就成为《地雷复》卦䷗，表示阴体之下一阳独复。接着是二阳生成为《临》卦䷒，然后三阳生成为《泰》卦，四阳生成为《大壮》卦，五阳生成为《夬》卦，最后六阳生变为《乾》卦。《乾》卦就是这样阴消阳长，从《坤》卦演变而来。但是物极必反，阳长到《乾》，已达峰巅，再往前去，就变为阳消阴长的卦象，阴从下复生，是为《姤》卦，接着二阴生，成为《遁》卦三阴生成为《否》卦，四阴生，成为《观》卦，五阴生成为《剥》卦，一阳在上硕果仅存，再生出一阴，就又转变为《坤》卦。就这样，《乾》从《坤》来，《坤》从《乾》生，《乾》《坤》互依互交，互为消长，互相转变，表示事物内部对立面斗争统一的运动规律。这虽是源于宋代哲人邵雍的说法，但如若周易首卦《乾》《坤》的内部并不蕴藏着这样的道理，邵雍的《复》《姤》小父母之说也无从建立。所以，这一学说也是源于周易的内涵，并不是从

外面硬加上去的。

总而言之，《乾》与《坤》或阴与阳是一物而两体。用横渠先生的话来说，叫作："两不立则一不可见，一不可见，则两之用息。"孔子的《系辞》说得明白："一阴一阳之谓道。"道即宇宙的根本规律，是由阴阳两个对立面所构成。老子说："万物负阴而抱阳，冲气以为和"，他们说的都很对。所以南宋学者叶适所倡导的独阳无阴说（他说道是单纯的阳刚而无阴柔），是不合理的，脱离实际的。至于有的当代《易》著，竟而以"扶阳灭阴"之说来阐释周易的义理，那就更令人啼笑皆非了。学周易的人谁不知道，"独阳不生，孤阴不长"的道理呢！

芳子：先生的教诲，又具体又生动。我听了之后，茅塞顿开，获益匪浅。说得夸张些，真可谓聆听一席话，胜读十年书。先生，您受累了！

笔者：你过奖了！周易是群经之首，是最难学通的一部经典。我刚才讲的，都是周易的有形的东西。至于周易内蕴的无形的东西，往往只可意会而难以言传。借用程颐的话来说："……所谓《易》者，果何如哉？！"

你看，天已经晚了，新月已经在东方的晴空上升起……

芳子：水面上金光潋滟……，东湖真是美极了……。

笔者：该是回去歇息的时候了。我们的《易苑漫步》暂时告一段落，以后再继续谈，好吗？

芳子：十分感谢！您太辛苦了。再见！

笔者：再见！

转瞬之间，夏去秋来。金风瑟瑟，黄叶飘飘。谷物成熟，瓜果飘香。这是一年间，人与天地奋斗，取得收获的季节。这时候，在清爽的大气中悠然漫步，边思考边谈学问，最令人心旷神怡。早餐后，笔者和芳子，沿着武当山后山幽雅的小径，信步而行，继续漫话周易。

人谋、鬼谋，先人后鬼

芳子：孔子在《系辞》里谈到聪明睿智的圣人，依据天地的形态与规律，作《易》用《易》而成就伟大的功能时，曾经提出"人谋鬼谋，百姓与能"这样的命题。"人谋"的意思倒明白易懂，但"鬼谋"是什么意思，具体内容是怎样的，人们的见解却不完全一样。对"百姓与能"的解释，也是这样。您的看法是怎样的呢？

笔者：关于这个问题，我首先要告诉你的是，"鬼谋"这个字眼并不是孔子创造的。孔子出生以前，它早就出现了。记载上古时代政治言论的《尚书》洪范篇里就说过："汝则有大疑。谋及乃心，谋及卿士，谋及庶人，谋及卜筮。"前三句的人心、卿士和庶人，都属于人，侯王遇见重大事情，疑而不决的时候，在内心里策划，和近臣商讨，或征求普通百姓的意见，找出解决办法，这就叫做人谋，就是同人商量的意思。最后一句的"谋及卜筮"，则是：经过人谋之后，仍然疑而不决时，便通过龟卜或占筮在人谋之外，寻求答案。也就是由专职的神巫之中的所谓太史、太卜之类，凭借灼龟甲、看裂纹，或摆蓍草、观卦象的方法，和茫茫宇宙间无声无形的玄妙而超人的，暗中掌握人类命运的神秘力量——鬼神相联系，咨询办事方策，这就叫鬼谋。换句话说，就是人力所不及时，向超人的鬼神讨主意。人谋的结构是"君——心、君——臣、君——民"，鬼谋的结构则是"巫——龟筮——鬼神"。

芳子：且慢，这里出了问题。"鬼谋"的意思是"谋之于鬼"吧？怎么又说向鬼神讨教呢？鬼神恐怕不是同一个东西吧！

笔者：问得好！当然，分开来说，鬼就是鬼，神就是神，不是一个概念。但在中国上古时代的语言表达方式中，往往把相近的两个概念，用一个来代替。比如妖和魔不尽相同，但有时为了行文的简洁或音韵的要求，只说一个也可以代替一双。为了表达的明确起见，有时就写成鬼（神）妖（魔），以免误解为苟简。这个问题，下面还要涉及，这里暂且放一下。

芳子：还有个疑问，请您顺便指教。既然中国古代人认为鬼神有主宰命运的超人力量，可以为人决疑，那么谋划大事的时候，干脆直截了当地问鬼神，岂不迅速又省事？何必先搞不一定可靠的三层结构的人谋干什么，岂不是多此一举？

笔者：历史事实表明，事情没有这么简单。人类对超现实的莫明其妙而又令人恐惧的神秘的宇宙力量"鬼神"，从完全迷信的心理逐渐发展到相对迷信的心态，这中间有个变的过程。鬼神的情形，也是这样。举例说，殷人信神（帝）信鬼，有事必谋于龟而后行动。但周革殷命之后，世道大变，神鬼观念也自然发生动摇。周人对天命的信念也逐渐发生变化，《诗经》中不少怨天尤人的诗篇，可以作证。鬼神迷信的动摇，也表现在大事的谋划方面。这里，我们不妨看看具体的史实。史实明确地告诉古人，龟卜也罢、占筮也罢、其他杂占也罢，谋之于鬼（神）的结果，都是或准或不准，鬼（神）的答案有时对，有时不对，只是大概如何。用今天的术语来说，鬼谋的效果，只是一种概率而已。

举例来说，武王伐纣之前，曾由史官进行鬼谋，结果是"大凶"，并且临战又发生了暴风骤雨，与会的大臣与诸侯，都感到恐惧而认为是不祥之兆，只有军师姜尚"不听邪"，决然而起，"推蓍蹈龟，而曰：枯骨死草，何知吉凶！"（《论衡·卜筮篇》）

他坚决打破迷信，进军伐讨，终于大获全胜。又如：《左传》记载，晋献公想娶骊姬为夫人，进行卜筮。龟卜说凶，筮占说吉，同是问鬼神而答语不同，令人无所适从。打开古史看看，这种"鬼谋"不可靠或答案相反的事例，比比皆是。在这种事实的碰撞下，人们当然就降低了对鬼谋的信从。铁的事实教育迷信鬼神的人们，人谋的功能大于鬼谋，使他们不得不把人谋放在第一位，先人而后"鬼"。

芳子：这么说，周易也是鬼谋的工具啦？！

笔者：所谓"辞、变、象、占"，周易的四大内容，占是其中之一，而周易全书就是以占筮的形式蕴涵其他三大内容的。单说它是鬼谋的工具，并不恰当。因为它的观卦占断，和龟卜以裂兆观吉凶的情形，大大不同。周易的占，是以辞、变、象为基础，为前提的占，而辞、变、象三大内容的综合，则是天人之道的结晶，也是圣人对宇宙人世法则认识的结晶，它可谓周易当中的"人谋"部分，属于《系辞》所说的"知以藏往"。而"占"这个部分不过是《系辞》所说的以"藏往"为前提所作出的"神以知来"。从历史史实来说，作为决疑的鬼谋，周易也类似其他占卜，往往出现吉凶不定的两可占断。或者占而不验。——虽然，周易的占断，从它的出发点到功能，是只讲吉凶而不讲祸福的。

芳子：那么，"圣人成'能'。百姓与'能'"的"能"，具体是指什么说的呢？

笔者：这里所说的"能"，由两个方面构成。孔子说过：周易是："冒天下之道，如斯而已。"所谓道，就是天道、地道、人道。用今天的话来说，那便是指导人们思想行动的法则、知识、经验和教训，

《系辞》所说的知以藏往的"知"，就是指这些说的。作周易的圣人把已有的"知"蕴于其中，这是"易能"的头一个方面，是基本方面，本质方面。其次周易以占筮的形式容纳这个"知"，并能应用占筮的方法，以"知"为基础，推断并预测正当事情的未来。这是"易能"的两个方面，是非本质的占测方面。《易》的这个"能"（功能）是圣人法天则地而创成的，这叫做"圣人成能"。这个"能"，不仅王公卿士可以利用，庶人也可以利用。王公卿士可以利用它解决修身、齐家、治国等的疑难问题；庶人的修身、齐家、行事，同样也可以用周易的"能"作指南。换句话说，从上到下，天下一切人都可以参与利用圣人所造成的这个周易的"能"，这大约是"圣人成能"和"百姓与能"的本义。当然，这是说法之一，也有其他说法。例如《周易集解》引朱仰之的注解，认为《尚书》洪范篇所说的王公做大事之前，先要搞人谋，"谋及卿士，谋及庶人"。然后再"谋及卜筮"，是为鬼谋。

"百姓与能"的意思就属于"谋及庶人"，把发挥周易的功能排除于普通百姓之外。这个说法，作为参考意见可以成立。可是我总觉得它和《系辞》"天地设位，圣人成能，人谋鬼谋，百姓与能"的原文扣的不紧。前后两个能字，有断线之虞。所以我不采取朱氏的说法。总而言之，周易的功能既包括人谋，也包括鬼谋，而以人谋为主。同时你要记住，周易的谋，无论人谋或鬼谋，都是为君子不为小人，为正事不为恶事。这是周易其书超过任何占书的优越的倾向性。这一点，在别的文章里我还要详细探讨，这里就不再细说了。

周易无鬼神

芳子：大家都知道，周易本经里没有一个神字，根本不触及鬼神问题。有三个鬼字，一个是《睽》卦上九爻辞："《睽》孤。见豕负涂，载鬼一车。先张之弧，后说（脱）之弧，匪寇，婚媾。"大意是说，上九以阳刚之体处于《睽》的极点，孤独之甚，对六三的阴体，妄生猜疑，仿佛六三是一头背负泥巴的脏猪，又像满车的恶鬼，形象丑陋。疑恨之余，先要张弓射之，后来感到不对，又放下弓箭，因为他发现六三不是仇寇，而是婚媾的对象。这里所说的鬼，是所谓疑心暗鬼，是妄想的影像，不是所谓鬼神的"鬼"。另外，《既济》卦九三爻辞有"高宗伐鬼方"的字样，那是地名，与鬼神的鬼不是一回事。所以，就本经来说，八八六十四卦没有一卦的主旨是讲鬼神的，或者是讲祭祀鬼神的。所以我认为周易实在是一部无鬼神而讲求鬼谋的奇书。这么说，行不行呢？

笔者：基本上可以这么说，古往今来的易学界，大都有这样的看法。当然，另一面，我们也不能用科学昌明的现代目光去衡量三千年前作成的周易。比如祭祀问题，古人自然是用来祭鬼祭神，求取护佑的。周易里就有七处关于祭祀的爻辞，但却完全是为了隐喻的借用，目的并不在于宣扬祭祀与鬼神。举例来说，《损》卦卦辞有"二簋可用享"的句子。二簋是祭品中最简约的祭礼。意思是说，简约的祭礼也无妨用来祭祀。这是借用二簋之礼做比喻，这里的祭礼只是比喻，说明办事的损过就中之道，如同祭祀一样，只要诚心诚意，即便最简约的祭品，也无妨碍。这是借用祭礼作资料，表露《损》卦的卦义，与祭祀鬼神本身没有直接的关系。

芳子：那么，《大有》卦上九爻辞"自天佑之，吉无不利"的"天"，就不是指鬼神说的啦！

笔者：是的。那个天是自然的天，不是天神的天。下面还要细讲，这里先不去说它。不过，这是就《易》学专著讲的。在《易》学专著之外，却不能这样讲。例如郭沫若的《中国古代社会研究》，就唱出反调，而且调门很高。他开口就说："易经是古代卜筮的底本"，把周易看成"就跟我们现代的各种神祠佛寺的灵签一样。"这个说法，类似朱熹。朱熹的语言是："《易》只是卜筮的书，藏于太史太卜，以占吉凶。""往往如今之杯珓相似

耳。"杯珓是一种竹木制成的占具，掷在地上，看它的正反来测定吉凶。郭氏的态度就比朱氏更坚决，更彻底。郭氏进一步以斩钉截铁的语气断定："易经全部就是一部宗教的书，它是以魔术为脊骨，而以迷信为其全部血肉的。"至于魔术何在？迷信何在？郭氏举出下列四个爻辞作为立论的根据，让我们一个一个地作一下分析。

"舍尔灵龟，观我朵颐，凶。"（《颐》初九）

"或益之十朋之龟，弗克违。"（《损》六五）

"自天佑之，吉无不利。"（《大有》上九）

"用享于帝。"（《益》六二）

仔细推敲，郭沫若所列举的这四条根据，没有一条能证明他上述断语的正确性，甚至与他的断语风马牛不相及，下面逐条加以说明。

第一条是《颐》卦初九爻辞，《颐》卦主旨是讲颐养之道。灵龟、朵颐都是比喻之象，意为初九阳刚的才智，比得上灵龟的智慧，足以自养其正，不必求养于外。但它居

于动体（震），贪饮躁动而求养于六四，四为阴体，阳本应养阴，今却反而求养于阴，是"迷欲而失己"（程颐《易传》），不走正道，所以凶。全文完全是用养生比喻养性，和天神迷信无关，更与宗教毫无瓜葛。

第二条是《损》卦六五爻辞。《损》卦与《益》卦为相反相成的统一体。《损》卦的主旨是损下益上，《益》卦的主旨则是损上而益下，恰好相反。损下益上，似乎在上者得益，实质上则受损，因为下是上的根，损根必危上。所以损下益上是在上者的损道。六五爻当然也是贯彻这一义旨。六五爻以中居尊位，与在下的九二爻阴阳相应，它的象义是，当政者如能虚中自损，顺应下面的贤者，必然获益。纵然"十朋之龟"（最贵的神龟）卜而决之，也不能违背损上益下而受益的道理，所以获得"元吉"（李道平《周易集解纂疏》引崔觐的话）。《损》《益》二卦蕴涵深刻的政治规律和辩证思维，既无骗人的魔术为脊骨，也无鬼神的迷信为血肉，当然更与宗教风马牛不相及。如若看见灵龟、十朋之类的比喻，便联想到宗教和鬼神，恐怕是未之深思的率尔论断。相反地，"十朋之龟弗相违"（神龟之卜也不能违反规律）的爻辞不但没有宗教色彩，反而意味着义理胜过鬼神，倒有反迷信的意味了。

第三条是《大有》卦上九爻辞。这卦的主旨是讲人于盛大富有的成功之际，如何因应居处的原则。上九以阳刚之体居一卦顶端，是"大有之极"。物极必反，是引起警惕的爻象。但上九所处，是无位之地，清高在上，不与世争，又是"不居其有"的爻象。所以能顺宜大道（自然规律），持盈不溢，必将受到天佑（自然规律的帮助），故而吉无不利。这卦的象是火在于上，明照万物，呈现盛大富有的气象。"柔（六五）居中，五阳应之，居尊执柔，物之所归"（程颐《易传》），这是《大有》全卦的卦义。它的主旨全在于人事法则，不属于宗教、鬼神迷信的范畴。真正认清它的精神实质以后，只会增强人的理智，减少盲目性。另外，关于《大有》卦上九爻的爻辞"自天佑之，吉无不利"的涵义，孔子早已在《系辞》中作了又明确又恰当的解释。他说："佑者助也，天之所助者，顺也，人之所助者，信也。履信思乎顺，又以尚贤也。是以自天佑之，吉无不利也。"这里所说的天，并不是什么天神、天帝，不是指超现实的具有人格的世界主宰，而是指大自然及其运行规律说的。这段话的大意是说，佑，是帮助的意思。天所助的，是顺而不逆的人。人所愿助的，是真诚信实的人，既能履行诚信，又能不忘记顺应天道，并且尊重贤德的人才，所以会得到天的帮助，吉祥而无不利。当然，这段话直接是阐明上九、六五以至九二等爻之间的关系，但它的义理也适用于普遍的人际关系。孔子对"自天佑之"的解释，是依据天人合一的原理。天人合一，天人一理，所以言天便是言人。什么人会得到天（客观规律）的帮助呢？只有顺而不逆的人，也就是顺应天道（自然法则）而不违反天理的人，才能如此。人道也是如此。人们愿意帮助的，是真诚信实，不欺不诈的人。这样人执政，又能尊重贤才，自然事业顺利，如同获得天助。换句话说，天助是顺应天道，丝毫也嗅不出鬼神的气味。而且，从根本上讲，"自天佑之，吉无不利"云云，是对《大有》卦主旨范畴内六爻之一的上九的地位以及与其他有关的爻之间关系的比喻性解释。如若离开全卦的情境与义理，单讲这句话，那就脱离了周易的实际，变成另外的问题了。另外，退一步讲，假定这个天佑，即使是上天保佑之意，以历史的眼光来看，也只是当时一般的社会意识，还谈不到什么宣扬鬼神。更何况，周易出现时的殷末周初，天（神）的权威已经动摇，怨天尤人的思想已经流行起来。

第四条属于《益》卦六二爻辞。郭氏勾掉前三句，只留下末句，勾掉了"或益之十朋之龟，弗克违，永贞吉"，留下了"王用享于帝，吉。"使整个爻辞，意义残缺，从而断章截句，取其所需。可谓攻其一点，不及其余。以点代面，真伪难辨。

就序卦来看,《损》卦和《益》卦是一先一后的一对儿,《损》卦倒过来就是《益》卦,《损》卦的六五爻相当于《益》卦的六二爻。《损》《益》的不同之处是,《损》卦的受益者是在上位的六五爻,《益》卦的受益者是在下位的六二爻。六二爻中正柔顺,虚心自持,又得到处于尊位的九五阳爻相应,具有这么良好的体性和地位,自然会得到外界的帮助而获益。所以爻辞说:"或益之。"是说有人来帮助它。又说:"十朋之龟,弗克违,永贞吉。"就是说,这一点是毫无疑问的,即使用最珍贵的灵龟进行占卜,结果也不能违反。但六二爻究竟是阴柔的体性,虽然具有那样的有利之处,也必须永久保持贞固的恒心而不动摇,才会获得吉祥。爻辞最后一句"王用享于帝,吉",并非单是君王祭祀天帝而吉祥的意思,它是说,君主如用六二爻这样的人臣来主持祭祀天地的典礼,必获得吉祥。这是隐喻性、象征性、借譬性的语言,并不是直接的陈述。总之,《益》卦的主旨与《损》卦正相反。《损》卦认为,损下益上、削弱根基是损道,所以卦名叫《损》。《益》卦则认为获益之道是损上益下,本固而邦宁。所以把损上益下的卦象叫作《益》卦。早期儒家的德政、仁政思想,与此卦的内涵具有一定的联系。这是《益》卦主旨的精义。至于"十朋之龟"和"用享于帝"云云,不过是为了强调获益之道所作的修辞比喻,都不是宣扬鬼神。六二爻辞虽有灵龟之辞,但不是讲龟卜如何灵验,反而是说灵龟占卜也不能违反有德者获益的法则。爻辞虽有"享于帝"的句子,但并不是讲祭祀如何灵验与受益,道理是清清楚楚的。倘若周易认为卜筮和祭神是受益之路,那么,《损》《益》二卦的卦象和卦爻辞必须从根本上完全改动。那样一来,就不是周易了。

芳子:这样看来,郭氏从周易中摘取下来的四项爻辞,都是表达某种人间道理的资料,都是人道的附属品,不是宣扬鬼神和迷信的文辞。郭氏说周易是上古卜筮的底本，这个我说不清楚。但他说周易就和今天庙里的神签一样，我可觉得不对头。

笔者：周易是不是上古时代的占筮书呢？这一点，比较麻烦。三言两语也说不清楚。将来我还要详细论述，这里暂时不多说。为了方便，我想无妨先借用一下四库全书总目提要的话，它说："圣人觉世牖民，大抵因事以寓教。《诗》寓于风谣，《礼》寓于节文，《尚书》《春秋》寓于史，而《易》则寓于卜筮。故《易》之为书，推天道以明人事者也。"据四库全书主编看来，周易是推求天道（宇宙的法则），借以开明人事（人间的法则）的一部书，这是它的内涵，它把这个内涵寄托在占筮的面貌中。全面实际地探究起来，四库全书的观点大体上是正确的，可以说是权威性的评语。照此看来，一部以讲求天人之道为主要内容的卜筮形式的书，怎么能够和今天庙里肤浅的神签相提并论呢？不要说今天的签语之类，就连周易之前风行千余年，曾经极有权威的殷商卜辞的单纯而肤浅的词语，也根本够不上与周易相提并论。那些只供卜问吉凶祸福的龟兆及其测语，早已进入考古的博物馆，断了人间烟火。但被郭氏说成只是卜筮底本和类似迷信的神签的周易，三千年来直到今天，却仍在学术的殿堂中和人们的生活中生生不已。龟卜神签之类只讲吉凶祸福，并不讲义理，周易却饱涵义理，依义理推吉凶。龟卜神签的预测，不问好人坏人好事坏事，周易的占筮却不为小人谋而为君子谋，为好事谋而不为坏事谋，等等，等等，差别极大。总而言之，周易较之神签及其他杂占，不但是深浅不同、层次不同，而且性质根本不同。周易不是仅仅占问祸福的小术末技，而是一部六经中最难懂的哲理书。自古以来早有定论，不必啰唆。

芳子：既然这样，可不可以简而言之，说周易是一部讲大道理的卦书，其他神签杂占之类只是占卜吉凶的卦书呢？

笔者：大体上也可以这么说。其实，这个意思古人早已说过。宋代的数理派易学家邵雍就有这个看法。他说过，占卜若不讲义理，就流入微末的小技。这个话，可能是他的经验谈。汉代京房的《易》学就是这样，玩弄象数，造出八宫卦说，专推体咎祸福。流传下来，发展为后代的《火球林》（文王课），沦为街头巷尾占问命运的肤浅占术。这一点，凡是学过真正的周易，再会摆弄占卜的人，恐怕都会有切身的同感。

芳子：可是我总觉得，卜筮本身就是相信鬼神的预告，祭祀也是相信鬼神的赐予，二者都是相信鬼神的存在，这不是迷信是什么呢？周易虽然是以大道理为主要内容，占筮是它的次要内容和表现形式，但它究竟是卜筮之类，并且其中也有关于祭祀的资料，似乎总不能说和迷信毫无瓜葛吧？先生，依您说呢？

周易不迷信鬼神

笔者：好，这个问题提得相当尖锐！但讲起来十分繁杂。长话短说——在三千年前的上古时代，科学还处于幼儿阶段，人类对左右命运的大自然的威力，既恐惧又不理解，便以超现实的幻想虚构出鬼神观念，这是早期社会意识发展的必然的合理状态。你仔细想想，不要说上古，就是科学昌明的今天又怎么样？面对茫茫的未知世界，人类中相当大的部分仍然感到头昏眼花，莫名其妙。相信鬼神、半信半疑或存而不论的人，比比皆是。以彻底无神论唯物论的标尺来衡量上古时代的社会意识，那是违反历史的，好像用今天的汽车来衡量古代的马车似的。说严重些，这类似自欺欺人的行为。周易中有几处引用祭祀的资料，拿当时的社会意识来看，是习以为常的合理现象。我们从来没有听任何人说过，《尚书》《诗经》《礼记》《春秋》等经书，因为含有许多祭祀鬼神、赞颂天神的内容，因而属于迷信书籍。何况，前面讲过，祭祀的资料，并不关系到周易的主题。所以郭氏举出祭祀的爻辞，据以证明周易是迷信的书，在逻辑上是犯了"推不出"的错误。说个笑话，这好像——

芳子：瞎子摸象？

笔者：大概是属于见树木不见森林吧！至于说周易是卜筮书，难与迷信脱离干系一点，前面已经作了解释，但还不够，这里只好再深入说一说。第一：卜筮的目的也不全在于向鬼神问休咎。《礼记·少仪问》说："卜筮者先王所以教人去利怀仁义也。"周易就是这样一种卜筮的书。朱熹有句话说得很对，他在《易象说》里讲，"直据辞中之象，以求象中之意，使足以为训戒而决吉凶。"《礼记》说"教人去利怀仁义"，朱熹说"以训戒决吉凶"。孔子则说得更深刻，在《系辞》中他断言："夫《易》，开物成务，冒天下之道，如斯而已者也。"张载的结论更清楚，他认为周易是人生的"法律之书"，也就是立身行事的准则，如此等等。从古到今，没有哪一个易学家说周易是迷信鬼神的卜筮书。其次，也是最根本最重要的，是周易的本质。《庄子》的名言是，"《易》以道阴阳。"就是说，周易的本质是讲阴阳变化之道的一部书，司马迁在《史记·太史公自序》里又补充说："《易》以道化。"他认为周易的主旨是讲阴阳变化。这两句话道破了周易的根本性质：它是十足的哲理书，不是讲迷信鬼神的占卜书。

周易焉能成为宗教

芳子：既是讲义理讲变化的卦书，不是宣扬迷信鬼神的书，那么，怎么能说它"全部就是一部宗教上的书"呢？郭沫若的话，真令人费解！

笔者：是这样。我反复思索，始终不明白他为什么离开周易全经的卦象、辞，乃至卦序，离开它的整体机制与主要内容，离开它的基本思想与主导功能，一口咬定它全部是宗教上的书呢？这么大的学者竟而作出了这么大的武断，实在令人莫名其妙。

要弄清周易是否是宗教上的书，需要先了解宗教的界说。什么是宗教？宗教是一种社会意识，它起源于原始社会的末期。因为原始人对大自然的威力恐惧和无知，便通过幻想虚构出超自然的具有人格的神灵。遇到困难，便使用祈祷、祭献、巫术等活动向神灵求助，从而成了一种宗教。先是自然宗教，有图腾崇拜、灵魂崇拜、万物有灵的崇拜，然后发展成为多神教，最终产生了一神教。自古以来，中国的许多民族创造了各种各样的神灵和形形色色的宗教。传统文化中最大的宗教是道教、佛教。前者是土生土长的，后者是印度传来的。但在周易兴起的殷周之际，这两大宗教还没有出现。从传说的伏羲画卦，经《易》象形成的初期，直到文王重卦和缀以文辞，在周易创成的时代，中国大地上只有自然宗教一类的东西，还没有产生汉代以后那样形态完备的真正的宗教。但它的本体已经具有宗教必备的四大要素：信仰、教义、仪式和组织。殷周时，人们在神灵理论的支配下信仰天帝鬼神，崇拜祖先、灵魂，并在一定的群体组织中进行祈祷、祭祀和巫术活动，求助于神灵。这便属于宗教活动的早期状态。卜筮活动是巫术的一种，是求问于神灵的所谓鬼谋。但是，单就卜筮来说，却不能把它看成宗教活动，正如单做祈祷或祭祀也不等于宗教活动一样。

周易是一部哲理书，有占筮的形式和功能，但就其机制和内涵来说，它是不是在宣扬神灵的信仰，为某种宗教提供教义的理论呢？如果说它"全部是宗教上的书"，那么它所崇拜的是什么神灵呢？图腾崇拜？不是，没有那个内容。是祖先崇拜、灵魂崇拜还是物灵崇拜？也不是，它的基本思想不是这些东西。那么，它的主要内容的本质是什么呢？前面说过，今后难免反复地说，它是讲阴阳变化的哲理书，是"大皆论修身之道"（顾炎武《日知录》）的伦理书，在这个前提下，才可以说它是卜筮书，是以人谋为基础的卜筮书。如果说它表示信仰和崇拜，那就不是信仰和崇拜天神，而是信仰并崇拜以阴阳变化为基础而运行的天道、地道和人道，也就是宇宙和人世的运动法则。孔子讲得最好，他认为天地是周易的蓝本，周易是效天地而作成的。《乾》（天）《坤》

（地）是周易的底蕴、门户，《乾》（阳）《坤》（阴）交变，产生六十四卦，从而表现出天地万物运动的种种情态。从一定意义上讲，周易始于《乾》《坤》，中经《坎》《离》《咸》《恒》终于《既济》《未济》，是这样一个包络天地、水火、男女、人事各种世界关系的巨大网络，也无妨说，它就是世界的简要缩影。

另外，我们还可以深入一步，从思维的角度作一下观察。台湾有的学者说，上古时代欧亚两洲出现了两部思维科学的巨著。一部是古希腊人亚里士多德创造的形式逻辑，另一部则是中国古圣创造的辩证思维逻辑（周易），双花争妍，成为人类思维结晶的巨大成就。说得很对。当然周易的辩证逻辑具有人类思维发展的早期性和素朴性，尤其在表达上具有很严重的模糊性和含蓄性，但它的体系的完整性，象数的灵活性、文辞的形象性，以及义理的渊奥性，却独放异彩。有些地方，我认为甚至超过了现代的所谓辩证逻辑。举个简单的例子，我认为周易的阴阳互根互变的运行规律，以图像（数）显示就比现代逻辑用矛盾统一律的语言来描述，要更深刻、更形象、更亲切。周易的阴阳学说，一直广泛应用于天文、地理、气象、医药、政治、兵法等等领域，运用起来，既方便又合适。历史实践证明，周易在逻辑学中确实有独具一格的优越性。这些道理，一时间也说不完全，以后咱们慢慢再谈。总之，仅从思维的逻辑成就来看，周易也可以说是一部理性的杰作。

综合前面所说的情况看，周易这本经书无论从体系上内涵上性质上乃至逻辑思维上，都看不到信仰、教义、教仪乃至教律之类宗教所必备的东西，也看不到图腾崇拜、祖先崇拜、物灵崇拜或灵魂崇拜、神灵崇拜乃至多神教、一神教的影子。换句话说，虽然周易也讲占筮，但如果从总体上认真探究，就不会从中引导出任何关于宗教的结论。硬说它"完全是一部宗教上的书"，实可谓不知何所据而云焉。和郭氏的观点相反，我则认为周易不但不是一部宗教上的书，而是一部对宗教起反作用的书。凡是宗教，不管哪一种，它的核心都是主张天神创造世界，或主宰世界，都崇拜超自然的具有人格的鬼神。可是周易却与此相反，虽然它的内涵"包装"在占筮的外形之中，但它的机体结构和精神实质是在表明，创造和支配世界的是大自然的天与地、天的阳气和地的阴气交融互变，就产生了以天（乾）地（坤）为首的水（坎）火（离）雷（震）风（巽）山（艮）泽（兑）等八种代表性物质，成为构成周易机体的素材，就是所谓八卦。八种物质的交融互变，就演变成世界万有，包括男女、夫妇、父子、君臣、尊卑等家庭、政治、伦理结构。表现在周易的图像上，就是六十四卦。这是孔子对周易性质的认识，记载在《序卦》之中。这个认识是符合周易的基本内容和精神实质的。周易的这种思想是说，大自然创造万物，创造人，使人得以创造家庭、政权乃至伦理关系。这种自然造人、人造社会的哲理思想，同天神创造世界、主宰万物的宗教思想，不是恰恰相反么？！虽然从历史演变来看，周易的素材也遭到后代道教及某些杂教的改造和利用，但周易的本体，客观上却含有和宗教唱反调的性质。所以，它的思想受到不讲怪力乱神的孔子的尊崇和吸收，乃至被尊为儒家的六经之首，高踞于封建社会国家哲学的崇高地位，是有其合理的内因的。顺便推衍一下：有的学者（大概是范文澜）说，中国之所以没有像印度、欧美那样，成为几乎家家信教的宗教国家，原因之一是，在传统文化和民间思想中，儒家入世的伦理思想占有支配地位，对神道的宗教思想的传播，起到了一定的免疫作用。这种说法有一定的道理。周易是儒家思想的基石，它的非宗教性，两千年来沉入传统文化的积淀之中，也许不知不觉地对宗教的天神信仰起到些免疫作用吧！不过，这是指本来的周易说的。至于汉代的象数派易学，舍弃周易的义理内容，专搞它的形式方面、卜筮方面，如京氏易，大讲占候，妄言灾异，近于神怪的谶纬之术，那是乖离了周易的本来面目，步入邪路。那不是我们这里所讲的原来的周易,而是周易的遗传的变种,就性质来说,根本不是一回事。

周易不是魔术和木乃伊

芳子:听您的讲述,我不知不觉地想起一件事。神话学告诉我们,远古时代几乎东西方都崇拜太阳神,崇拜太阳神是原始的自然宗教的重要内容。我们日本人崇拜的天照大神,就是太阳神。据说伏羲就是大曦,黄帝就是光帝。还有炎帝、太昊等等,都是太阳神的名称。可是,周易中的《离》卦虽然象征太阳的光明,《火天大有》卦表示明日高悬于天上之类;但所取的象仅仅是自然的太阳,或人间的火(《离》),丝毫也没有神灵的意味。从这一点上也可清楚地看到,周易不但不是宗教的经书,而且连远古时代普遍存在的太阳神崇拜这种自然宗教的遗迹也不存在。这是我听您讲话时产生的一点感想,您看是不是也有些道理?

笔者:是的,很有道理。这虽是个孤独的例证,却是很有力量。更重要的是,它告诉我们,探讨文化思想问题,不应就事论事,必须拓宽视野的跨度,从历史传统上广泛联系有关现象,才能避免以点代面,才能对问题的实质作出正确的论断。可惜,郭先生对周易性质的论述,未能达到这样的高度和深度。他对周易的评论,似乎带有政治大批判的气息。说什么周易"以魔术为脊骨,以迷信为全部血肉",等等。所谓魔术为脊骨,当然是指《易》象的结构,指阴阳八卦及其衍生的六十四卦体系及其千变万化的形态。这些《易》象的结构及其交叠变化,在易学界,无论是义理派还是象数派,都认为里面蕴涵着阴阳之道的学问,从未听谁说过这是迷信的魔术。更进一步,郭氏的大批判,甚至把至今仍然生机勃勃的周易说成里面"全是泰古时代的木乃伊的尸骸",这不禁使人回想起"文革时期"的"魔术"和"迷信"。

芳子:郭先生的大批判很彻底,您的反批判也很彻底。真是真理愈辩愈明，令人获益匪浅啊！

笔者：这是过奖了。其实，有些问题似乎还没有说清楚，还要重复补充一点。那就是，如果由于周易是占筮书，而占筮总是诉之于鬼神的，因此就把周易贬斥为迷信的魔术，这也是一种未经深入探究和思考的粗浅之见。这里有两点需要说明。

第一点：我们知道，占卜原来属于一种巫术，它和宗教一样，是人类早期文化发展的必然产物。那时生活的压力迫使先民不得不在物质力量解决不了的问题上发挥精神力量，向昏茫而可怕的神秘世界去探求答案。这一类精神力量的冲击，叩响着文明社会的大门。这样，作为原始社会巫术一部分的占卜，作为文化发展不可或缺的现象，在上古时代是有它的历史意义的。固然，从今天的科学观点来看，它属于迷信活动，但原始人都是迷信的，迷信是所有原始人的社会意识，不能因为否定迷信而否定原始人的社会意识。何况在巫术中，占卜术虽是鬼谋而生命力却极顽强，它的概率的机遇性，使人们难以彻底摆脱，时至今日还没有完全退出历史舞台。作为一种文化现象，在上古的历史上不应轻易地加以抹杀。

第二点：前面反复说过，周易和卜辞及其他杂占性质根本不同。它不是单讲鬼谋，而是人谋的内涵、鬼谋的形式。用辩证法的观点来分析，那就是：阳为人谋，阴为鬼谋。在阴阳两个对立面的统一体内，阳为主要方面，内涵方面；阴为次要方面，形式方面。而事物的性质是由对立面主导方面决定的。所以说，周易的占筮，是依于人而不是迷于鬼。

前面啰啰唆唆地讲了一大堆，归结起来，无非是说，周易不是单讲鬼谋的占卜术，不是崇拜神灵的宗教书，不是迷信，也不是魔法，更不是木乃伊的尸骸。……

芳子：是一部占筮面貌的哲理书。

笔者：结论就是这样。

芳子：关于周易的人谋、鬼谋及其性质问题，经先生讲解，我已经完全明白了。不过，周易和鬼神的关系，似乎还有进一步深入探究的必要。周易原文中没有神字，没有讲神的卦。但周易号称"《易》历三古，人更三圣"。上古伏羲画卦，中古文王演卦缀辞，近古孔子解说（十翼）。在孔子解释周易的《系辞》《象传》《文言》当中，鬼神的字样却出现了五次。神字出现的更多了，据统计共出现了二十二次，其中单独出现有十六次之多。可见，鬼神这两个概念，和周易的内涵似乎有相当密切的关系。——尽管周易本身不是讲鬼魂神灵的宗教书！

什么是鬼神

笔者：这是个相当麻烦的问题。要想解决这个问题，必须弄清以下三点：

（一）鬼字神字的意义是什么；

（二）孔子对鬼神的观点和态度是怎样的；

（三）孔子解《易》，在什么意义上使用鬼神二字。

什么叫鬼，古人的解释很明白。《说文》说："人所归为鬼。从人象鬼头，阴气贼害。"什么叫归？《尔雅·释训》郭瑾注引《尸子》："古者谓死人为归人"。《礼记·祭法》说得更干脆："人死曰鬼。"古人把人从世间归去，即死去，说成是"鬼"。所以殷代甲骨文鬼字的象形，是脸上盖着个东西的尸体。如若除去灵魂离体的观念，鬼字可谓表现出上古人对死亡的质朴的思想。这大约是鬼字的原始意义。

什么是神？古人的说法就离开了人。依据《尚书》《国语》等的

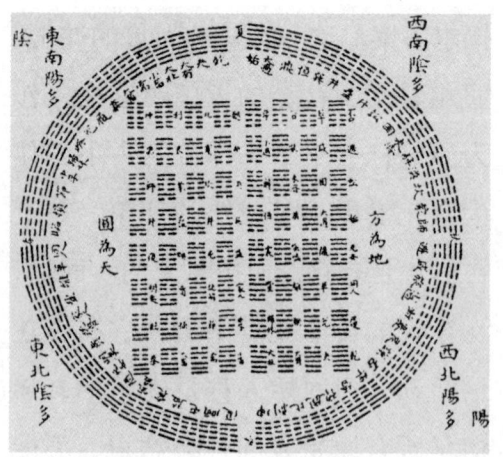

先天图，出自宋·王湜《易学》。此为伏羲易图，本无文字语言，卦名也是后人所添

记载，在上古以火纪时的年代，人们认为天上的主宰者是神，《说文》说神是天神，是"引出万物者也"。注释说："天地生万物，物有主之者曰神。"《说文》这种解释，恐怕是依据上古流传下来的观念。但这种观念还不是最早的，最早的是万物有灵的观念。《礼记·祭法》所说的"山林川谷丘陵，能出云，为风雨，见怪物，皆曰神"。这是一种泛神论的观点。最有趣的是，天间的神和地下的鬼不知什么时候开始，竟而统一到人的身上。古人有个说法，认为人的精气分为两部分。《大戴礼》中说："阳之精气曰神，阴之精气曰灵。"注释说：人死之后，"魂气上升于天为神，体魄下降于地为鬼。"这种观点可能是在人为万物之灵的灵魂不死的思想基础上产生出来的。所以，"鬼神其盛乎""鬼神之所赏""鬼神之所罚"云云，比比皆是。有时说鬼，也包括神在内，如墨子的《明鬼》篇讲鬼也讲神。这也许和人死后灵魂一分为二——阴鬼阳神的观点有一定联系。

上面所说的鬼神，就是俗间常说的鬼神，指那"视之而弗见，听之而不闻"，具有人格意识和超人威力的存在。

芳子：话说到这时，我倒想进一步提一个题外的疑问。先生，鬼神这个东西到底有还是没有？我想趁这个难得的晤谈机会，请教一下，您对这个问题怎么看？

笔者：我的回答是三个字："不知道。"说有鬼有神，找不出确实的凭证，硬要说有，是非理性的迷信。但另一方面，干脆说它没有，这似乎也找不出确实的凭证，不能认为"视之弗见，听之弗闻"，感觉不到的东西就不存在。比如病毒细菌的世界，就在人类现有的感官能力之外。费尔巴哈在《宗教的本质》里说，不存在超出人类现有感官的感觉能力。这是一种就事论事的大胆的断言，颇有强未知为已知的意味。对此还有一种看法，比如日本学者池田大作在他和英国历史学家威尔斯的对谈录中，在讨论到"未知世界"的问题时，曾说过：也许人类的先天感官，能力有限，"在一封闭的圈子中，究其所以，禁区不可能越过。"就是说，不能越过六合之外，了解宇宙的一切。这是一种类似二元论的保守观点。但我个人的想法却是，如同飞碟和外星人那样，留下不少迹象，但到底是不是真实的存在，现状下还无法断定，只好说它在有无之间，有待进一步开发智力，探索其究竟。类似的想法，其实古已有之。庄子说："六合之外，圣人存而不论。"对虚无飘渺的世外大宇，究竟是什么样子，有什么没有什么，庄子不加肯定，也不加否定，而是"挂起来"，暂时不去谈它。在这一点上孔子为首的儒家学派的观点，在传统思想中具有代表性。《论语》记载，门人季路问如何对待鬼神，孔子给他个偷换概念说："未能事人焉能事鬼？"他平时不语怪、力、乱、神，对鬼神之事避而不谈，门人樊迟问何谓"知"（智），孔子答说："务民之义，敬鬼神而远之，可谓知矣。"意思是，致力于民事，该做什么就做什么，对不可知的鬼神，应该抱着敬而远之的态度，不为它所迷惑，这就是"智"（《论语》朱熹注）。他对鬼神的存在似乎抱着两可的态度。这种观点，并不是出自孔子本身的发明。孔子是依据殷周政治、文化大变革的情况，把殷人的重巫文化和周人的现世文化作了比较，然后总结出来的。据《礼记·表记篇》记载，孔子这样说过：

"殷人尊神，率民以事神，先鬼而后礼……。周人尊礼尚施，事鬼敬神而远之。……"

一方面敬之，一方面远之。

芳子：这岂不是自相矛盾么？

笔者：孔子所以持这种含糊的态度，大概有三个缘故。一个是认识论上的原因，就是说，依据历史与现实的情况，鬼神是否存在，难以确定。孔子不是彻底的唯物论者，有这徘徊的"二元"态度，也难怪。另一个原因是政教原因，就是依据周礼的思想，搞神道设教。《礼记·表记篇》又记载孔子的话："斋戒以事鬼神……恐民之不敬也。"还有周易《观》卦象辞"圣人以神道设教"等等，都是借鬼神的俗念实行偏理教化的思想，并不是认定天上有主宰的神灵。另一个原因，更重要的恐怕是在于"殷鉴匪远"，在于殷人重神亡国的教训上。大概这三点就是孔子敬鬼神而远之的原因所在。

孔子有个名句："祭如在，祭神如神在。""如神在"是说，神不一定有，但既然祭神，就应该恭恭敬敬，好像有神的样子。后代的儒家学者多半继承了这种思想。《四书集注》引程子所说："人多信鬼神，惑也。而不信者，又不能敬，能敬能远，可谓知矣。"不信是否定，能敬是肯定，既否定其有，又肯定其有，实质上也是一种"存而不论"的两可态度。不但古人，就是今人，我看多数人内心里也不愿下断然的结论。在科学昌明，人类步入太空时代，宗教之所以仍然存在、发展，并在某些国家和地区还很有势力，这种心理上的"两可"，也许是个重要的缘故吧。

芳子：听到这里，又出现一个疑问。程颐说信神是迷惑，还有人说宗教是迷惑人的鸦片。那么，为什么当今世界上所有发达国家，多数人都信教信神。而某些不发达国家信教信神的人则比较少呢？这里，宗教与鬼神对人的智力开发，对社会发展究竟有多大的阻碍作用呢？越想越不明白，望先生指教。

笔者：你很会动脑筋，这确是个值得深思的问题。如果类比有助于考虑问题，我倒想起一件具体类似的事情。处于发号施令地位的人，特别需要警惕的是，算术式的线性思维，对复杂的社会事物，动辄以简单的推算予以处理，是不明智的。例如汉字的简化问题，显然源于美好的理想，以为简便易学，省时省劲，可以把节余的精力用于各项事业，以加速国家社会的发展。但理想毕竟是理想，有的理想是科学的合乎规律的，只要努力，可以实现。有的却不一定，只是一种一厢情愿的希望或梦想，到头来往往落空，甚至事与愿违。在汉字文化圈里，简字与繁字并存，对社会发展的影响怎样呢？简字区不但没有跑到"头马"，反而拉在后边。繁字区却一马当先，跑到前边去了。亚洲四小龙和大陆对比，不是很明显的令人困惑么？！宗教在全球的情况，也与此多少有些类似。在发达国家里，宗教这种鸦片，把多数人统统迷住，崇拜上帝的观念已深入人心和家庭。按教条的说法，消极忍让的度世思想，理应形成主导的社会意识。然而实际如何呢？恰恰相反，欧美日本这些发达国家，其主导的社会意识却是奋斗、竞争、冒险、开拓、进取的精神。何以如此？原因复杂，一时也说不清。但这件事却启示我们：整个人类社会是个包括许多子系统的巨系统。各系统之间的关联、对立、交叉、转变等无数的关系及其运动，繁杂万分，以线性的计算方法或形式逻辑的推论是不可能正确地估计出发展前景的。简而言之，鬼神观念与宗教活动，似乎既不是社会发展（包括科学发展）的反对物，也不是它的推动力。至少在现代社会是这样。比如，不少世界著名的自然科学家，同时也是虔诚的宗教徒。典型的例子是古典物理学家牛顿。他一生钻研物理，最后解释不了运动的始因，只好把上帝请出来，让上帝用"最初的一击"，造成事物运动的开始。其他如现代最伟大的物理学家相对论的创始人爱因斯坦，也是信仰上帝的基督徒。这种例子，比比皆是。由此可见，观察复杂的现象，绝不可简单从事。

题外的话，扯的太远了，就此打住。咱们书归正传吧。

易传中的鬼神

前面所说孔子对鬼神敬而远之，是指超自然的鬼神，一般人信仰的鬼神。而在他学习钻研周易之后，论述心得的时候，却在十翼中先后说出了22个神字。仅在阐释《乾》卦的《文言》中就出现了五次。另外,还在《系辞》中讲了一个鬼字,这和孔子平时讲说的基调似乎大大不同。这是什么缘故呢?应该说,孔子在论述周易精义时所用的神字(包括鬼字),和上述俗间所谓神灵的神,意思根本不同。

在孔子解释周易的《文言》、《象传》和《系辞》中,鬼神连用的字样总共出现五次。

一、二两次是《文言》对"大人"的诠释:

"夫大人者,与天地合其德,与日月合其明,与四时合其序,与鬼神合其吉凶。先天而天弗违,后天而奉天时。天且弗违,而况于人乎?况于鬼神乎?"

译成白话,大意是:"九五爻辞中所说的大人,他的德行与天地相合,他的圣明与日月相合,他施政的井然有序与四季相合,他的福善祸淫,犹如鬼神的奥妙莫测。他施政先于天,天不违背;后于天,也能顺应天的运动规律。天尚且不与他违反,何况人呢!何况鬼神呢!"

这段话的内涵是什么,其中鬼神指什么说的,这个问题,程颐是这样解释的,他说:

"大人与天地日月四时鬼神合者,合乎道也。天地者道也,鬼神者造化之迹也。圣人先于天而天同之,后于天而能顺天者,合乎道而已。合乎道,则人与鬼神岂能违也?"(《易传》)

程颐是义理派易学集大成的学者。在他看来,孔子在这段话里所说的鬼神,是天地的运行规律在创造化育万物时所表现的一种功效,并不是宗教上的超自然的存在。他这个说法虽然受到朱熹的批评,说他的"鬼神者造化之迹"之说"固好,但浑沦在这里"。不如张载的"鬼神者二气之良能也"之说"分明,便见有个阴阳在。"阴阳二气"屈伸往来","一伸去便生许多物事,一屈来更无一物,便是良能功用",鬼神就是阴阳二气的良能功用(《近思录集注卷一》)。尽管这样,但伊川之说,却把超自然的神秘莫辨的鬼神,用"造化之迹"一个词语,拉回到自然功能的怀抱,成为质朴易解的概念。就这一点来说,它虽不及张载之说具体些,但不失为有力的创新,有一定的影响。明代学者来知德所说的"鬼神者造化之灵"、"鬼神不过天地之功用",实质上就是继承程颐之说而用更清楚的语言加以表述而已。

鬼神字样第三次出现,是在《谦》卦的象辞里。孔子以决断的语言赞述谦德,他说:

"鬼神害盈而福谦。"

这句象辞里的鬼神指何而言?功能如何?我们再看伊川先生的注释,他说:

"鬼神谓造化之迹。盈满者祸害之,谦损者福佑之。凡过而损,不足而益者,皆是也。"

如同前边说过的,他仍然重述鬼神是造化功能的观点。他解释说:这种功能的规律是对骄傲满盈者加以祸害,对谦虚损抑者加以福佑。《谦》卦象传的文意和伊川的讲解,粗看不过是上古以来传统思想当中"满招损,谦受益"观点在新的条件下展开复述而已,似乎没有新东西。但仔细捉摸一下,能把满招损谦受益的规律提高到天地造化功能的法则——"鬼使神差"的高度,作为周易的教诫而加以表述,就不同于一般,而是大有新意,大大增强了训诫的力量。《周易集解纂疏》引崔觐的解说,形象鲜明,含义深刻。他说:"朱门之家,鬼瞰其室;黍稷非馨,明德惟馨。"这番话可以用来对伊川的注语作补充说明。意思是,朱门大户财满气骄,会引起意外的祸害。祭神乞福时,祭品的馨香算不了什么,只有发扬自己的德行,才是最好的馨香。把两位学者的解释合起来看,就是表明,天地运行暗中的作用——鬼神的法则,是福谦祸盈。和前面的例子一样,都是以规律的客观作用来说明鬼神的含义,并没有宗教信仰上的鬼神的意味。伊川和崔觐对鬼神及其作用的解释,可以说,它的基本精神与孔传的思想是一致的。

周易中"鬼神"作为双音词出

现，第四次是在《丰》卦的象辞里。原文是："日中则昃，月盈则食，天地盈虚，与时消息，而况于人乎？况于鬼神乎？"

大意是：太阳行到中天，必将西斜；月亮一旦圆满，必将亏蚀。天地这个大自然的满盈和亏缺，都是伴随情况的变化而下落与上浮。大自然是这样，何况人呢？何况鬼神呢？

关于这段象辞，我们仍然先看程颐是怎么讲的。他说：

"既言丰盛之至，复言其难常，以为诫也。日中盛极，则当是昃昳，月既盈满，则有亏缺。天地之盈虚，尚与时消息，况人与鬼神乎？盈虚谓盛衰，消息谓进退。天地之运，亦随时进退也。鬼神谓造化之迹，于万物盛衰，可见其消息也。于丰盛之时而为此诫，欲其守中，不至过盛。处丰之道，岂易也哉！"（《易传》）

程颐这段话先讲盛衰交替、极而必反的自然规律，再讲造化之迹的鬼神也不例外，最终讲守中处丰的重要。在他思想里，鬼神是造化之迹的唯物观点，始终如一。

芳子：对于孔子《谦》卦和《丰》卦的象辞以及程颐的解说，作为一个日本人，我颇有感慨。回想起一个世纪以来，国运的盛衰交替，家庭以及个人命运的进退起伏，确实体现出"鬼神害盈而福谦"和"天地盈虚，与时消息"的不可抗拒的法则。

笔者：确实如此。三国演义开场所说的"天下大势，合久必分，分久必合"，就是基于周易物极必反的原理。

人在前，鬼神在后

芳子：经程颐这么一讲，鬼呀神呀，并没有什么神秘，也没有什么可怕。我觉得好像听了一堂东方古代唯物的鬼神观的课，很受启发。另外，我还有一个心得。孔子在上述《文言》和《丰》卦象传当中，在讲到人和鬼神的时候，竟而把鬼神排在人的后面。这是不是有意为之，比如说暗示天地之间"人"为贵呢？

笔者：这个心得，足以称作发现。记得老子说过，"道大，天大，地大，王亦大，域中有四大，而王居其一焉。"（二十五章）"以道莅天下，其鬼不神。"（六十章）把人列为宇内四大之一，而把鬼神排除于四大之外，处在人的后面。当然老聃贵阴柔的道家思想，跟孔子重阳刚的儒家思想，体系的性质不同，但重视天地人而不以鬼神为尊一点，有类似之处。在万物有灵的原始时代，在后来的神话传说时代，继尧、舜、禹到夏商时代，大体上曾是鬼神主宰的世界，人几乎是鬼神的附庸。据孔子讲，大禹的政治作风是"菲饮食，而致孝乎鬼神……卑宫室，而尽力乎沟洫。"他自奉甚俭，而孝敬鬼神却很丰盛。先致孝于鬼神，而后致力于治水。人的位置排在鬼神的后面。至于商代，迷信鬼神和龟卜形成了浓重的宗教风气。生产、战争、施政都要听从上帝的命令，人几乎成了神的奴仆。经过武王革命，到了周朝，伴随世道变化，"天命靡常"，人谋胜于鬼谋，于是在人的思想中，鬼神的地位逐渐下降，人的地位相应上升。有个史例，非常突出。春秋时期的军事家孙武在《孙子兵法》的《用间篇》里谈到情报工作的重要性时曾经说："先知者不可取之于鬼神……，必取之于人，知敌之情也。"他以坚决的口气断言，事先探知敌情，不可取之于鬼神，一定要取之于人，取之于了解敌情的人。依据自古以来的战争经验，孙武总结出这个的规律，排除借卜筮之类以求助于鬼神来预测敌情，而把取得确切敌情的任务委之于人。

芳子：孔子是务实的伦理主义者，对鬼神采取敬而远之的态度，是理所当然的。所以，虽然孔子讲周易的时候也谈到鬼神，但他的说法是"人谋鬼谋"，人在前，鬼在后，是不是也有个轻重缓急的区别？

笔者：当然！孔子这个说法是继承《尚书·洪范》的思想，先后次序是颠倒不得的，绝不能说成

《武王伐纣书》版画之武王伐纣图。商朝末年，商纣王失败，周王伐纣，灭了商朝，建立了周朝

"鬼谋人谋"。来知德的解释很恰当、很具体。在《易经集注》里他说："凡人有事，人谋在先。及事之吉凶未决，方决于卜筮，所以说人谋鬼谋，百姓与能也。故书曰：谋及乃心，谋及卿士，谋及庶人，谋及卜筮。先心而后人，先人而后鬼，轻重可知矣。"从远古时代直到夏商的先鬼而后人，转变到周朝的先人而后鬼，是中国老祖宗精神领域中一大飞跃的转变。所谓神道设教，对鬼神的尊重与崇拜，实质上是当政者对鬼神的利用，是人摆弄神鬼，不是鬼神控制人。这个问题，下面还要涉及。这里就此打住。

鬼神一词在孔传中第五次出现，是在《系辞》里。原文是："仰以观于天文，俯以察于地理，是故知幽明之故。原始反终，故知生死之说。精气为物，游魂为变，是故知鬼神之情状。"

这段话和前段话一样，不仅出现鬼神字样，而且谈到鬼神的情况。所谓"精气为物，游魂为变"，易学史上有好几种解释。下面把它们摆一摆，好对这一重要的问题有深入的了解。

鬼神源于生死

如果这段话从后往前来看，可以看出，鬼神问题来源于生死问题，生死问题则包括在幽明问题之内。

由此可知，孔子的意思是，周易的作者从仰观俯察中明白了大自然之所以有明与暗，从考察事物的始终里懂得了生死的道理，又从"精气为物，游魂为变"的情况中了解到鬼神的情况。从这个论述的顺序中可以见到，孔子是依据天人合一的原理来观察事物的始终和人的生死，并由此而涉及所谓鬼神的情况。前边说过，在传统思想中有一种观点，认为鬼神是和人的生命变化紧密相连的。孔子是在这个传统的鬼神思想的基础上，解释《易》理而有所发挥。

对《系辞》这段话，主要有如下一些注解。

首先，是韩康伯提出的聚散说。他说："精气烟煴，聚极则散，游魂为变也。游魂言其游散也。……尽聚散之理，则能知变化之道，无幽而不通也。"（《系辞》注）

韩氏认为这段话提出了聚散之理：精气聚则生，为神；散则死，为鬼。但他没有具体说明什么是精气，同时以游散解释游魂，也不够具体。

《九家易集注》对精气聚散说得很明白，它说：

"阴阳交合，物之始也，阴阳分离，物之终也。合则生，离则死。"

显然这是把"精"解释为阴，把"气"解释为阳，也就是说，阴精阳气在人身相合，就是生，散就是死。

关于什么是魂魄，《周易集解纂疏》引《左传·昭公七年》说："人生始化为魄，既生魄，阳曰魂。"又引《说文》云："魂，阳物也。"就是说，魄是人的肉体，属阴，魂是人的精神，属阳。魂魄相合，成为活人，魂魄分离，变为死人。同书又引郑玄说："游魂谓之鬼，物终所归；精气谓之神，物生所信（伸）也。言木火之神，生物东南，金水之鬼，终物西北。二者之情，其与春夏生物、秋冬终物相似。"郑说很具体，把精气为物，游魂为变和鬼神情状的道理讲得很透彻。用今天的话来讲，就是：天地阴阳二气的运行，形成了光明与幽暗，二气聚合、伸长，就是生成，就是神；二气游散，归去，就是死亡。万物的春夏生长，就是大自然阴阳二气的聚合而伸张，就是所谓神，就是神的情状。万物的秋冬收敛，就是大自然的阴阳二气离散而归去，就是所谓鬼，就是鬼的情状。

对孔子《系辞》这段难解的话，陈梦雷总结前人的观点，作了浅显而较为全面的论述。他说：

"……以《易》之阴阳，知天文地理之有幽明……阳极阴生则渐幽，阴极阳生则渐明，终古天地皆如此。知其所以然之理，所谓知幽明之故也。……天地之化，虽生生不穷，然有聚必有散，有生必有死。以《易》中阴阳二气之聚，推其所以始，则可以知生之说；以阴阳二气之散，推其所以终，则可以知死之说。……人之生也，精与气合而有物，故为神，精灭则魄坠于地，气绝则魂游于天。人之死也，魂与魄离而为变，故为鬼。……离合聚散，屈伸往来于天地之间，谓之鬼神。然要不出于《易》之阴阳可知也。盖精也，魄也，皆阴之属也；气也，魂也，皆阳之属也。精气为物，阴阳二气聚而为神也。……游魂为变，阴阳二气散而为鬼。……鬼者归也……神者伸也。……其聚散久近，则阴阳之变化而不可穷诘。而其自无之有，自有之无则无极。太极而生阴阳，阴阳仍归于无极，此鬼神之情状可以易知之者也。"（《周易浅述》）

芳子：先生，您讲的，我听得明白。可您引用的许多古文，我却不能完全听懂。

笔者：那不要紧，以后你有工夫还可以慢慢去读。当前，你只要抓住要点，知道孔传《系辞》里所说的鬼神之情状，不是巫婆所闹的鬼怪神灵，而是周易所讲的阴阳二气屈伸聚散，充塞乎天地之间，造成生生死死，忽有忽无，真真假假，变化莫测的情况而已。你懂了吗"

芳子：若说其中的道理，我当然明白了。不过，原文和引文的具体意义，我还需要进一步细心钻研。

笔者："我也同样需要进一步钻研。为了真正弄清鬼神情状的含义，还是需要引述一下权威学者的意见，关于这个问题，《二程集》有两段记载，都是程颐讲的。

（一）"问：'《易》言鬼神情状，果有情状否？'曰：'有之。'又问：'既有情状，必有鬼神矣。'曰：'《易》说鬼神，便是造化也。'"

（二）"问：'世言鬼神之事，虽知其无，然不能无疑惧，何也？'曰：'只是自身疑耳！'曰：'如何晓悟其理？'曰：'理会得精气为物，游魂为变，与原始反终之说，便能知也。须是在原字上下功夫。'"

程颐所说的"原"，就是"原始反终"的"原"。仔细思考原字的意义，可知那就是指他反复申说的"鬼神者造化之迹也"的造化，造化就是天地的功能。所以"在原字上下功夫"的意思，大约是说要在鬼神根源的天地功能上下功夫。这里最好引用虞翻的注释（《周易集纂疏引》）来作解说。虞说："《乾》为神为天，故《乾》神似天；《坤》为鬼为地，故《坤》鬼似地。《乾》神《坤》鬼，即天地之用也。"伊川的话，好似虞翻之言的翻版。也许他原来就是采取了虞说来讲解《易》理的鬼神，也

未可知。

《系辞》在谈到揲蓍求卦的筮法时，又提出了鬼神字样：

"天数五，地数五，五位相得而各有合。天数二十有五，地数三十，凡天地之数五十有五，此所以成变化而行鬼神也。"大意是说，天的数是一、三、五、七、九这五个奇数；地的数是二、四、六、八、十这五个偶数。五位奇数和偶数互相配合，其中天数相加为二十五，地数相加为三十。这样一来就形成了变化而展开了鬼神的机能。这里所说的鬼神是什么意思呢？我以为朱熹的解释最恰当，他说："鬼神，谓凡奇偶生成之屈伸往来者。"意思是，在揲蓍求卦的过程中。蓍草自身的奇（天数）偶（地数）自然搭配结合，忽奇忽偶，忽屈忽伸，一往一来，一来一往，变化莫测，而终于成卦，这种情况，谓之鬼神。这个意思，也无非是赞扬周易的筮法运用奇偶的数字组合来求卦，体现出天地阴阳二气创造化育万物的奇妙功能，和上述"天地造化之迹"的意思，基本一致。《系辞》中鬼神二字联

用，总共就是这么六个地方。

神字的奥义

芳子：《系辞》和《说卦》当中单用神字的地方还有不少。那些神字，都是什么意思？都是指什么说的呢？

笔者：确实不少。查一下，总共十六处。

芳子：这么看来，《论语》说孔子不谈怪、力、乱、神，也不见得。他讲周易的时候，不是这么大谈其鬼神么！？

笔者：那只是说孔子重视人道，对玄虚的神灵之类不愿谈论罢了。至于周易，孔子主要是把它当作哲学伦理学来看待的。他反复使用神字，大概是为了形容和颂扬《易》理的玄妙吧！

孔子在《系辞》和《说卦》中使用的六个"神"字，就主要的来看，它的意义和"鬼神"有些不同，但有内在的联系。鬼神所指是天地的功能，也就是阴阳二气的功能。神字所指则是这一功能的运行、显现、发挥，乃至效果。两者的根源都是天地所具有的阴阳二气，只是所表达的侧面不同而已。

在认识周易的本质上，孔子所提示的这个神字具有关键作用。不切实把握这个神字的奥义，就不能彻底领悟周易的内涵。我们知道，"《易》以道阴阳"，阴阳是《易》的核心，《易》是阴阳的体现。总体来说，《易》就是体现阴阳二气运行的规律、功效和情况的。分别来说，则形成三个侧面：

（一）一阴一阳之谓"道"；

（二）生生之谓"易"；

（三）阴阳不测之谓"神"。

这三个论断，都是孔子在《系辞》里讲的。第一条所说的道，就是规律，人必须循道而行，必须依规律行事，所以古人用道字表达规律。一阴一阳的相反相成和互相转化，是宇宙万物的根本规律，而周易正是讲这个根本规律的。所谓《易》者阴阳之道，卦者阴阳之物，爻者阴阳之动；阴阳之道是《易》的灵魂。这是从规律的侧面谈周易。

第二条是说，一阴一阳这个对

立面统一的规律运行起来,"阳极生阴,阴极生阳,一消一息,转易相生,故谓之《易》。"这是清代易学家李道平在《周易集解纂疏》里作的解释,他讲得简明恰当。可见,《易》之所以叫作《易》,是源于阴阳之生生不已的动能。换句话说,阴阳之道的生生不已的功能显现出来,就构成周易的内容。从阴阳之道的功能侧面讲,《易》就是生生不已的别名。

第三条是讲阴阳之道变化的侧面。阴阳互为其根,互交互变,变化之极,妙不可测。正如濂溪先生所说"发微不可见,充周不可穷"(《近思录》卷一注)。变化无穷,无影无形。阴阳之道运动演变的这种情况,令人感到玄妙之极,无以名之,遂名之曰神。孔传当中的神字,多半是这个意思。如"神无方而《易》无体"方是方向,体是外形。千变万化、阴阳不测的神和阴阳消息、唯变所适的《易》,是没有固定的方向和确定的形体的。就这个意义来说,《易》的活动就是神的活动。也无妨说,《易》就是神,

神就是《易》。所以,孔子又说:"知变化之道者,其知神之所为乎!"变化之道就是阴阳变化的规律,《易》是讲阴阳变化之道的,而这个变化是玄妙莫测,如同神灵似的。那么,如若通晓《易》所显现的变化之道,便可明了阴阳莫测的道理及其作用。归根结底,也就是说,神是《易》的表现,《易》与神为一体,两者都是玄妙难知的东西。另外,孔子赞颂《易》的玄妙功能时,曾说:"《易》无思也,无为也,寂然不动,感而遂通天下之故。非天下之至神,其孰能与于此!"意思是说,《易》这个东西,看起来是无所思也无所为,寂然不动。可一旦以揲蓍起卦,它便阴阳交感,活动起来,而通晓天下的事理。若不是天下最玄妙的东西,怎么能达到这个地步呢?这段话,仍是以神字来表达阴阳不测的奥妙,和前几句话中神字的意义没有什实质的区别。

芳子:"一阴一阳""生生不已""阴阳不测"这三点,讲的是周易的内涵和功能,不过,我看

也适用于整个宇宙和人间。可不可以这样看？

笔者：是的，情况就是这样的。所以孔子赞颂说："《易》与天地准，故能弥纶天地之道。"又说："《易》之为书也，广大悉备，有天道焉，有人道焉，有地道焉。"（《系辞》）正因为周易是天人法则的结晶，所以孔子才始终用天人合一的观点为周易作传。

就神的概念来说，也是这样。一阴一阳之道是贯穿于天地之间的基本规律，也是《易》的基本规律。一阴一阳交互演变，使万事万物生生不已，变化无穷。《易》也是这样，"太极生两仪（天阳地阴）、两仪生四象（太阴、少阴、太阳、少阳），四象生八卦，八卦交叠而生六十四卦三百八十四爻，阴阳相易，以成化生"（乾注），也是生生不已，变化无穷。一阴一阳在天地人之间相交相易，相反相成，忽消忽长，忽此忽彼，变化之极，令人玄妙莫测，其妙如神。所以，孔子赞叹说："变动不居，周流六虚（卦之六位），上下无常，

刚柔相易，不可为典要，唯变所适。"（《系辞》）揲蓍求卦时，蓍草为阳为阴，无从推测，如圆球滚动，找不出头绪，只有任其自然，委之于时运，所谓蓍之德圆而神，就是指此而言。得卦之后，卦变爻变，阴阳之相反相成，千变万化，头绪纷繁，令人难以判断，呈现出一种玄妙的景象。所以阴阳不测之神，不仅指周易，也指世界。在当代量子力学中有一条定律，名为测不准定律，表明宇宙万事万物变化万端，无法最终测定。《易》之阴阳不测之神，也许是这种定律的朴素的反映。总之，在道、化、神三方面，世界与周易可以说是一而二、二而一。

总而言之，孔传所说的神，大都反映天地造化的奇妙，反映《乾》《坤》阴阳变化的奇妙。《说卦》当中有一句话："神也者，妙万物而为言者也，"意思是说，神这个东西，是指天地（乾坤）造化万物的奇妙莫测的功能而言。这句话可以看做是孔传中神这个概念的核心意义。

有的书，如《周易大传新注》，把"至神"的神字，解为"神速"。这恐怕不对，这既没有训诂的根据，也不合乎《系辞》本义。后代书面语所说"神速"是偏正式的双音词，意思是"神奇的速度"，极言速度之快，快之若神。神字本身并没有快速之意，只是前边所说的"妙万物而为言"的意思。我们再看下面这段话：

"夫《易》，圣人之所以极深而研几也。故能通天下之志；唯几也，故能成天下之务，唯神也，故不疾而速，不行而至。"

这段话，是孔子赞颂周易内涵的渊奥和功能的巨大。大意是说，周易这部书，是圣人穷究事物的深奥的道理，钻研事物的玄妙的机微而后创作出来的。唯其深奥，所以能贯通天下的思想。唯其机微，所以能成就天下的事业。唯其神妙，所以（它发挥作用时）使人感受不到快速而快速，不觉得行进而到达目的。很明显，这是赞扬周易具有深、机、神三大特点、三大功能。在这里，神字仍然是玄妙莫测而不见形迹的意思，跟前边所谈的"寂然不动，感而遂通天下之故"的"至神"之神，是互为表里的话。孔颖达在《周易正义》里说："以无思无为，寂然不动，感而遂通，故不须急疾而事速成，不须行动而理自至也。"把"唯神也，故不疾而速，不行而至"的含义，解释得非常透彻。

芳子：可是，《系辞》所说的"蓍之德，圆而神"和"神以知来，知以藏往"当中的神字，用"奇妙"来解释，好像难以理解。

笔者：不，不难理解。"蓍之德，圆而神；卦之德，方以知；爻之义，易以贡。"是一个并列的复合句，相辅相成，表明《易》筮的结构与功用。第一分句说的是蓍草运行的情态。在揲蓍求卦的过程中，四十九根蓍草运而不穷，好似圆球滚动，是阴是阳无可计量，系于偶然的机运，无从测定。用横渠先生的说法是："两在（阴阳两在），故不测。"也就是处于阴乎阳乎无从测知的玄妙状态。这就是"圆而神"的含义。神字在这里的意思仍然和前边所说的一样。接下去，"卦之德，方以知（智）；爻之义，易以贡。"是说，卦的性能是以方直的形体储藏智慧，爻的作用是通过变动告知吉凶。整个复句讲述周易的占筮活动，是以蓍草的圆运如神求卦，然后依据卦内的智慧和爻的变易推断吉凶。总合起来，周易便具有"神以知来，知以藏往"的功能。这个神以知来，也不是说，占筮时凭神谕而知未来。仍然是承接上文"圆而神"的神。"知以藏往"则是指上文"卦之德，方以知"。意思是说，运用蓍草圆而神的妙用求得某卦，然后凭卦内所藏既往的智慧（以及爻变的显示）以预测未来的休咎。关于"神以知来"的"来"字和"知以藏往"的"往"字，来知德先生解得最好，他认为："凡吉凶之几，兆端已发，将至而未至者曰'来'。吉凶之理，见在于此，一定而可知者曰'往'"（《易经集注》）。以几、兆、理诠释来、往，十分深刻。再有《系辞》中的神字，大多数用作名词，但有时也用作动词。在论述和赞倾周易

揲蓍成卦后所发挥的巨大功能时，《系辞》有这样一番话：

"显道，神德行，是故可与酬酢，可与佑神矣。"

前后两个神字，头一个是动词，后一个是名词。什么是显道，神德行呢？《周易正义》是这样解释的："《易》理备尽天下之能事，故可显明无为之道，而神灵其德行之事。"意思是周易的义理完全囊括了天下的万事万物，所以它能显扬大自然无为的规律，并足以神化世间的德行。我觉得，这个注释有两点毛病：一个是所谓"无为之道"，是道家思想；讲周易还是用阴阳之道的说法，更为妥帖。另一个是把"神德行"的神字，解作"将其德行之事加以神灵化"，很费解，恐非原文本义。我的看法是，这个神字作为动词，除了神化之外，本来还有伸长的意思。这一点，前边已经讲过了。（神者伸也，鬼者归也）。因此，把这两句话解作"显扬大自然的阴阳之道，伸张人间的德行"，似乎顺理成章，不那么别扭。本来周易既含哲理，也含伦理，这样解释，合乎

周易的内涵与功能。不过，《周易正义》能把这个神字当作动词看待，还是恰当的。而韩康伯的注释"由神以成其用，"却含含糊糊，似指天神，又似指神化，像名词又像动词，看不明白。下文的"可与酬酢，可与佑神"是什么意思呢？这两句，韩注讲得明白。它说："酬酢，犹应对也。""可以应对万物之求，助成神化之功也。"佑是帮助，"佑神"的意思不是帮助天神，而是对"阴阳之道造化万物的玄妙功能"（神化）有所促进。《九家易》说得最清楚，它说："阳往为酬，阴来为酢，阴阳相配，谓之佑神也。"就是说，周易可以演示阴阳之道的往来变化，把天地造化万物的神妙功能，通过占筮加以发扬，叫做佑神。

芳子：不过，从字面看，"佑神"总好像是辅佐天神实行造化的意思。神字似乎可以解作主宰世界的天神。易学界里有没有这种解法？

笔者：有。有的易学者是这么解释的。例如《易经今译》就说："如果依循《易经》的理数实行，就能与神的决定相同。因而易经可与任何需求相应对，可以协助神的功能了。"从神的决定到神的功能，显然，作者把佑神的神，看作是主宰世界的天帝。我认为，这种解释是错误的。理由是，倘若单就这一句话孤立地看，佑神的神也许难免有这种解释，但我们知道，《系辞》是孔子讲周易，《系辞》的思想不能离开孔子的思想，不能离开周易的本质、体系和内涵。前边说过，孔子是一个入世的伦理主义者，对虚幻的鬼神之类，持保留态度，敬而远之。他的思想中并没有宗教上的主宰世界的人格神。同时，由阴阳二象所组成的八卦、由八卦所演成的六十四卦这一《易》象体系，乃是宇宙的缩影，它不是始自天神的造作，而是源于伏羲圣人的仰观俯察和效天法地。周易是以阴阳之道为基准，不是以天帝的神志为始基，是"《易》以道阴阳"，而不是《易》以道鬼神。正因为这样，所以孔子自然依照周易的本来面目，结合自己的入世思想，钻研、探索和阐发《易》理而为之作传。《易》讲阴阳变化之道，孔子便说"一阴一阳之谓道，"《易》的阴阳变化玄妙莫测，孔子便赞叹说："变化不测之谓神。"伏羲画卦成《易》是依据天文地理。孔子解《易》便说："《易》与天地准，故能弥纶天地之道。"如此等等，孔传基本上可说是"以《易》解《易》。"简而言之，诚如横渠先生所说："《易》即天道而归于人事。"《易》的内容是这样，孔子的解说基本也是这样。孔子在易传里大讲阴阳变化的天道，目的是提高人世的伦理道义。他绝不会把周易本来没有的天神（天帝）拿过来讲解周易，绝不会把周易的功能视为帮助天帝造化万物。全面思考一下，这个道理是很明显的。怎么样，你认为对不对？

芳子：我觉得您的全面思考，很有道理。是的，我们谈孔子的易传，要从哲理的高度来细加品味，才能明白个中三昧；如果像郭沫若那样，把它看成说鬼讲神的宗教书，看成求神问鬼的卦书，那就是"一脚门里一脚门外"的浮浅的看法了。

笔者：好极了。你这个观点很有分量，这表明你在探索易传中"神"的本义的过程中，对周易的本质加深了认识。

芳子：先生过奖了，谢谢！我愿趁这个难得的机会，经过您的教导，把易传里的"神"彻底弄明白。

笔者：请看《系辞》下面这段话：

"……阖户谓之《坤》，辟户谓之《乾》。一阖一辟谓之变，往来不穷谓之通。见乃谓之象，形乃谓之器，制而用之谓之法。利用出入，民咸用之谓之神。"

这段话是用门户的开闭做比喻，阐述阴阳之道的变化与功能。意思是：关门叫作《坤》（阴），开门叫作《乾》（阳），一关一开叫作变，往来无穷叫作通。阴阳的表现叫作象，阴阳成形叫作器。依据阴阳之道制定的法则叫作法。这些东西自然而然便于人民生活的需要，这种奇妙功能叫作神。

这段话依次讲了《坤》、《乾》、

变、通、象、形、法、神等八个概念的内涵和关系。依照朱熹《本义》的解释，意思是说，"阖辟，动静之机也，（阖是静，属阴；辟是开，属阳）。先言《坤》者，由静而动也。《乾》《坤》变通者，化育之功也。见象形器者，生物之序也。法者，圣人修道之所为。而神者，百姓自然之用也。"朱氏是本着《易》的阴阳之道贯通于天地人之间的观点，讲了上述八个概念的含义，大体上符合孔传的思想，同时，他用"百姓自然之用"来解释神字，也与孔传"百姓日用而不知（所以然）"的说法，能前呼后应，一脉相承，可以视为正解。总而言之，《系辞》这段话里的神字，还是对阴阳之道的玄功妙用的赞颂。说来说去，这个神字仍然没离开阴阳不测之谓神的"神"义。

在谈到周易内涵的表达手段时，孔子说过一段很有名的话，他说：

"书不尽言，言不尽意。……圣人立象以尽意，设卦以尽情伪，系辞焉以尽其言，变而通之以尽利，鼓之舞之以尽神。"

译成今语，大体是说：

书面文字不能完全表达口语，口语不能完全表达思想。为此，圣人创立《易》象，借以完全表达思想，设置六十四卦，借以完全表达所要说的话。通过卦爻的变化交通，借以完全发挥它的功能。鼓动舞动蓍草，经过四营三易十八变而求卦，以便完全发挥《易》筮的阴阳莫测的玄妙作用。

孔子认为周易有四个圣人之道：辞、变、象、占。上面这段话的中心思想是以象为主，说明周易作者凭借辞、变、占等手段来表达自己的创意和《易》道的奇妙作用。这是又一个以必然性的内容为据而与占筮的偶然性的形式相结合的阴阳不测的神。

《系辞》中还有两个神字，用作动词。一个是"神而明之存乎其人"，另一个是"神而化之，使民宜之"。前者的大意是说，如何领悟《易》理阴阳变化的奥妙"（神），并把它"发扬光大"（明），那就在于个人的修养程度了。后者的神字和化字，可借用来知德的解释。他认为："由之而莫知其所以然者神也，以渐而相忘于不言之中者化也。"大意是说，上古的黄帝尧舜依据阴阳变通之理，创制了许多便民措施。民众顺从实行，知其当然而不知其所以然，采取此种神奇的无为而治，这就是"神之"。渐渐地默默地民众忘其由来，濡染成俗，这叫作"化之"。所以使民宜之，宜是适合的意思，就是使民众觉得合适、方便。这明之与化之的两个神，也同单一的神一样，虽也有神秘的意味，但不是指天上的人格神。

作为单独概念，系辞里还有三个神字。比较起来，和前边所说的，意思差不多，一个一个地分析起来，不免啰唆，合起来讲讲，又不免觉得笼统，不细致。

芳子：既然已经讲了这么多，差不多快讲完了，若是剩个尾巴呢，那太遗憾了。先生，请您辛苦些，把它全部讲完，好不好？

笔者：是的，我也做如是想。过去，欧美人曾讥笑中国人是"差不多先生"，我想今天就摘掉这个帽子，争取做个"完全先生"。

先说第一句："精义入神，以致用也。"

这个神字，晋代易学家干宝解的最简明妥切。他说："能精义理之微，以得未然之事，是以涉于神道，而逆祸福也。"（周易集解纂疏》）换成今语，大意是说，能够精通周易哲理的微妙所在，用以推断未来的事情，从而达到变化莫测的阴阳之道，用以预测人间的祸福。这样做，是为了达到实用的目的。

要特别注意，孔子所说的"入神"，是以精义（精通义理）为前提，而宗教家（包括巫史之类）的入神（进入神灵境界）则是以祈祷为依据。所以前者的神是阴阳妙变之义，后者则是精神的虚幻腾跳，性质根本不同。

第二句是"穷神知化，德之盛也。"

"穷神知化"是"精义入神"的更高阶段。先是精通《易》理，进入妙境，然后尽知玄妙而通晓变化。这么高尚的修养，对一个人来说，当然是才德的最高境界。一前一后两个神字，意思就是这么简单明了。这里面丝毫也没有神灵鬼怪的成分。

第三句的"知几其神乎",意思更容易明白。

什么叫"几"?在下文里,孔子直接做了说明。他说:"几者动之微,吉之先见者也。"意思是,几这个东西,是事情运动的始微,也就是端倪、苗头或朕兆。这个微小的苗头,是事情吉凶的先兆,是吉凶未到之前的先行表现。一个人如若善于抓住事情发生的先兆,便可设法趋吉避凶,这种预见吉凶的本领,应该说是掌握了阴阳变化的玄妙之道。原文所谓"吉之先见",实际含凶在内,也许是行文之便,未加凶字罢。也有人说,知几必吉,所以只说吉,不说凶。这也是一说吧。总之,把几与吉(凶)相联,知几与玄妙相联,从而趋吉避凶,这一系列概念的联结与推移,完全是理性思维的运动,连所谓"第六感"的意味都没有,何况神灵呢,那就更谈不到了。